Magnus Malm

Zwischen Menschlichkeit und Herrlichkeit

In Krisenzeiten geistlich leiten

Magnus Malm

ZWISCHEN MENSCHLICHKEIT UND HERRLICHKEIT

In Krisenzeiten geistlich leiten

Aus dem Schwedischen von Constanze Budde

Edition AufAtmen

SCM R.Brockhaus

SCM

Stiftung Christliche Medien

SCM R.Brockhaus ist ein Imprint der SCM Verlagsgruppe,
die zur Stiftung Christliche Medien gehört, einer gemeinnützigen Stiftung,
die sich für die Förderung und Verbreitung christlicher Bücher, Zeitschriften,
Filme und Musik einsetzt.

MIX
Papier aus verantwortungsvollen Quellen
FSC® C014496
FSC www.fsc.org

Max-Eyth-Str. 41 · 71088 Holzgerlingen
Internet: www.scm-brockhaus.de; E-Mail: info@scm-brockhaus.de

Übersetzung: Constanze Budde
Umschlaggestaltung: Grafikbüro Sonnhüter, www.grafikbuero-sonnhueter.de
Coverillustrion: venimo/ shutterstock.com
Autorenfoto: © 2020 Artos & Norma bokförlag
Fotos im Innenteil:
S. 78 (Polyklet, Skulptur, Ganzkörperansicht, Bildnr.: AKG361477)
© akg-images / Nimatallah
S. 79 (Porträt des Lucius Caecilius Felix, Bildnr: AKG950641) © akg-images
S. 334 (Portät Jean de Brebeuf) in: Reuben Gold Thwaites: The Jesuit Relations and
Allied Documents,1897.

Satz: typoscript GmbH, Walddorfhäslach
Druck und Bindung: GGP Media GmbH, Pößneck
Gedruckt in Deutschland
ISBN 978-3-417-00004-7
Bestell-Nr. 227.000.004

INHALT

Gebet für die Kirche

Vater, leite deine Kirche
mit dem Geist der Weisheit und der Offenbarung.

Öffne unsere Augen
für die Hoffnung, zu der du uns berufen hast.

Öffne unsere Herzen
für den Reichtum in der Gemeinschaft der Heiligen.

Setze uns in Bewegung
mit der Kraft deiner gewaltigen Stärke,

damit wir mit deiner ganzen weltweiten Kirche
und mit unserem ganzen Leben

Jesus als Herrn erkennen –
dir, Vater, zur Ehre.[1]

VORWORT

Wie eine Zweizimmerwohnung

Das Leben vieler christlicher Leiterinnen und Leiter lässt sich mit einer Zweizimmerwohnung vergleichen. Im ersten Zimmer pflegen sie mit Gebet, Exerzitien und geistlicher Begleitung eine tiefe Beziehung mit Gott. Hier steht das eigene Leben mit Gott im Mittelpunkt und sie gehen selbst den Weg, auf dem sie auch andere begleiten. Mit diesem Raum, dem persönlichen geistlichen Leben, befasst sich der erste Teil von dem Buch, das Sie gerade in Händen halten.

Im anderen Zimmer der inneren Zweiraumwohnung findet die Gemeindearbeit statt – allerdings meistens so, als ob der erste Raum gar nicht existieren würde. In diesem Zimmer bestimmen verschiedene Planungs-, Kontroll- und Effektivitätsmethoden die Denkmuster und Arbeitsformen von Leitenden. Je nach Kontext ist die Art geistlicher Leiterschaft mehr oder weniger stark von säkularen Führungsmodellen geprägt. Da kann schnell Druck aufkommen, Ergebnisse liefern zu müssen. Immer unter dem Anspruch, dass doch mehr passieren müsse.

Je behaglicher man sich im ersten Raum eingerichtet hat, desto schwieriger wird die Konfrontation mit dem zweiten Raum. Viele Christen, die im kirchlichen Kontext und im Gemeindesetting Leitungsaufgaben übernehmen, kennen das Gefühl, dass zwischen ihrem stillen Kämmerlein und ihrem Arbeitsplatz Welten liegen. Zielsetzungen und Denkmuster der beiden Räume scheinen sich in gegenläufige Richtungen zu bewegen.

Das ist die Quelle von zunehmender Frustration, Müdigkeit und Verlorenheit gegenüber dem Istzustand. Der Druck, sich veränderten Organisationsstrukturen und neuen Erfolgsanforderungen anzupassen, scheint jährlich zu steigen. Dieser Stress befördert ein Konkurrenzdenken zwischen Individuen uns zwischen Gemeinden. Leitende fühlen sich, als würden sie durch das Leben gejagt, statt es zu leben, und laufen Gefahr, den einzigen Berührungspunkt mit Gott und den Menschen zu verlieren: den inneren Raum des geistlichen Lebens.

Ist es möglich, die Mauer zwischen diesen beiden Räumen einzureißen? Kann man sich an Jesu Leben und Lehre ein Beispiel nehmen? Nicht nur für das eigene Seelenleben als Leiterin oder Leiter, sondern auch im Denken und Handeln in der Kirche ganz generell? Was wäre, wenn das, was in Meetings mit wirtschaftlichen Abwägungen und professioneller Unternehmensplanung so oft als unrealistisch abgetan wird, auf lange Sicht doch das einzig Nachhaltige wäre?

Wie in meinem Buch *In Freiheit dienen* sind auch die beiden Schwerpunkte in diesem Buch die Persönlichkeitsentwicklung und die Gemeindestrategie für Leitende und Menschen mit Führungsverantwortung in Kirche und Gemeinde.

Wir beginnen bei dem Mythos, man könne sich an persönlichen Bedürfnissen und Problemen vorbeischleichen, um sich stattdessen »methodischen Fragen« zuzuwenden. Kursangebote und thematische Programme von Kirchen und Gemeinden fungieren oft als ausgezeichnete Fluchtmöglichkeit, indem man sich mit Infrastruktur, akademischen Analysen und neuem Drive in Gottesdienst und Evangelisation beschäftigt. Gleichzeitig verschiebt man dadurch den inneren Hunger in das nicht budgetierte Privatleben. Sowohl aus eigener Erfahrung als auch aus dreißig Jahren Leitungserfahrung von Exerzitien für Gemeindemitarbeitende weiß ich, dass ich erst nach Betreten der eigenen Seelen-Werkstatt zu einer Perspektive gelange, die mich wirklich weiterbringt.

Es steht nicht mehr und nicht weniger als die Seele der Kirche auf dem Spiel. Wie die Führung, so die Kirche. Die Kirchengeschichte ist reich an Beispielen dafür, wie säkulare Führungsvorstellungen Einfluss auf die Kirche genommen und sie damit von ihrem eigentlichen Kurs abgebracht haben.

Das Römische Reich hat den Anfang gemacht: mit einem zentralistischen Kaiserkult und einer strikten Aufteilung in administrative Regionen mit Statthaltern. Die Feudalgesellschaft schuf daraus während des frühen Mittelalters ein komplexes System mit Fürsten, Burgen, Armeen und untertänigen Vasallen. Auf lokaler Ebene bestanden weiterhin die uralten Traditionen und Hierarchien mit Dorfältesten, Druiden und Sehern. Als der Nationalstaat entstand, wurden aus den Führungspersonen mehr und mehr königliche Aufseher und Aufklärer.

Heute kann man sich als christliche Führungsperson vor klugen Vorbildfiguren gar nicht mehr retten: Es gibt Management-Consulter, Unternehmerinnen, Stehaufmännchen, Therapeutinnen, Moderatoren, Sozialarbeiterinnen, TV-Promis, Spielleiterinnen, Pflegepersonal, Budgetexperten, HR-Chefs, Mediatoren, Informantinnen und wer weiß noch wen.

Die Säkularisierung dringt nicht etwa durch feindliche Kampagnen wie »Gott ist tot« in die Kirche ein. Das würde nur den Widerstand der Gemeinden provozieren. Sie schleicht sich viel eher durch gut gemeinte Denkmuster und Arbeitsformen ein, die die Arbeit »erleichtern« sollen, indem sie von der konkreten Abhängigkeit von Gott ablenken. Methoden also, die helfen sollen, so zu leben, als ob es Gott gar nicht gäbe.

Letztendlich hat diese gut gemeinte Veränderung unbemerkt, und scheinbar ohne dass jemand den entscheidenden Beschluss gefasst hätte, dazu geführt, dass die Kirche ihren eigenen Herrn nicht mehr erkennt.

Der Film *Bruder Sonne, Schwester Mond* (1972) des italienischen Regisseurs Franco Zeffirelli erzählt das Leben des heiligen Franziskus. In einer dramatischen Szene kniet dieser mittellose Diener Gottes mit seinen Brüdern in zerlumpten Kleidern vor Papst Innozenz III. Der wiederrum thront erhaben in all seiner Pracht vor den Männern. Franziskus zitiert Jesu Worte aus der Bergpredigt:

> Sorgt euch nicht um euer tägliches Leben – darum, ob ihr genug zu essen, zu trinken und anzuziehen habt. Besteht das Leben nicht aus mehr als nur aus Essen und Kleidung? Schaut die Vögel an. Sie müssen weder säen noch ernten noch Vorräte ansammeln, denn euer himmlischer Vater sorgt für sie. Und ihr seid ihm doch viel wichtiger als sie.
> *Matthäus 6,25-26*

Bei diesen Worten greifen die mächtigen Prälaten des Papstes ein, bezichtigen Franziskus der Gotteslästerung und werfen ihn und seine Brüder ins Gefängnis. Erst als Gott durch eine Vision zum Papst spricht, begnadigt der Franziskus.

In diesem Sinne stehen auch wir in jeder Epoche vor der Herausforderung, uns eine biblische Sicht auf Führung zurückzuerobern, um die Kirche aufs Neue aus ihrer säkularen Verzauberung zu erwecken, damit sie wieder sie selbst werden kann. Dabei werden wir erkennen, dass »Gemeindearbeit« viel mehr ist als das, was vor Ort in den Gemeinden passiert. Die Gemeinschaft der Kirche ist so viel größer als das, was sich jeden Sonntagvormittag zwischen den Kirchenbänken abspielt.

Ich erinnere mich an eine meiner eigenen Exerzitien vor vielen Jahren im Johannesgården im Westen Göteborgs. In dieser Gegend wimmelt es von Kirchen aller möglichen Konfessionen und auf einem meiner Spaziergänge quälte mich mein Gewissen. »Ich bin ja in gar keiner lokalen Gemeinde aktiv. Ich biete nur Exerzitien für Gemeindemitarbeitende an«, dachte ich.

Beim nächsten Gespräch mit meinem Mentor, einem erfahrenen Jesuiten aus Irland, brachte ich dieses Thema zur Sprache. Er war überrascht über meine Frage und sagte etwas, das ich niemals vergessen werde: »Aber du bist doch sehr aktiv in der Gemeinde!«

Für ihn als Jesuit war es eine Selbstverständlichkeit, dass die Kirche ein viel größerer »Weinberg« ist (wie Ignatius es auszudrücken pflegte) als die jeweilige Ortsgemeinde. Die Jesuiten waren nie an eine lokale Gemeinde oder den jeweiligen Bischof gebunden, sondern haben stets wie andere Orden in der katholischen Kirche ihren Beitrag zur Kirche in ihrer ganzen Fülle geleistet. Für die Jesuiten waren das Mission, Lehre, Diakonie und geistliche Wegbegleitung.

Diese Perspektive erlaubt einen wesentlich weiteren Blick auf Gemeindearbeit. Die Kirche manifestiert sich auf vielfältige Weise und geht dabei von der klarsten Manifestation aus, die durch alle Zeiten hindurch das Zentrum des kirchlichen Zusammenhalts gebildet hat: dem Abendmahl, in der Jesus sich uns selbst in Brot und Wein hingibt. Weitere Beispiele sind Gebetskreise, Medien, Lehre, Exerzitien, Pilgerreisen, die Pfadfinderarbeit, Chöre, Kindergruppen, diakonische Dienste, Aktionsgruppen, Gemeinschaften, Beachvolleyball-Treffen, Hauskreise, Festivals, Klöster, Seelsorge, Mission, Bibelkreise, kirchliche Büchereien. Brauchen Sie noch eine längere Liste?

Wir können nur gewinnen, wenn wir aus unserer Zweizimmerwohnung in die große Kathedrale umziehen.

Magnus Malm
Asklanda, ein Sonnenstrahl im grauen Regenwinter, Februar 2020

1

WER IST HERR, WER DIENER? – Geistlich erfolgreich leiten, ohne nach Erfolg zu streben

Am 3. Oktober 1960 hielt der schwedische Politiker Dag Hammarskjöld, der zu dieser Zeit zweiter Generalsekretär der Vereinten Nationen war, eine Rede vor deren Generalversammlung. Hammarskjölds energisches Handeln im Kongo hatte die Sowjetunion verärgert, die am gleichen Morgen seinen Rücktritt gefordert hatte. Unter anderem warf die Sowjetunion Hammarskjöld vor, dem »Kongo ein weiteres Joch aufzuerlegen«, »die elementare Gerechtigkeit verhöhnt zu haben« und versucht zu haben, »die blutigen Verbrechen, die gegen das kongolesische Volk begangen wurden, zu rechtfertigen«. Darauf antwortete Hammarskjöld unter anderem:

> In den letzten Wochen wurden wir in dieser Versammlung Zeugen, wie eine historische Wahrheit geschaffen wurde; wenn eine Behauptung einige Male wiederholt wird, ist sie keine Behauptung mehr, sondern eine etablierte Tatsache, auch wenn keine Beweise dafür gegeben sind. Aber Fakten bleiben Fakten und die wahren Fakten sind hier allen zugänglich, die sich für die Wahrheit interessieren.

> Wer sich auf die Geschichte beruft, wird gewiss von der Geschichte gehört werden. Und er wird sich dem Urteil der Geschichte stellen müssen, wenn es auf der Grundlage von Fakten von Menschen verkündet wird, die freien Sinnes und fest davon überzeugt sind, dass nur durch die Prüfung der Wahrheit eine friedliche Zukunft erbaut werden kann.

Schon hier wird deutlich, dass wir in einer neuen Zeit leben. Heutzutage tragen das Internet und aktive Kampagnen von Politikern dazu bei, die Wahrheit aufzubrechen, sie mit Lügen zu vermischen und eine weltumspannende postfaktische Ära zu schaffen. Ziel ist nicht länger, wie bei alter Propaganda, die Leute von Lügen zu überzeugen, sondern sie glauben zu machen, dass es gar keine Wahrheit mehr gibt. In einem solchen Klima können Führungspersonen eine beliebige Agenda so lange zum Thema machen, um ihre Macht zu stärken – egal, ob sie wahr ist oder nicht.

In dieser Zeit sollen Menschen glauben, dass es gar keine Wahrheit mehr gibt.

Wie reagierte Hammarskjöld auf die Vorwürfe? Er antwortete:

> Ich habe keinen Grund, mich oder meine Kollegen gegen diese vorgebrachten Vorwürfe oder Beurteilungen zu verteidigen. Lassen Sie mich nur sagen, dass Sie, Sie alle, Richter sind. Keine einzelne Partei kann diese Befugnis für sich beanspruchen. Ich bin mir sicher, dass Sie sich von Wahrheit und Recht werden leiten lassen.

Dann beschreibt er sein Führungsverständnis. Es steht ebenfalls in scharfem Kontrast zu der narzisstischen Fixierung auf die eigene Person und der Überzeugung, die heute so weitverbreitet ist:

> Es geht nicht um die Person, sondern um die Institution. Eine schwache oder nicht existente Vollstreckungsbehörde würde bedeuten, dass die Vereinten Nationen nicht länger in der Lage wären, aktiv jenen Schutz zu bieten, den die Mitglieder brauchen. Wer die Verantwortung als oberster Angestellter trägt, sollte zurücktreten, wenn er die Vollstreckungsbehörde schwächt. Doch er sollte bleiben, wenn es notwendig ist, um diese zu erhalten. Das, und nur das, erscheint mir das einzig anwendbare Sachargument.

Ohne Macht lässt sich nichts erreichen. Aber die Macht dient nicht den Zielen der Führungsperson, sondern denen der Organisation. Diese wiederum dient nicht der oder dem Vorsitzenden, sondern ihren Mitgliedern. Vor allem den schwächsten Mitgliedern, betont Hammarskjöld:

> Durch meinen Rücktritt würde ich in der jetzigen schwierigen und gefährlichen Zeit die Organisation ausliefern. Dazu habe ich kein Recht, denn ich trage Verantwortung gegenüber allen Mitgliedsstaaten, für die diese Organisation von entscheidender Bedeutung ist. Eine Verantwortung, die vor allen anderen Belangen Vortritt hat.

Weiter sagt er:

> Es ist nicht die Sowjetunion, und im Übrigen auch keine der anderen Großmächte, die des Schutzes der Vereinten Nationen bedarf. Es sind all die anderen Staaten. In diesem Sinn ist die Organisation vor allem ihre Organisation, und ich bin zutiefst überzeugt, dass sie diese klug nutzen und führen werden. Ich werde meinen Posten bis zum Ende meiner Amtszeit

als Diener dieser Organisation im Interesse all dieser anderen Nationen behalten, solange sie es wünschen.

In diesem Zusammenhang sprach der Repräsentant der Sowjetunion von Mut. Es ist sehr leicht zu gehen, hingegen nicht so leicht zu bleiben. Es ist sehr leicht, sich den Wünschen einer Großmacht zu beugen. Es ist etwas anderes, Widerstand zu leisten.

Wie alle Mitglieder dieser Versammlung wohl wissen, habe ich bereits zuvor bei vielen Gelegenheiten und in vielen Zusammenhängen so gehandelt. Wenn es von den Nationen gewünscht wird, die sich in dieser Organisation am besten geschützt sehen, werde ich dies auch weiterhin tun.[2]

Loslassen

Welches Geheimnis steckt hinter dieser Art von Führung? Wie kann man in solch einem Sturm Rückgrat zeigen und gleichzeitig mit einer solchen Demut, ohne Rücksicht auf die eigene Macht und Position, in Freiheit leiten? Das Buch *Zeichen am Weg*, in dem die Tagebuchaufzeichnungen gesammelt sind, die nach Hammarskjölds Tod 1961 in seiner Wohnung gefunden wurden, gewährt einen Blick auf die verborgene Landschaft, aus der sein Leben und sein Führungsverständnis erwuchsen. Im selben Jahr, in dem er zum Generalsekretär der Vereinten Nationen gewählt wurde, schrieb er die Grundlage für die zitierte Rede: »Wer sich Gottes Hand überlassen hat, der steht den Menschen frei gegenüber.«[3]

Je mehr man in *Zeichen am Weg* liest, desto deutlicher wird, dass diese Überantwortung keine kühle und distanzierte Lebensanschauung für ihn ist, die sich neben anderen einordnen lässt. Schon Ende der 1940er-Jahre schreibt Hammarskjöld:

> Den Griff loslassen von der Gestalt, die vor der Welt einen Namen trägt; die das Bewusstsein durch sozialen Ehrgeiz und zügelnden Formwillen aufgebaut hat. Loslassen, um zu fallen, fallen – in blinder Hingabe vertrauen. Zu etwas anderem, einem anderen.[4]

Voraussetzung dafür, diesen Halt angesichts der Stürme der Weltpolitik nicht zu verlieren, war für Hammarskjöld vor allem: »Die innere Ruhe zu bewahren – mitten im Lärm. Offen zu bleiben, still, feuchter Humus in der fruchtbaren Dunkelheit, wo Regen fällt und Saat erwächst – egal, wie viele im trockenen Tageslicht Staub über den Markierungen aufwirbeln.«[5]

1954 formuliert Hammarskjöld ein Gebet, an das er sich einige Monate vor seinem Tod erinnert:

> Gib mir einen reinen Sinn – dass ich dich sehe,
> einen demütigen Sinn – dass ich dich höre,
> einen liebenden Sinn – dass ich dir diene,
> einen gläubigen Sinn – dass ich in dir bleibe.[6]

Ich fasse Hammarskjölds Führungsverständnis in den folgenden drei Punkten zusammen. Und diese Grundlagen können aus meiner Sicht bis heute als Grundlagen geistlicher Leiterschaft dienen:

- **Die Gewissheit, dass das eigene Leben im Dienst Gottes steht.** Es geht nicht darum, Karriere zu machen, sich Positionen zu sichern oder eine Marke zu prägen. Man überlässt sein Leben und alles, was man hat, etwas Größerem als der eigenen Selbstverwirklichung. Das Ziel ist nicht die eigene Ehre, sondern die Ehre Gottes und das Wohl der Allgemeinheit.[7]

- **Die tiefe innere Verankerung in Stille und Gebet.** Mit ihrer Hilfe übersteht der Halt in Gott die Belastungen des Lebens und der Arbeit. Die Disziplin von täglicher Stille und Gebet rückt alles ins richtige Verhältnis und ermöglicht es, einen anderen Weg als den des Mainstreams einzuschlagen.
- **Die Freiheit, nicht ständig die Bestätigung anderer Menschen zu suchen.** Scheitern oder Kritik erschüttern nicht den eigenen grundlegenden Selbstwert, da man zutiefst in Gott verankert ist. Wird man bewundert oder ist man erfolgreich, wird das Selbstwertgefühl aus dem gleichen Grund nicht größer. Die Führung baut nicht auf der Resonanz anderer Menschen auf, sondern auf dem Widerhall dessen, was man selbst als Wille Gottes versteht.

Das Matthäusevangelium fasst im zwölften Kapitel eine solche Führung kompakt zusammen. Jesus hatte jeden Erfolg, von dem eine christliche Führungsperson nur träumen kann: »Viele folgten ihm und er heilte alle.« Was macht Jesus in dieser Situation des »Erfolgs«? Beruft er eine Pressekonferenz ein und berichtet von seinem Durchbruch? Geht er auf Vortragstournee durch die Kirchen des Landes, um sein Erfolgsrezept zu verraten? Schreibt er einen Bestseller über den Schlüssel zu effektiver Führung? Matthäus berichtet, dass Jesus »(ihnen) verbot zu sagen, wer er war«.

> Damit erfüllte sich die Prophezeiung Jesajas über Jesus: »Dies ist mein Diener, den ich auserwählt habe. Ich liebe ihn und habe meine Freude an ihm. Ich werde meinen Geist auf ihn legen, und er wird den Völkern Gerechtigkeit verkünden. Er wird weder kämpfen noch schreien; er wird seine Stimme nicht in der Öffentlichkeit erheben. Er wird das geknickte Rohr nicht zerbrechen und den glimmenden Docht nicht

auslöschen. Durch seine Treue wird er die vollkommene Gerechtigkeit durchsetzen. Und auf seinem Namen wird die Hoffnung der ganzen Welt ruhen.«

Matthäus 12,16-21

Punkt für Punkt wird hier das Gegenmodell zu einer Führungskultur des narzisstischen Zeitalters entworfen.

Jesus wird nicht durch seine Ausstrahlung, seine Kompetenz, seinen Dienst oder Erfolg definiert, sondern durch seine Beziehung zum Vater: »Dies ist mein Diener, den ich auserwählt habe. Ich liebe ihn …«

Was macht Jesus in den Situationen seines Erfolgs?

Er hat ein anderes Ziel als seine eigene Karriere, Einkommen oder Popularität: »Ich werde meinen Geist auf ihn legen, und er wird den Völkern Gerechtigkeit verkünden.«

Er steigt nicht in die Debatte ein und verschwendet keine Energie für Konflikte, die ihm sicherlich Schlagzeilen einbringen, ihn aber auch von seinem Auftrag abbringen würden: »Er wird weder kämpfen noch schreien …«

Er strebt nicht danach, gesehen zu werden. Es gibt Dinge, die wichtiger sind, als »gesehen zu werden« oder in den sozialen Medien unterwegs zu sein: »… er wird seine Stimme nicht in der Öffentlichkeit erheben.«

Er geht nicht über Leichen, um seine Ziele zu erreichen, und bedient sich nicht der Schwächen anderer, um seine eigene Position zu stärken. Er flieht auch nicht vor seinen eigenen Wunden, indem er hart gegen andere vorgeht: »Er wird das geknickte Rohr nicht zerbrechen und den glimmenden Docht nicht auslöschen.«

Er richtet seinen inneren Kompass nicht nach den Widerständen der Umgebung aus, sondern behält die Ausrichtung seines Auftrags durch alle Trends hindurch bei. Und gerade weil er frei von dem Druck der Menschen ist, kann er zu ihrem Besten handeln. Gerade durch seine Hingabe zum Vater ist er die Rettung der Menschheit: »Durch seine Treue wird er die vollkommene Gerechtigkeit durchsetzen.«

Er will nicht als etwas Besonderes verstanden werden und versucht nicht, eine Marke mit attraktiven Eigenschaften aufzubauen. Da er frei ist von dem Bedürfnis nach Bestätigung, weckt seine Gegenwart Hoffnung, die bei anderen Leitenden früher oder später erlischt. »Und auf seinem Namen wird die Hoffnung der ganzen Welt ruhen.«

Eine Tür in der Mauer

Und wir? Wie weit kommen wir auf diesem Weg? Welche Möglichkeiten haben wir Menschen mit all unseren Wunden und Defiziten, die in einer von Sündenfall und Verzerrung geprägten Welt unvermeidbar sind? Ist Jesus nicht ein viel zu unerreichbares Ideal, das uns von vornherein das Gefühl gibt, für eine Führungsposition in der Gemeinde disqualifiziert zu sein?

Immer wieder habe ich in meinen eigenen Exerzitien vor dieser Frage gestanden. Oder besser gesagt, vor dieser Mauer. Wenn ich dann vor meinem Mentor, meistens einem Jesuiten aus Irland oder England, ins Seufzen verfiel, sah er mich nicht selten liebevoll an und fragte: »*What is the invitation in this?*« Nicht nur: Worin liegt hier die Herausforderung? Oder: Was kannst du daraus lernen? Sondern: Wozu lädt Gott dich hier ein?

Das ist ein himmelweiter Unterschied. Anstatt zum hundertsten Mal zu versuchen, sich zusammenzureißen, die Zähne zusammenzubeißen und sich anzustrengen, öffnet sich eine Tür in der Mauer, durch die Jesus flüstert: »Komm einen Schritt näher.«

Der norwegische Pastor und Exerzitienleiter Edin Lövås sagte immer: »Christ zu werden, bedeutet, eins zu werden mit Jesus Christus und seinen Interessen in der Welt.« Diese radikale Identifikation wird in der christlichen Kirche durch die Taufe symbolisiert. Paulus schreibt, dass wir durch die Taufe mit Christus gestorben und begraben sind. »Und genauso wie Christus durch die herrliche Macht des Vaters von den Toten auferstanden ist, so können auch wir jetzt ein neues Leben führen« (Römer 6,3-4).

Das heißt, dass es bei christlicher Führung nicht darum geht, sich zu verrenken, um das Niveau zu erreichen, das Jesus gelebt hat. Es geht darum, sich mit ihm vereinen zu lassen. Oder, wie Dag Hammarskjöld schreibt, die mühsam aufgebaute Führungsrolle loszulassen und sich in den fallen zu lassen, der der einzig würdige Leiter ist. So schreibt auch der Theologe und Märtyrer Dietrich Bonhoeffer: »Wenn man völlig darauf verzichtet hat, aus sich selbst etwas zu machen, ... dann wirft man sich Gott ganz in die Arme.«[8]

Man kann beten: »Guter Gott, gib mir Kraft für meinen Dienst.« Aber man kann auch beten: »Jesus, lass mich Teil deines Dienstes werden.« Der Unterschied zwischen den beiden Gebeten ist vergleichbar mit dem Unterschied zwischen dem mittelalterlichen ptolemäischen Weltbild, in dem die Sonne um die Erde kreist, und dem kopernikanischen, in dem die Erde um die Sonne kreist. Und genau wie bei Kopernikus und Galilei regt sich Widerstand angesichts dieser Revolution. So lange, bis wir entdecken, dass wir dadurch nicht bis zur Bedeutungslosigkeit schrumpfen. Denn wenn die Sonne an ihrem Platz ist und wir uns nicht länger für das Zentrum der Welt halten, erwarten uns optimale Lebensbedingungen.

Es geht darum, die mühsam aufgebaute Führungsrolle loszulassen und sich in den fallen zu lassen, der der einzig würdige Leiter ist, Jesus.

Gott nimmt ein Risiko in Kauf, wenn er einen Menschen für eine Leitungsaufgabe erwählt und ihn an der Kraft von Jesus teilhaben lässt. Man muss nicht in der Kirchengeschichte graben, ein Blick in den eigenen Erfahrungsschatz reicht, um die Verschiebung zu erkennen, die sich vollzieht, wenn die eigene Identität von der Verankerung in Gott diskret zum Erfolg im Dienst wandert. Zunächst unmerklich und scheinbar unschuldig. Doch umso verheerender, wenn man einmal in die Falle getappt ist.

Jesus ist sich dieses Risikos offenbar bewusst, als die 72 Jünger zurückkehren und atemlos berichten, dass selbst Dämonen ihnen gehorchen, wenn sie seinen Namen aussprechen. Was für Möglichkeiten! Was für eine Macht!

Was für eine fürchterliche Gefahr. Jesus antwortet:

> Ich sah den Satan wie einen Blitz vom Himmel fallen! Ich habe euch Vollmacht über den Feind gegeben; ihr könnt unter Schlangen und Skorpionen umhergehen und sie zertreten. Nichts und niemand wird euch etwas anhaben können. Aber freut euch nicht darüber, dass böse Geister euch gehorchen, sondern freut euch, dass eure Namen im Himmel aufgeschrieben sind.
> *Lukas 10,18-20*

Ausdrücklicher lässt sich eine Warnung vor Erfolg kaum formulieren. Warum? Vielleicht, weil es oft der Stolz über unsere eigenen Taten ist, der den Dämonen ihre Kraft zurückgibt, die sie eigentlich schon verloren hatten.

Unsere Identität und unser Selbstwert müssen sicherer verwahrt werden. Dass Ihr Name »im Himmel aufgeschrieben« ist, bedeutet, dass Sie in Ihrem ganzen Sein von Gott bewahrt sind. Von ihm, der allein weiß, wer Sie sind, und auf den Manipulation keinen

Einfluss hat, komme sie nun durch menschliche Bestätigung oder Infragestellung.

Alle, die geistliche Leiterschaft übernehmen, treffen früher oder später auf zwei Spiegel. Im Spiegel des Teufels sehen wir uns wie in strahlendem Licht. Das wahre Ich bleibt jedoch verborgen. So werden wir geblendet von Funktion und Erfolg; alle Defizite oder Misserfolge werden verborgen. In diesem Spiegel wird es uns sehr schwer fallen, uns selbst zu erkennen. Er zeigt deutlich das Wesen des Teufels: Der Schein von Macht und Ehre verbirgt das schwarze Loch seiner Leere und seines Mangels an Wirklichkeit.

Der andere Spiegel ist das Angesicht Jesu. Es dringt sowohl durch den Glanz der Erfolge als auch durch die Schatten der Misserfolge und lässt uns unser wahres Ich erkennen. Die Blindheit, mit der wir in unserer Rolle mitunter geschlagen sein mögen, verzieht sich, und wir sind frei, uns selbst zu sehen. Auch dieser Spiegel ist eins mit seinem Urheber: Die Wahrheit ist Fleisch geworden in einem Menschen, an dem sich kein äußerliches Attribut von Ehre und Macht erkennen lässt.

Diese beiden Spiegel lassen sich in zwei Arten von Menschen erkennen. Der erste Spiegel zeigt sich in den Bewunderern, die nur das Strahlen der Erfolge sehen wollen, aber erschrocken fliehen oder aggressiv zurückschlagen, wenn sie das wahre Ich entdecken.

Der zweite Spiegel ist blind für den Glanz, aber enthüllt liebevoll und treu den Menschen, der man wirklich ist. Wir finden ihn bei Freunden, die nicht beeindruckt, vielleicht sogar nicht einmal an unseren Erfolgen interessiert sind, dafür aber Freundschaft suchen und geben – von Herz zu Herz.

Nicht gut genug

In unserer Wissensgesellschaft sind der Wert eines Menschen und seine Chancen auf dem Arbeitsmarkt meistens eng mit Ausbildung, Weiterbildung und akademischen Erfolgen verknüpft. So wie Konsum von einem ständigen Gefühl des Mangels und der Unzufriedenheit genährt wird, lebt die Aus- und Fortbildungslandschaft von dem nagenden Gefühl, dass man für diesen oder jenen Job nicht gut genug sei. Schnell gerät man in Denkmuster wie: »Aber mit diesem neuen Kurs ließe sich mein Selbstwert steigern.«

Hier könnte die Kirche zur Abwechslung tatsächlich einmal von der Wirtschaft lernen. Normalerweise beeinflusst die Unternehmensphilosophie nur Bereiche, die absolut konträr zu Gottes Reich laufen. Ich erinnere mich an ein Interview, das die Zeitung *Dagens Nyheter* vor einigen Jahren mit dem damaligen Geschäftsführer von IKEA führte. In dem Infokasten stand zu seiner Ausbildung lediglich: Gymnasium.

Das wäre in der Kirche niemals möglich, dachte ich damals. Je nachdem, an welcher Stelle in der Kirchenleitung man steht, wird dort mehr oder weniger auf korrekte Lebensläufe geachtet. Das führt leider viel zu oft dazu, dass die unpassenden Leute mit der richtigen Ausbildung eingestellt und die geeigneten Leute abgelehnt werden, weil ihnen formell die Kompetenzen fehlen. Das Ergebnis dieser Vorgehensweise zeigt sich dann meist recht schnell in der Gemeindearbeit.

Die Führungsriege von IKEA entschied sich für diesen Mann und schloss seine Kompetenzlücken intern mit den entsprechenden Kursen. Die Hauptsache war, dass er seine kreative Energie frei entfalten konnte und das Unternehmen gut führen würde.

Paulus schlägt nachdenkliche Töne an, wenn er im Korintherbrief über Opferfleisch schreibt, das anschließend verkauft wird.

Ist es für Christen in Ordnung, dieses Fleisch zu essen? Es soll an dieser Stelle nicht um die Erörterung der Sachlage gehen. Paulus' Reflexion zu Beginn geht bedeutend weiter.

> Nun zu der Frage, ob wir Fleisch essen, das den Götzen geopfert wurde. Ihr meint, alle müssten sich eurer Erkenntnis anpassen. Wissen kann uns ein Gefühl von Wichtigkeit verleihen, doch nur die Liebe baut die Gemeinde wirklich auf. Wer behauptet, alle Antworten zu kennen, hat in Wirklichkeit kaum begriffen, auf welche Erkenntnis es ankommt. Doch wer Gott liebt, der ist von Gott erkannt.
>
> *1. Korinther 8,1-3*

Das griechische Wort für »Wissen« in diesem Kontext ist *gnosis*. Die gnostischen Bewegungen waren zu jener Zeit noch nicht so ausgeprägt wie später im 2. Jahrhundert, als der Kirchenvater Irenäus mit ihnen konfrontiert wurde. Doch in vielen von Paulus' Briefen lässt sich erkennen, dass sich gnostisches Gedankengut in den Gemeinden bereits ausgebreitet hatte.

Da war die Verachtung für das Körperliche, Irdische und Menschliche. Die Ansicht, dass Rettung vor allem durch den Intellekt komme, indem der Mensch sich verborgenes Wissen aneigne, das die gewöhnlichen Christen noch nicht verstanden hätten. Daraus erwuchs ein elitäres Denken, das innerhalb der Kirche eine Spaltung hervorrief zwischen geistlich Erleuchteten und der breiten Masse gewöhnlicher Christen, die die höhere Geistlichkeit anscheinend nicht begriffen. Ihnen fehlte das richtige »Wissen«.

Es ist eine brandgefährliche Mischung aus Elitedenken und gestärktem Selbstvertrauen, die jedem Wissen wie ein Schatten anhängt. Selbst säkulare Bereiche, die mit gnostischen Mythen nichts zu tun haben, sind davon nicht frei. Paulus hilft uns, die falschen

Versprechungen in Bezug auf Wissen zu enthüllen, damit wir frei werden, uns Wissen anzueignen und dort anzuwenden, wo wir es wirklich brauchen.

Problematisch am Wissen ist nicht, dass es uns einen schlechten Dienst erweisen würde, wenn es um den Aufbau unseres Selbstwerts geht. Vielmehr ist es gar nicht in der Lage, etwas für unseren Selbstwert zu tun. Schließlich korrespondieren theoretische Kenntnisse nicht mit der Persönlichkeit. Wissen dient hauptsächlich instrumentellen Zielen. Es ist ein Werkzeug, das wir nutzen können, um etwas zu tun.

Dennoch begehen wir ständig den Fehler, unseren Selbstwert mit noch mehr Wissen steigern zu wollen. In solchen Situationen wird Wissen zu einer Schale um einen Hohlraum herum, der niemals gefüllt werden kann. Oder, wie Paulus sagt: Es verleiht uns ein Gefühl von Wichtigkeit, die mit unserem Inneren nicht übereinstimmt. Wir tendieren dazu, Selbstvertrauen (das durch mehr Wissen oft wächst) mit Selbstwert (der mit Wissen überhaupt nichts zu tun hat) zu verwechseln.

> Viel zu wissen lässt uns Selbstvertrauen mit Selbstwert verwechseln.

Die Liebe hingegen baut auf. Nur indem man gesehen und angenommen wird als die Person, die man ist, kann der eigene Selbstwert heilen und aufgerichtet werden – und nicht für das, was man kann oder weiß. Die Beziehung zu jemand anderem kann jenes Ich aufbauen. Dem stehen alles Wissen und alle Kompetenz der Welt machtlos gegenüber.

Das geschieht in menschlichen Beziehungen, vor allem aber in der Beziehung zu Gott. Im kontemplativen Gebet liegt der Fokus nicht mehr darauf, Gott für irgendetwas zu gebrauchen, sondern sich ihm seinetwegen zuzuwenden. Die Freiheit von jeglicher Agenda hinterlässt nach einiger Zeit auch Spuren im eigenen

Selbstbild: Mein Wert liegt nicht länger in dem, was ich kann oder tue, sondern in dem, was ich bin. Ich ruhe vor dem Angesicht des anderen: *ich – du*. So erfolgt eine sanfte Verschiebung von Wissen (dem, was ich über Gott weiß) hin zu Liebe (dem, was Gott über mich weiß). Ich bin »von Gott erkannt«, wie Paulus schreibt.

Heute ist die Anziehungskraft gnostischer Mythen auf die Christen ziemlich begrenzt. Stattdessen ist die akademische »Gnosis« in vielen Bereichen umso attraktiver. Damit wir uns akademisches Wissen zunutze machen und uns von politischen und religiösen Beeinflussungen befreien können, ist es wichtig, dass wir unsere Grenzen kennen. Dafür müssen wir uns unter anderem auch der vorherrschenden Einstellung bewusst sein, dass mehr akademisches Wissen automatisch zu besseren Entscheidungen führt.

Diese Gleichung geht nicht auf. Wissen ist wie Intelligenz und Spiritualität eine unfassbare Ressource, die zum Guten wie zum Schlechten eingesetzt werden kann. Zu glauben, dass mehr Wissen, mehr Intelligenz oder mehr Spiritualität immer den richtigen Weg weisen würden, führt geradewegs in die Katastrophe.

Schon in den vier Evangelien wird dieses Problem offenbar. In der Gruppe, die von Jesus aufs Schärfste kritisiert wird, die der am besten ausgebildeten Theologen. Die Schriftgelehrten und Pharisäer hatten viele Schriften gelesen, waren aber notorisch damit überfordert, in ihren eigenen Herzen zu lesen. Deshalb konnten sie schlechter zwischen Gut und Böse, Zentrum und Peripherie, Ziel und Mittel unterscheiden als viele andere, von denen die Evangelien berichten – Menschen mit weniger theoretischem Wissen, aber einem sichereren inneren Kompass.

Als die Jesuiten im 16. Jahrhundert ihre Hochschulen ausbauten, maßen sie dem Urteilsvermögen der Studenten höheren Wert bei als dem Wissen. Sie wussten, dass Wissen nur in Verbindung mit klugem Urteilsvermögen auch Gutes hervorbringen kann.[9] Das Gleiche gilt für die Geistesgaben.

In die andere Richtung

Franziskus wurde manchmal »der zweite Christus« genannt. Nur wenige sind so glaubwürdig wie er in Jesu Nachfolge getreten. In einer Zeit, in der der Mittelstand in den mittelalterlichen Städten reich und mächtig wurde, schlug der Kaufmannssohn Francesco Bernardone die andere Richtung ein. Mit seinen Glaubensbrüdern baute er eine Gegenkultur auf, die auch der Welt heute noch etwas zu sagen hat. Es klingt seltsam paradox, dass ausgerechnet jener Mann, dem Jesus den Auftrag gab, die Kirche aufzurichten, die in Trümmern liegt, zu einem Heiligen wurde, vor dem selbst Menschen außerhalb der christlichen Kirche den größten Respekt haben.

Die Dominikaner, der spanische Schwesternorden der Franziskaner, nahmen sich der akademischen Ausbildung an, dominierten jahrhundertelang die Universität in Paris und brachten Theologen wie Thomas von Aquin hervor. Für Franziskus lag der Fokus jedoch woanders. In einem Brief an einen jungen Theologen, der den Brüdern mit seiner Expertise helfen wollte, schrieb er 1224:

> Dem Bruder Antonius, meinem Bischof, wünsche ich, der Bruder Franziskus, Heil! Mir gefällt es, dass du den Brüdern die heilige Theologie nahebringst. Die Hauptsache ist nur, dass du durch dieses Studium nicht den Geist des Gebets und der Hingabe auslöschst, von dem die Regel spricht.[10]

Doch was besagt diese Regel? In der zweiten und endgültigen Version von 1223 schreibt Franziskus unter anderem:

> Die von den Wissenschaften keine Kenntnis haben, sollen nicht danach trachten, Wissenschaften zu erlernen. Vielmehr sollen sie darauf achten, dass sie über alles verlangen müssen, den Geist des Herrn zu haben und sein heiliges Wirken, immer zu Gott zu beten mit reinem Herzen, Demut zu haben, Geduld in Verfolgung und Krankheit und jene zu lieben, die uns verfolgen und tadeln und beschuldigen.[11]

In seinen spirituellen Ratschlägen, einer kleineren Sammlung von Hinweisen an seine Brüder, schreibt er: »Selig der Diener, der sich nicht für besser hält, wenn er von den Menschen gelobt und erhoben wird, als wenn sie ihn für gering, einfältig und verächtlich halten; denn so viel ist der Mensch, als er vor Gott ist, und nicht mehr.«[12]

Letztendlich geht für Franziskus alles auf eine Grundlage zurück. So schreibt er in der ausführlicheren ersten Version der Ordensregel 1221: »Lasst uns alle ›aus ganzem Herzen, aus ganzer Seele, aus ganzer Gesinnung, aus aller Kraft (vgl. Mk 12,30) und Stärke, mit ganzem Verstand (vgl. Mk 12,33), mit allen Kräften‹ (vgl. Lk 10,27), mit ganzer Anstrengung, mit ganzer Zuneigung, mit unserem ganzen Inneren, mit allen Wünschen und aller Willenskraft ›Gott den Herrn‹ (Mk 12,30 par.) lieben, der uns allen den ganzen Leib, die ganze Seele und das ganze Leben geschenkt hat und schenkt.«[13]

Hiermit greift er natürlich auf das zurück, was Jesus dem Schriftgelehrten antwortete, der fragte, was das Wichtigste im Leben sei:

> Das wichtigste Gebot ist dies: »Höre, o Israel! Der Herr, unser Gott, ist der einzige Herr. Und du sollst den Herrn, deinen Gott, von ganzem Herzen, von ganzer Seele, mit all deinen Gedanken und all deiner Kraft lieben.« Das zweite ist ebenso

wichtig: »Liebe deinen Nächsten wie dich selbst.« Kein anderes Gebot ist wichtiger als diese beiden.
Markus 12,29-31

Wenn das also das Wichtigste im Leben ist, muss es auch das Ziel für jede christliche Theologie und die Ausbildung von Führungspersonen in der Kirche sein. Wenn das das Ziel ist, müssen auch die passenden Mittel gewählt werden, um dieses Ziel zu erreichen. Kurz gesagt:

> Das Ziel der Ausbildung christlicher Leiter kann nicht sein, reines Wissen über Gott zu vermitteln, ja, nicht einmal, an ihn zu glauben. Das Ziel ist, Gott zu lieben.

Das Ziel so zu setzen, bringt aus meiner Sicht drei Voraussetzungen mit sich:

- **Den Glauben, dass Gott existiert.** Wie es der Hebräerbrief formuliert: »Wer zu ihm kommen möchte, muss glauben, dass Gott existiert und dass er die, die ihn aufrichtig suchen, belohnt« (Hebräer 11,6). Es ist unmöglich, eine Vorstellung oder Gedankenkonstrukt zu lieben. Der Gegenstand der Theologie ist Gott, nicht die Vorstellung, die Menschen von Gott haben. Das setzt voraus, dass Gott wirklich existiert, unabhängig davon, ob man an ihn glaubt oder nicht.
- **Gott zu kennen.** Jesus sagt zu der Frau aus Samarien: »Ihr Samaritaner wisst wenig über den, den ihr anbetet – wir Juden dagegen kennen ihn, denn die Erlösung kommt durch die Juden« (Johannes 4,22). Wir können niemanden lieben, den wir nicht kennen. Das setzt voraus, dass wir Gott kennenlernen können. Damit dieses Kennen nachhaltiger wird

als unsere eigenen Vorstellungen von Gott, ist es entscheidend, dass er sich uns zu erkennen gegeben hat. Erst dann kann es eine Begegnung mit Gott als einem Du geben, statt nur mit einem Spiegelbild unseres Selbst. Das bedeutet wiederum …

- **Beziehung.** Als Philippus Jesus bittet, den Vater sehen zu dürfen, erwidert Jesus: »Philippus, weißt du denn nach all der Zeit, die ich bei euch war, noch immer nicht, wer ich bin? Wer mich gesehen hat, hat den Vater gesehen!« (Johannes 14,9). Nur ein Wissen, das auf Erfahrung beruht, führt zur Liebe. Theoretisches Wissen allein, also Wissen aus zweiter Hand, kann der Liebe keine Nahrung geben. Das bedeutet, dass das primäre theologische Gespräch ein Gespräch mit Gott ist, nicht über ihn. Das Gebet hat Priorität vor Büchern.

Faustregel

Aus dem, was Jesus uns mitgegeben hat, können wir eine Faustregel ableiten:

> Stellt *alles*, was ihr im Leben erhaltet, in den Dienst Gottes.

Was Jesus über Geld sagt, kann auch für akademisches Wissen, Organisationsformen, Musik, Technik und alles andere, was wir in die Kirche einbringen, gelten: »Niemand kann zwei Herren dienen. Immer wird er den einen hassen und den anderen lieben oder dem einen treu ergeben sein und den anderen verabscheuen. Ihr könnt nicht gleichzeitig Gott und dem Geld dienen« (Matthäus 6,24).

Die Lösung ist nicht, sämtliches Geld loszuwerden. Niemand kommt auch nur einen Tag ohne Geld aus. Es geht darum, sich von dem Mythos zu lösen, Gott und Geld könnten als gleichwertige Partner in unserem Leben fungieren. Jesus sagt nicht, dass diese Vorstellung unangemessen ist. Er sagt, dass es *unmöglich* ist. Mächte funktionieren einfach nicht auf diese Weise. Entweder hat der eine oder der andere das Sagen – der Verlierer wird zum Diener degradiert.

Wir müssen uns also entscheiden, wer die Deutungshoheit hat. Gott oder das Geld. Gott oder die Theologie. Gott oder Managementmethoden. Erst wenn Jesus in diesen konkreten Themenfeldern Herr der Kirche wird, nehmen die anderen Mächte ihren rechtmäßigen Platz ein – als Diener. Und nur dann können sie zu lebensspendenden und heilenden Kräften werden. Dann können Finanzen, theologisches Wissen und Know-how für effiziente Organisationsstrukturen die Kirche bereichern, statt sie zu säkularisieren.

Erst wenn Jesus Herr ist, können die anderen Mächte lebensspendende Kräfte in der Kirche werden.

Nach dem gleichen Prinzip spielen in der Gemeindearbeit immer das Persönliche und das Strukturelle zusammen. Die Frage ist, wer ist der Herr und wer ist der Diener, was ist das Zentrum, was die Peripherie? Wir können unsere persönlichen Probleme niemals durch strukturelle Veränderungen lösen, genauso wenig, wie wir unser Sehnen nach Gott durch Gemeindearbeit stillen können. So wie die Frucht vom Baum kommt und nicht umgekehrt, werden Charakter und Nachhaltigkeit einer Arbeit durch Selbstwert und persönliche Beziehung zu Gott bestimmt.

Dazu ein einfaches Beispiel: Hält ein Pastor mit sicherem Selbstwertgefühl einen festlichen Gottesdienst, kann das ein befreiender Tanz vor Gottes Angesicht sein, bei dem die verschiedenen Momente im Gottesdienstablauf von Leichtigkeit, Freiheit und Freude geprägt sind.

Der gleiche Gottesdienst kann in den Händen eines unsicheren Pastors mit schwachem Selbstwertgefühl zu einer mechanischen Angelegenheit werden, weil er angestrengt darauf achtet, alles richtig zu machen. Die Unsicherheit des Pastors überträgt sich auf die Gemeinde, die dann nervös wird, weil sie merkt, dass etwas falsch läuft. Dabei sollte sie erfüllt sein von der Anbetung Gottes.

Nebengleise

Was ist eigentlich christliche Leiterschaft? Ich komme noch einmal auf Martin Lönnebos Formulierung zurück: »Jesus ist der Leiter der Gemeinde. Wer ihm nachfolgt, führt andere richtig.«

Schauen wir auf Paulus. Nach seiner dramatischen Umkehr erhält er von seinem unerwarteten geistlichen Mentor Hananias aus der Gemeinde in Damaskus folgenden Auftrag: »Der Gott unserer Vorfahren hat dich erwählt, seinen Willen zu erfahren und den Gerechten zu sehen und ihn sprechen zu hören. Du sollst seine Botschaft in die ganze Welt tragen und allen Menschen sagen, was du gesehen und gehört hast« (Apostelgeschichte 22,14-15).

Der Auftrag ist doppelt gelagert:

> *Erkenne* Jesus, höre auf ihn. Und *berichte*, was du gesehen und gehört hast.

Das ist eine kurze Zusammenfassung davon, was christliche Leiterschaft bedeutet. Definiert man Leiterschaft als die Fähigkeit, Menschen in eine bestimmte Richtung zu beeinflussen, liegt hierin ein einfacher und deutlicher Wegweiser. So sagte der katholische Bischof Walter Kasper vor vielen Jahren: »Das Problem der Kirche ist nicht mangelnde Anpassung an den Zeitgeist, sondern mangelnde Anpassung an Jesus Christus.«

Es liegt nicht in der Verantwortung der Leitenden, wie das Evangelium verstanden oder von den Menschen aufgenommen wird. Es geht vielmehr darum, wie treu gegenüber Jesus es präsentiert wird. Solange der Fokus auf dem liegt, worauf Hananias hinweist, ist die grundlegende Voraussetzung gegeben, Menschen gut zu leiten. Aber sobald es Leitenden darum geht, eine bestimmte Rolle zu erfüllen, haben sie den Fokus streng genommen schon verloren.

Leider wimmelt es für Leiter, die in Kirche und Gemeinde unterwegs sind, nur so von derartigen Nebengleisen:

- Man muss zwischen bestimmten Fraktionen in der Gemeinde balancieren.
- Man muss den Vorstand zufriedenstellen.
- Man muss bestimmte messbare Resultate liefern.
- Man muss als relevant und spannend hervorstechen.
- Man muss Kollegen übertrumpfen.
- Man muss sich an Positionen festbeißen.
- Man muss mehr verdienen.
- Man muss seine Spiritualität unter Beweis stellen.
- Man muss zeigen, dass man theologisch kompetent ist.
- Man muss dafür sorgen, dass alle sich wohlfühlen.
- Man muss seinen Selbstwert stärken.

All das führt dazu, dass wir ständig auf einer Skala zwischen Auftrag und Versuchung schwanken. Sobald diese Anforderungen aber beginnen, unsere Aufmerksamkeit auf sich zu ziehen, lenken sie uns schnell von dem Auftrag ab, Christus nachzufolgen und ihn zu bezeugen.

Aber ist das nicht der Auftrag aller Christen? Das gilt doch nicht nur für christliche Leiterinnen und Leiter? Exakt. Christliche Leiterschaft ist keine Position, die erobert und verteidigt werden muss. Sie ist eine Funktion, durch die Gottes Gnade andere Menschen befreit, Christus nachzufolgen.

Ein christlicher Leiter zeichnet sich in dieser Hinsicht also nicht durch eine bestimmte Besonderheit aus, sondern durch die Zugehörigkeit zu allen Christen. So begründet auch Paulus seinem guten Freund Timotheus gegenüber, wie er seinen Dienst versteht. Nicht seine lange theologische Ausbildung qualifiziert ihn, auch nicht seine spirituellen Gaben oder großen Erfolge in der Mission. Paulus hat einen anderen Ausgangspunkt für seine Führungsrolle:

> Christus Jesus kam in die Welt, um Sünder zu retten – und ich bin der Schlimmste von allen. Aber Gott hatte Erbarmen mit mir, damit Jesus Christus mich als leuchtendes Beispiel für seine unendliche Geduld gebrauchen konnte.
>
> *1. Timotheus 1,15-16*

Eben weil er so ist wie alle anderen, kann er allen anderen zeigen, welche Möglichkeiten die Gnade eröffnet. Der Leiter ist ein »Urtyp«, ein Vorbild für andere – nicht durch seine überlegene Ausbildung oder Spiritualität, sondern weil er Gottes Gnade erfahren hat.

Machtausübung, Dominanz, Kontrollbedürfnis und Unterdrückung lassen sich also vom Grundsatz her nicht mit christlicher Leiterschaft vereinbaren. Sie sind christlichen Leitenden genauso wesensfremd, wie sie Jesus selbst fremd sind. Nachfolge geschieht immer aus der Freiheit. Sonst ist sie keine Nachfolge. So ist es auch mit Leiterschaft bei der Nachfolge. Sie bedeutet, anderen Menschen zu sagen: »Ich werde niemanden steuern oder unterdrücken. Ich gehe in diese Richtung. Wer möchte, ist willkommen, mich zu begleiten.«

Mit Herzenslust

Wenn wir uns auf Jesus Christus fokussieren, führt das nicht dazu, dass Ihr eigenes Wertesystem und Ihre Leidenschaften erlöschen. Stattdessen erlischt der ständige Fokus auf die Trends und Erwartungen der Umgebung. Im Gewimmel aller anderen Spuren verliert man leicht die eigene Spur aus dem Blick. Das geschieht unmerklich und es dauert oft lange, ehe sich ein unbehagliches Gefühl einstellt und man sich fragt: »Will ich das hier eigentlich? Oder mache ich das nur, weil andere es wollen?«

»Ohne die Freude an deinem Gesetz wäre ich verzweifelt in meinem Elend«, heißt es im längsten Psalm (Psalm 119,92). In keinem anderen Buch der Bibel werden so oft die Worte »Lust« oder »Freude« gebraucht wie im Buch der Psalmen. Und nirgendwo sonst finden sich so viele Referenzen zum Gesetz des Herrn oder zum Wort des Herrn.

Was in den Ohren des modernen Menschen wie ein Gegensatz klingt, ist in Wirklichkeit eine sehr präzise psychologische Beobachtung: Es muss eine Übereinstimmung zwischen dem geben, was man sich zutiefst wünscht, und dem, was Gott mit dem eigenen Leben vorhat, seinen Vorstellungen. Sonst wird es langfristig nicht gut gehen.

Wenn ich mit Gott als meinem Gegenüber interagiere, dann merke ich schnell, was mich zutiefst anzieht, was ich eigentlich begehre. Das heißt nicht, dass Gott zu allem Ja sagt, was ich möchte. Es läuft also nicht wie in dem Kinderbuch *Ferien auf Saltkrokan*, wo Tjorven betet: »Lieber Gott, darf ich noch ein Stück Kuchen haben?« Und Gott ihr zusagt: »Ja, das darfst du.« Gott kann formidabel Widerstand leisten. Nicht, um mich zu brechen, sondern um mir zu helfen, zwischen flüchtigen Impulsen und tieferen Sehnsüchten zu unterscheiden.

Aus diesem Grund führte der Ordensgründer der Benediktiner Benedikt von Nursia die Regel ein, dass jeder, der ins Kloster eintreten wollte, vier oder fünf Tage vor der Tür des Klosters warten sollte, ehe er eingelassen wurde. Und wenn er eingelassen wurde, sollte man ihm zuerst alles zeigen, was auf dem Weg, der zu Gott führt, hart und mühevoll ist. Wollte man keine neuen Mönche haben? Doch, natürlich. Deshalb war es sowohl für das Kloster als auch für den angehenden neuen Mönch wichtig herauszufinden, ob er wirklich Gott suchte.[14] Benedikt wusste: Menschen wenden sich aus vielen unterschiedlichen Gründen ans Kloster. Doch alle Gründe außer die Suche nach Gott würden früher oder später den Novizen und die Mitbrüder unglücklich machen und im Sande verlaufen.

Ein Nein von Gott hilft mir, zwischen flüchtigen Impulsen und tieferen Sehnsüchten zu unterscheiden.

In der Begegnung mit einem Du lernen wir uns selbst kennen und erfahren, was wir wirklich wollen. Das passiert nicht, indem wir uns in uns selbst versenken. Übermäßige Selbstbeschau führt eher zu Verwirrung darüber, wer wir eigentlich sind. Wir lernen uns und unseren Willen auch nicht dadurch kennen, dass wir uns in dem schnell vorbeifliegenden Flimmern anderer spiegeln.

Es ist unmöglich, Menschen so zu leiten, dass sie nach Herzenslust Jesus Christus nachfolgen, wenn die eigene Lust im Dienst fehlt. Kommunikation ist nicht, was gesagt wird, sondern was gehört wird. Menschen hören früher oder später ganz genau, ob ein Leitender nur von Pflichtgefühl angetrieben wird oder von einem echten Herzenswunsch. Ist Ersteres der Fall, ziehen sie schnell den Rückschluss, dass es nicht gerade lebenserfüllend ist, Jesus nahezukommen.

Hier geht es nicht um die Perioden der Dürre, des Widerstands und der Müdigkeit, mit der wir Menschen uns in unseren Beziehungen und auf der Arbeit immer wieder herumschlagen müssen. Es geht darum, *wie* wir mit diesen Zeiten umgehen. Gerade sie können notwendig sein, um die eigenen Grenzen zu erkennen und dadurch wieder zur Lust der Nachfolge zurückzufinden. Hier geht es vielmehr um die tiefere und langfristige Verschiebung, die das Herz anders ausrichtet und die zu einer immer größer werdenden Diskrepanz führt zwischen dem, wonach man sich eigentlich sehnt, und dem, womit man täglich arbeitet. Es geht um die entscheidende Ausrichtung des Lebens, die Jesus meint, wenn er sagt: »Denn wo dein Reichtum ist, da ist auch dein Herz« (Matthäus 6,21). Ist Jesus nicht länger die Freude des Herzens, wird diese Freude schnell von anderen Dingen in Beschlag genommen.

Da das für christliche Leiter ziemlich »verbotene« Gefühle sind, kann es lange dauern, bis sie sich selbst eingestehen können, was sie fühlen. Und meistens dauert es noch viel länger, bis man auch Gott gegenüber gestehen kann, dass man diese Gefühle hegt. »The show must go on« ist wohl nicht der Rat, den Gott in dieser Situation geben würde. Dieser Rat kommt nur vom Teufel, dem Vater der Lügen, der alles dafür tut, dass wir nicht mit der Wahrheit in Kontakt kommen.

Jede Wahrheit, wie wenig geistlich sie in dem Moment auch klingen mag, ist eine Möglichkeit, mit Gott in Kontakt zu kommen. Jede Lüge trennt uns von Gott, egal, wie geistlich sie auch klingen mag. Was wie der totale Zusammenbruch der Beziehung zu Gott erscheinen kann – ihm zu sagen, dass Sie keine Lust mehr auf das Ganze haben –, kann leicht zum Durchbruch in der Beziehung werden, der dazu führt, dass Sie endlich wieder bei Gott ankommen. Es ist wie in der Ehe: Erst, wenn man damit aufhört, sich mit aller Kraft bloß nichts anmerken zu lassen, und die Probleme auf den Tisch bringt, kann sich die Beziehung verbessern. Es ist der erste Schritt, ehrlich den Istzustand zu benennen.

Was uns das Bauchgefühl verrät

Was ist besser: in der Kirche zu sitzen und sich nach der Kneipe zu sehnen oder in der Kneipe zu sitzen und sich nach Gott zu sehnen?

Diese Frage ist ein klassischer Test für die Ausrichtung im Leben eines Menschen. Die eigenen Wünsche zu fassen zu bekommen und sich nicht einzubilden, etwas anderes zu wollen, ist entscheidend, um ein authentisches Leben in Freiheit zu führen. Aber das ist nicht immer so leicht. Unser Bauchgefühl weicht uns häufig aus.

Ein anderes Beispiel aus der Ehe. Stellen Sie sich vor, Sie bekommen eine Einladung zu einem Fest, Ihre Partnerin bzw. Ihr Partner aber nicht. Wie reagieren Sie spontan? Sagt Ihnen Ihr Bauchgefühl in Sekundenschnelle: »Schön, dass ich endlich mal allein unterwegs sein kann?«, oder sagt es eher: »Wie schade, allein gehen zu müssen«?

Die erste Reaktion kann ein Zeichen dafür sein, dass irgendetwas in Ihrer Beziehung nicht gut läuft. Fühlen Sie sich ohne den Partner oder die Partnerin vielleicht freier? Die Information des Bauchgefühls kann wichtig sein: Sie stehen an einer Weggabelung. Entweder Sie verschweigen die echten Empfindungen und deren Wurzel, gehen auf das Fest und nehmen die Distanz in Ihrer Partnerschaft in Kauf. Oder Sie nehmen das Bauchgefühl ernst und fangen an, darüber zu sprechen: mit Gott, mit einem Mentor und natürlich sollten Sie auch das Schweigen gegenüber dem Partner brechen: »Wir müssen über gewisse Dinge sprechen.« Was zu Beginn beunruhigend aussieht, kann so zum Katalysator eines entscheidenden Prozesses werden: Die Fassade der perfekten Ehe mag brechen, doch es entsteht eine neue Chance, wieder neu füreinander zu leben.

Dieses einfache Beispiel lässt sich leicht auf die Beziehung zu Gott übertragen. Wenn Sie immer stärker merken, dass Sie die Nähe von Menschen, Umständen, Aktivitäten und Literatur suchen, wo Gott wenig vorkommt – was sagt Ihnen das? Und ich meine nicht, dass sich eine christliche Führungsperson nur in christlichen Zusammenhängen aufhalten dürfte! Solche Zwänge führen selten zu einer lebendigen Gottesbeziehung.

Aber wenn Sie merken, dass Sie weggezogen werden, dass Sie mehr Energie aus Milieus ziehen, wo Gott nicht im Fokus steht, und es als Erleichterung empfinden, wenn niemand über Gott oder Jesus spricht, dann gleicht das der Erleichterung, die Sie verspüren, wenn Ihre Partnerin oder Ihr Partner nicht zum Fest mitkommt. Es sagt etwas Wichtiges darüber aus, wie Ihre Beziehung aussieht. Dieses Signal zu ignorieren ist hochriskant und kann langfristig verheerende Folgen haben.

Der Anschein von geistlichem Leben ist oft das größte Hindernis für ein wirklich geistliches Leben.

Eine andere Frage für christliche Leiter lautet: Entspanne ich mich von oder mit Gott? Feierabend und Urlaub sind glücklicherweise frei von dienstlicher Verantwortung und Pflicht. Aber Hand aufs Herz: Sind sie auch frei von allen Gedanken an Gott? Ist Gott für Sie so sehr mit dem Dienst verbunden, dass Sie Urlaub von ihm nehmen, wenn Sie frei haben, und nie die Bibel aufschlagen oder beten? Oder teilen Sie die Freude über die Bergwanderung, den Segeltörn, den spannenden Roman oder das gute Essen in dem pittoresken Restaurant am Mittelmeer mit ihm, der die Quelle des Lebens und allen Guten ist?

Lassen Sie die Verantwortung allen Menschen und Projekten gegenüber fallen und seien Sie frei, endlich darauf zu hören, was Gott in Ihrem Herzen flüstert. Hören Sie auf die Signale aus Ihrem Inneren! Jesus nennt den Heiligen Geist unter anderem den Geist der Wahrheit. Das deutet darauf hin, dass es dem Heiligen Geist herzlich egal ist, wie die Dinge eigentlich stehen *sollten* – er ist viel mehr daran interessiert, wie es wirklich um uns steht. Auch Jesus kommt in seinen Auseinandersetzungen mit den Pharisäern und Schriftgelehrten ständig darauf zurück: Der Anschein von geistlichem Leben ist oft das größte Hindernis für ein wirklich geistliches Leben.

Wenn der Heilige Geist Sie auf Gefühle und Gedanken hinweist, die bislang im Verborgenen lagen, dann tut er das nicht, um Sie zu brechen, sondern um Ihnen zu helfen, einen ehrlicheren Dialog mit sich selbst und mit Gott zu führen.

Keine Klosterromantik

Das gegensätzliche Problem besteht, wenn Sie Ihre Arbeit in der Kirche als Hindernis für Ihre Beziehung zu Gott sehen. Sie suchen wirklich von Herzen nach Gott, fühlen sich aber von allen Menschen, Bedürfnissen, Konflikten und Anforderungen Ihres Jobs gestört. Sie versuchen zu beten, werden aber die ganze Zeit durch den Dienst unterbrochen oder abgelenkt. Dieser Konflikt ist so alt wie die Kirche selbst. Die Geschichte zeigt auf vielfältige Weise, wie er zu verstehen und zu lösen ist.

Ich erinnere mich an die 90er-Jahre, als wir mit den ABC-Exerzitien im Johannesgården begannen. Einige Zeit fanden sie sogar im Rahmen der Priesterfortbildung im Bistum Göteborg statt. Für die Stille legten wir damals geistliche Literatur aus, die man, wenn man wollte, lesen und betrachten konnte. Eines der Bücher war ein wunderschöner Bildband mit Fotos von einem französischen Kloster und kurzen Texten von Thomas Merton.

Es war kaum zu glauben: Ein Pater nach dem anderen versank in diesem schönen Buch über das ungestörte spirituelle Leben, fern von allen anstrengenden Gemeinderäten und verrückten Kollegen.

Dann, eines Tages, entfernte Schwester Adelheid, die Vorsteherin des Hofes und ein geliebtes Mitglied in unserem Exerzitien-Team, das Buch resolut vom Büchertisch. Mit dem grimmigen Kommentar: »Hier gibt's keine Klosterromantik.«

Es ist wohl kein Zufall, dass Schwester Adelheid dem Sacré-Cœur-Orden angehörte, der von der ignatianischen Spiritualität durchdrungen ist. Ignatius von Loyola gründete seinen Orden, die Gesellschaft Jesu bzw. die Jesuiten, wie sie heute genannt werden, als apostolischen Orden. Die traditionellen Komponenten des Ordenslebens – Kloster, Ordensgewand und Stundengebet – standen einem mobilen Leben in der Mission eher im Weg und wurden deshalb für die Jesuiten gestrichen. Stattdessen entwickelte Ignatius eine Spiritualität, in der die Arbeit selbst ein ebenso tiefer und wahrhaftiger Weg zur »Vereinigung mit Jesus und seinen Interessen in der Welt« war, beispielsweise das kontemplative Gebet.

Das Gebet ist kein Gegensatz zu geistlichem Dienst.

Ein Beispiel sind die französischen Jesuiten, die im 17. Jahrhundert bei den Indianerstämmen Nordamerikas arbeiteten. Niemals zuvor bin ich auf solch brutale Bedingungen für christliche Arbeit gestoßen wie bei der Lektüre von François Roustangs Schilderungen der Abenteuer dieser jungen Jesuiten. Viele von ihnen wurden zu Märtyrern. Zu Beginn des Buches räumt Roustang genau mit der Art von Spiritualität auf, die das Gebet als Gegensatz zum geistlichen Dienst oder zur Arbeit generell sieht. Getreu seines Lehrmeisters Ignatius schreibt er, dass ein Jesuit niemals folgenden Rat geben könnte: »Gib dich ganz dem intimen Leben mit Gott hin, solange es nicht deiner Arbeit im Weg steht …«

Diese Missionare mussten Gott in ihrem Apostolat treffen, und sie bewiesen ein ums andere Mal, dass das sehr wohl möglich ist. Ihre Arbeit bewirkte alles andere als eine Trennung von der göttlichen Majestät und war ihr wichtigstes und effektivstes Mittel, um ihn zu ehren.

Roustang gibt zu, dass es in der Kirche kontemplative Bewegungen gibt, die Gott allein im inneren Gebet suchen, und er hat tiefsten Respekt davor. Ignatius eröffnete jedoch eine Spiritualität, mit der sich Gemeindemitarbeiter viel leichter identifizieren können:

> Bei den Jesuiten hatte die ganze Person – Seele, Geist, Körper – Teil an der Überantwortung des Ichs an Gott. Sie gaben Gott in ihrer täglichen Arbeit ihren ganzen Körper, all ihre Energie. Bei ihnen gibt es keine Vereinigung mit Gott, die sich in Abgeschiedenheit isolieren oder als innere Einsamkeit, ungestört von der apostolischen Aktivität, erfahren ließe.[15]

Wieder kommen wir zu der entscheidenden Frage, was Sie suchen, was Sie mit Ihrem Leben anfangen wollen und wie Sie sich selbst sehen. Als Diener des Herrn?

2

VOM UMGANG MIT KRISEN – Der Reichtum geistlicher Armut

In den 90er-Jahren leitete ich gemeinsam mit einem Kollegen Studientage für Arbeitsgruppen in der Schwedischen Kirche. Ein Bestandteil dieser Studientage war eine Übung, die ich in einem Buch über Krisenbewältigung in Klöstern gefunden hatte. Dazu wurden die Arbeitsgruppen in kleinere Gruppen aufgeteilt, in denen sie über diese Skizze diskutieren sollten:

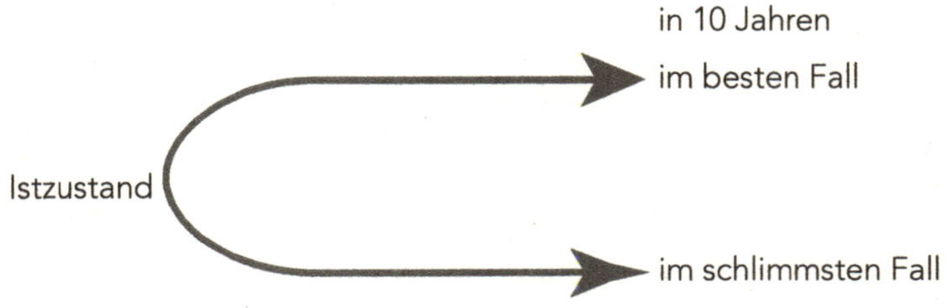

Die Aufgabe bestand aus zwei Fragen:

- Wie sieht eure Gemeinde in zehn Jahren im besten Fall aus und welche Maßnahmen sind nötig, um dorthin zu gelangen?

- Wie sieht sie im schlimmsten Fall aus und welche Faktoren tragen dazu bei?

Die Ergebnisse der Übung fielen in den unterschiedlichen Gruppen natürlich sehr verschieden aus. Zwei Tendenzen waren beunruhigenderweise jedoch überall erkennbar.

Das eine war auffälliges Unvermögen oder Unwillen, über den Tellerrand zu blicken. Oft ging die Vorstellung des besten Falls von der derzeitigen Gemeindesituation aus, die im Laufe der Zeit einfach nur mehr Leute anziehen sollte. Mehr Leute, die zum Gottesdienst kommen, also auch mehr Leute, die sich in den verschiedenen Gruppen engagieren. Eine Veränderung in der Art und Weise, wie man das Evangelium im näheren Umfeld lebte und gestaltete, wurde selten als erstrebenswertes Ziel definiert. Für mich, der ich in den 70er-Jahren von den Ideen des Religionssoziologen Berndt Gustafsson geprägt wurde, Hauskreise und Kirche als Gegenkultur zu verstehen, waren diese Zukunftsvisionen recht dürftig.

Ebenso auffällig war, wie schwer es vielen fiel, Ziele mit konkreten Anstrengungen in Verbindung zu bringen. Ging es um die Worst-Case-Szenarien, herrschte oft die Auffassung, das liege an der zunehmenden Säkularisierung, der die Gemeinden hilflos gegenüberstanden, weil Mitgliederzahlen und Engagement sanken. Den Idealfall beschrieb man so: Gott schwebt mit seinem Geist über der Gemeinde und die muss nur noch die Früchte seiner Arbeit ernten. Wies ich darauf hin, dass es mir an konkreten Ideen mangelte, war die Reaktion meist, dass man aufpassen müsse, nicht in blindem Aktionismus zu landen, bei dem man sich nur auf sich selbst statt auf Gott verlässt.

Ich überlasse es Ihnen, sich auszumalen, welche Zukunftsversion für Gemeinden wahrscheinlich ist, deren Leiterschaft solche Haltungen hat.

Und wie sieht es in den Freikirchen aus? Hier weht der Wind meist in die entgegengesetzte Richtung. Es hagelt nur so Methoden und neue Kniffe zur Evangelisation, neue Einsatzorte und Wachstumsmöglichkeiten. Oft liegt der Fokus auf dem eigenen Arbeitseinsatz und dem Gebet – ohne geht gar nichts. So formulierte das mir gegenüber einmal jemand aus einer solchen Gemeinde: »Gott tut gar nichts, wenn wir nicht beten.« Beobachteten wir im vorherigen Beispiel eine Kirche, die langsam in der Passivität verschwindet, besteht hier die Gefahr, dass sie vor Erschöpfung den Geist aufgibt.

Und wieder zeigen sich die zwei Gräben am Wegesrand. In dem einen gedeiht Misstrauen gegenüber menschlichen Kräften und Kreativität. Diese Tendenz hat ihren Ursprung in der Reformation. Sie ließ schon den Priester Rune Klingert in Malmberg verzweifelt ausrufen: »Die größte Tugend der Lutheraner ist die Unfähigkeit!« Die Angst davor, sich an Taten und Regeln zu klammern, kann sehr schnell dazu führen, dass Passivität in allen Bereichen als sicherer Hafen betrachtet wird. Dort weiß man immerhin, dass alles von Gottes Gnade abhängig ist. Genau so eine Einstellung nannte Dietrich Bonhoeffer die »billige Gnade«, die seiner Meinung nach den Weg zur Nachfolge Jesu weit effektiver versperren konnte als jedes Pflichtbewusstsein zur Erfüllung des Gesetzes.

> Konnten wir dieses Wort anders hören, als dass es unseren Weg aufhalten wollte mit dem Ruf zu einer höchstweltlichen Nüchternheit, dass es die Freudigkeit zur Nachfolge in uns erstickte mit dem Hinweis, das alles sei ja nur unser selbst gewählter Weg, ein Aufwand an Kraft, Anstrengung und Zucht, der unnötig, ja höchst gefährlich sei? Denn es sei ja eben in der Gnade schon alles bereit und vollbracht! Der glimmende Docht wurde unbarmherzig ausgelöscht. Es war unbarmherzig, zu einem Menschen so zu reden, weil er, durch ein solches bil-

liges Angebot verwirrt, seinen Weg verlassen musste, auf den ihn Christus rief, weil er nun nach der billigen Gnade griff, die ihm die Erkenntnis der teuren Gnade für immer versperrte.[16]

In dem anderen Graben herrscht ein fiebriger Aktionismus aus Glaubenszielen, Bemühungen, Gebets- und Fastenaktionen, bei denen der Blick ständig auf einen nie versiegenden Strom an mehr oder weniger unerreichbaren Vorbildern aus anderen Regionen oder Ländern gerichtet ist. Die mit Anforderungen gespickte Botschaft wird wie eine unsichtbare Peitsche über Pfarrern, Pastoren und den so genannten freiwilligen Mitarbeitern geschwungen. Sie müssen *liefern*: mehr Mitglieder, spannendere Gottesdienste, ergreifenderen Lobpreis, mehr Zeichen und Wunder.

Auch hier wird der Weg zur Nachfolge Christi blockiert, wenn auch aus genau gegensätzlichen Gründen. Statt Menschen davon auszuschließen, aus vollem Herzen vollwertig in der kreativen Gemeindearbeit aktiv zu werden, werden sie hier in eine Tretmühle eingespannt, die das Feuer der Liebe zu Christus erstickt und die Schaffenslust in eine mechanische Pflicht, dabei zu sein, verwandelt.

Im Grunde handelt es sich um einen Konflikt, der so alt ist wie die Kirche selbst. In dessen Kern steht die Frage: Wie verhält sich das Menschliche zum Göttlichen, wie sieht das Zusammenspiel zwischen Mensch und Gott aus? Doch solange dieses Verhältnis in Theorie oder Praxis als Konkurrenz statt als Zusammenwirken verstanden wird, landen wir früher oder später in einem dieser Gräben. Entweder halten wir unsere menschlichen Kräfte zurück, um Gottes Gnade nicht zu stören, oder wir arbeiten uns kaputt, als ob es Gott gar nicht gäbe.

Wie sieht das Zusammenspiel zwischen Mensch und Gott aus?

In der lutherischen Tradition gibt es ein Denkmuster, das die menschliche Kraft, Begabung und den menschlichen Willen als

Ressourcen betrachtet, die dem Menschen innewohnen. Im Gegensatz dazu steht die Gnade Gottes – die wird als Gabe angesehen. Vertraut man also auf das, was einem von Geburt an mitgegeben wurde, und wendet es sogar an, gilt das als Konkurrenz zur Gnade Gottes. Wie das mit der Lehre vom Menschen als Schöpfung Gottes zusammenpasst, erschließt sich nicht richtig. Ist nicht alles, was wir sind und haben, eine Gabe Gottes? Wie könnten die Gaben, die Gott uns in der Schöpfung gegeben hat, eine Bedrohung für jene Gaben darstellen, die er uns durch die Rettung geschenkt hat?

Im Jahr vor seinem Tod schrieb Ignatius von Loyola am 17. September 1555 an einen seiner Mitbrüder:

> Wenn ich Gott in allem suche und mich bemühe, ihm in allem zu gefallen, ist es meiner Ansicht nach ein Fehler, mich einzig und allein auf einige Methoden oder Pläne zu verlassen. Ich glaube auch nicht, dass es ein sicherer Weg ist, Gott so zu vertrauen, dass ich nicht auf das zurückgreife, was er mir gegeben hat. Vor dem Herrn sehe ich es so: Ich muss mich beider Seiten bedienen und allein danach streben, ihn zu preisen und zu ehren. Nichts anderes.[17]

Paulus schreibt in dem Brief an die Gemeinde in Philippi ungefähr das Gleiche: »Liebe Freunde, als ich bei euch war, habt ihr meine Anweisungen immer treu befolgt. Jetzt, in meiner Abwesenheit, müsst ihr noch mehr darauf achten, dass Gottes Liebe in eurem Leben sichtbar wird. Deshalb gehorcht Gott voller Achtung und Ehrfurcht. Denn Gott bewirkt in euch den Wunsch, ihm zu gehorchen, und er gibt euch auch die Kraft zu tun, was ihm Freude macht« (Philipper 2,12-13).

In den Ansprüchen versinken

Vielleicht ist Maria in diesem Dilemma eine Schlüsselfigur, an der wir uns orientieren können. Kehren wir zum Anfang zurück, an jenen gewöhnlichen Tag, als dieser jungen Frau etwas sehr Ungewöhnliches passierte:

> Als Elisabeth im sechsten Monat schwanger war, sandte Gott den Engel Gabriel nach Nazareth, in eine Stadt in Galiläa, zu einem Mädchen, das noch Jungfrau war. Sie hieß Maria und war mit einem Mann namens Josef verlobt, einem Nachfahren von David.
> Gabriel erschien ihr und sagte: »Sei gegrüßt! Du bist beschenkt mit großer Gnade! Der Herr ist mit dir!«
> Erschrocken überlegte Maria, was der Engel damit wohl meinte. Da erklärte er ihr: »Hab keine Angst, Maria, denn du hast Gnade bei Gott gefunden. Du wirst schwanger werden und einen Sohn zur Welt bringen, den du Jesus nennen sollst. Er wird groß sein und Sohn des Allerhöchsten genannt werden …!«
> Maria fragte den Engel: »Aber wie kann ich ein Kind bekommen? Ich bin noch Jungfrau.«
> Der Engel antwortete: »Der Heilige Geist wird über dich kommen, und die Macht des Allerhöchsten wird dich überschatten. Deshalb wird das Kind, das du gebären wirst, heilig und Sohn Gottes genannt werden. Sieh doch: Deine Verwandte Elisabeth ist in ihrem hohen Alter noch schwanger geworden! Die Leute haben immer gesagt, sie sei unfruchtbar, und nun ist sie bereits im sechsten Monat. Denn bei Gott ist nichts unmöglich.«

> Maria antwortete: »Ich bin die Dienerin des Herrn und beuge mich seinem Willen. Möge alles, was du gesagt hast, wahr werden und mir geschehen.« Darauf verließ der Engel sie.
> *Lukas 1,26-38*

Setzen wir einmal die Kirche an Marias Stelle. Der Auftrag ist im Grunde derselbe:

> Gottes Wort annehmen, ihm in unserem Körper Gestalt geben und es zur Welt bringen.

Maria ist eine radikale Empfängerin. Sie zeigt der Kirche den Weg zur Freiheit – jener Kirche, die unter unmenschlichen Ansprüchen versinkt. Dem Anspruch, ständig neue Kompetenzen zu entwickeln und besser zu werden. Dem Anspruch, immer im Geist zu leben und alle Gnadengaben ans Laufen zu bringen. Dem Anspruch, ausreichend relevante und attraktive Gottesdienste anzubieten. Dem Anspruch, jeder sozialen, geistlichen und wirtschaftlichen Not im Umkreis zur Rettung zu eilen. Dem Anspruch, in gesellschaftlichen Diskussionen eine glaubwürdige Stimme zu sein. Und so weiter.

Maria ist eine radikale Empfängerin. Sie zeigt der Kirche den Weg zur Freiheit.

Daher braucht es nicht viel Fantasie, um das, was Thomas Merton über Maria schreibt, auf unsere Gemeinden zu übertragen:

> Ihr größtes Privileg ist ihre Armut und ihre größte Ehre ihre äußerste Verborgenheit. Dass sie in Christi Gegenwart vor Gott wie nichts ist, ist die Quelle all ihrer Kraft.
> Das vergessen selbst Katholiken oft und es ist daher nicht verwunderlich, dass Nichtkatholiken oftmals eine völlig fal-

> sche Vorstellung von der katholischen Verehrung der Mutter Gottes haben. Sie glauben – und manchmal verstehen wir, warum –, dass Katholiken die gesegnete Jungfrau wie ein fast göttliches Wesen behandeln, als ob sie irgendeine Form von Ehre, Macht oder Majestät in sich hätte, die sie auf ein Niveau mit Christus erheben würde …
> Aber das ist das komplette Gegenteil der tatsächlichen katholischen Vorstellung. Marias hauptsächliche Herrlichkeit liegt in ihrer Nichtigkeit, in der Tatsache, dass sie »die Magd des Herrn« ist. Sie wurde Mutter Gottes, indem sie in liebevoller Unterordnung seinen Plan befolgte, in gläubigem Gehorsam. Sie ist nicht aufgrund von irgendeiner mystischen, halbgöttlichen Erscheinung gesegnet, sondern in all ihrer menschlichen und weiblichen Grenzen, als eine, die glaubte. Es ist jener demütige Glaube und jene Treue, die die Dienerin, die »mit großer Gnade beschenkt« war, zu einem vollkommenen Werkzeug und nichts anderem in Gottes Hand machte. Das Werk, das in ihr geschah, war ausschließlich Gottes Werk: »Großes lässt der Herr an mir geschehen!«[18]

Diese Perspektive ändert den Fokus, wenn wir nach Menschen suchen, die Leitungsaufgaben in der Gemeinde übernehmen sollten: weg von einer hohen Kompetenz oder geordneten Wirtschaftsverhältnissen oder geistlichen Gnadengaben. Hin zu Unterordnung, einfacher Hingabe und einer ehrlichen Selbsteinschätzung.

Es ist eine große Versuchung für die Kirche, die ganze Zeit den Blick von Gott weg und auf sich selbst zu lenken. Was Menschen von Gott abschrecken kann, ist nicht die mit Gott beschäftigte Kirche, sondern jene Kirche, die mit sich selbst beschäftigt ist. Ganz zu schweigen von den verheerenden Auswirkungen einer solchen Selbstgefälligkeit auf die immer gestressteren Verantwortungsträger.

»Glücklich sind die, die erkennen, dass sie Gott brauchen, denn ihnen wird das Himmelreich geschenkt« (Matthäus 5,3). So leitet Jesus in seiner Bergpredigt die große Zusammenfassung der Bedingungen ein, die für seine Nachfolge gelten.

Was wäre denn, wenn die Trockenheit, die wir in der Kirche erleben, keine Peinlichkeit wäre, die man mit immer neuen Kniffen verstecken müsste? Sondern eine existenzielle und notwendige Voraussetzung dafür, dass wir Gott annehmen können? Was, wenn Hunger und Durst nach Gott, die so viele Leitende in der Wüstenlandschaft aus Verwaltungs- und Managementreformen erleben, keine Störungen wären, sondern der untrügliche Kompass der Gemeindearbeit?

Dazu müssen wir unsere Armut allerdings anerkennen und dürfen sie nicht verleugnen oder zu verstecken versuchen.

Vermeidungsstrategien

Gerald Arbuckle ist katholischer Priester und Kulturanthropologe. Er hat über viele Jahre Gemeinden und verschiedene Ordensgemeinschaften durch Krisen und Verfallsstadien geistlich begleitet. In seinem Buch *Refounding the Church* zeigt er anhand vieler Beispiele Parallelen auf, die sich zwischen den Erkenntnissen der Kulturanthropologie über die Reaktionen von Gruppen und Gemeinschaften in Krisensituationen und dem Verhalten der Kirche finden lassen.[19]

Zum Beispiel ist da der tief in uns verwurzelte Widerstand, den Tatsachen ins Auge zu sehen. Wir weisen ein reichhaltiges Portfolio an Verleugnungsstrategien und Fluchtwegen auf. Wenn sich geistliche Stagnation in der Gemeinde ausbreitet, wenn alles nur nach Routine läuft, wenn die Leiterinnen und Leiter genauso verwirrt und ausgebrannt sind wie alle anderen und wenn alle Zahlen nach unten zeigen – dann gibt es viele Arten, sich die Wirklichkeit vom Leib zu halten:

- **Ablenkungsprojekte**: Diese Methode kennen wir aus Ehekrisen. Anstatt uns hinzusetzen und miteinander darüber zu reden, was in unserer Beziehung schiefgelaufen ist, sehen wir uns Anzeigen für Entspannungsreisen in sonnigeren Gebieten an. Oder wir renovieren die Küche. Kaufen ein neues Sofa. In der Kirche lässt sich immer etwas finden, das man renovieren muss. Oder vielleicht neu bauen? Andere Ideen?
- **Suche nach einem Sündenbock**: Eine uralte Methode, um die Gemeinschaft von einem Problem zu »reinigen«, ist die Ernennung eines Individuums oder einer Gruppe als Ursache des Problems. Dann wird das Problem auf mehr oder weniger rituelle Art und Weise gelöst. Wenn wir ihn oder sie nur los sind, ist wieder Friede, Freude, Eierkuchen. Natürlich kann es vorkommen, dass eine Person beachtlichen Schaden in einer Gemeinschaft anrichtet. Hier zeigt das Neue Testament sehr sachlich die Notwendigkeit von deutlichen Grenzen auf.[20] Aber diese Handlungsweise ist nur dann Heil bringend, wenn sie das Ergebnis einer eingehenden Untersuchung der Lage der Gemeinde ist. Nicht hingegen, wenn sie als Flucht vor einer solchen Untersuchung benutzt wird!
- **Falscher Optimismus**: In wie vielen Vorstandssitzungen und Gemeindetreffen verlaufen fruchtbare Gespräche über Wesentliches und das, was endlich einmal gesagt werden muss, im Sand, weil irgendjemand stirnrunzelnd aufsteht und sagt: »Na, na, nun wollen wir aber nicht nur auf all das Negative schauen. Es läuft doch auch vieles gut hier in der Gemeinde. Denkt doch nur an …« Und schon ist die Tür wieder zu.

- **Nostalgie**: In Krisenzeiten fällt der Blick zurück immer leicht. Was wir weltweit auf politischer Ebene sehen, können wir auch in den Ortsgemeinden beobachten. Die Angst vor allem Neuen, vor Veränderungen, vor dem Verlust von Positionen und Privilegien – da schließt man doch lieber die Tür und träumt davon, wie es früher mal war. In christlichen Kreisen wird dann lieber die Erinnerung an die Heldentaten der Pioniere hochgehalten, als zu schauen, vor welchen Herausforderungen die damals standen – oder die eigenen Herausforderungen in den Blick zu nehmen.
- **Aufgedrehte Betriebsamkeit**: Hierzu fällt mir eine Kritzelei in einer öffentlichen Toilette ein: »Wenn man schnell läuft und lächelt, merkt keiner, wie hässlich man ist.« Wenn alle voll beschäftigt sind und Aktionen nie ausgewertet oder infrage gestellt werden, kann man das Krisenbewusstsein ziemlich lange ausschalten. Aber eben nicht unendlich lange.
- **Fokus auf Details**: Das ist die Kunst, ein echtes Gespräch zu vermeiden, indem man sich in Details verliert. Dann dreht man sich zum Beispiel um eine Formulierung in einem gemeinsamen Schreiben oder einem Protokoll, um ein Einrichtungsdetail, eine juristische Formalität, einen Punkt in der Gottesdienstordnung oder was auch immer sich als alternatives Problemfeld anbietet, worin sich die Betreffenden dann in langen Diskussionen verlieren können – bis für das wichtige Gespräch sämtliche Energie verloren ist.
- **Überspiritualität**: Menschen lassen sich häufig zu verschiedenen Arten der Überspiritualität hinziehen. Der Grund dafür können Verluste sein oder andere Traumata, die die betreffende Person nicht bearbeiten will oder kann und die deswegen irgendwo in der Tiefe der Seele vergraben werden, während das äußere Bekenntnis und der geistliche Anspruch

umso stärker hervortreten. Ebenso kann auch eine ganze Gemeinde von einer erlebnisversprechenden Spiritualität mitgerissen werden, statt notwendige Veränderungen anzupacken.

- **Gruppendenken**: Wenn ein Unternehmen oder eine Gemeinde anfängt, Menschen zu bestrafen oder auszuschließen, die die Wahrheit sagen, unbequeme Fragen stellen oder alternative Lösungen vorschlagen, ist das meist der Anfang vom Ende. Beim Gruppendenken ist der Gruppenzusammenhalt wichtiger als die Wahrheit. Statt auf das eigene Herz zu hören und ihm Ausdruck zu verleihen, muss man die Codes in der Gruppe lesen und sich daran halten.
- **Zynismus**: Ein Mann, der über ausgebrannte Sporttrainer forschte, erzählte mir, dass Zynismus oft ein erstes Warnsignal für einen nahenden Burn-out ist. Man fängt an, über die Tätigkeit zu spotten, gibt saure und bittere Kommentare über andere ab, stellt alles infrage und reißt schmutzige Witze über die Ideale der Gruppe. Zynismus ist eine billige Art der Verteidigung gegenüber dem, das uns verletzt hat. Mit ihm beginnt die Bitterkeit, jene sterile Wüstenlandschaft, in der nichts wächst.

Mittanzen

Zurück zu Maria. Bei ihr findet sich keine Spur von Anmaßung. Sie ist die Demut in Person. Das Wunder geschieht, als sie ihre Armut für Gott öffnet. Merton schreibt:

> Marias Herrlichkeit ist ganz einfach Gottes Herrlichkeit in ihr. Sie kann mit völliger Sicherheit sagen, dass sie nichts besitzt, was sie nicht durch Christus von ihm empfangen hätte. Ihre

größte Herrlichkeit besteht darin, dass sie nichts Eigenes hat. Sie behält kein »Ich«, das mit irgendetwas um seiner selbst willen glänzen könnte, und erbaut so kein Hindernis für Gottes Barmherzigkeit und leistet keinen Widerstand gegen seine Liebe und seinen Willen.[21]

Erst wenn wir unsere Armut vor Gott ernsthaft einsehen und anerkennen, können wir seine Gnade wirklich empfangen. Dann ist sie nicht länger eine fromme Geste, ein religiöser Firnis unserer eigenen hochpolierten Stärke. So haben zu allen Zeiten die Außenseiter den Kirchenverantwortlichen den Weg gewiesen: Sie hatten in ihrer Machtlosigkeit und Ausgeschlossenheit buchstäblich niemand anderen als Gott, an den sie sich wenden konnten. In unserer Gesellschaft sehen wir das zum Beispiel in den verschiedenen Formen der Gruppen der Anonymen Alkoholiker. Erst wenn ich mein Problem nicht mehr leugne und verstecke, sondern anerkenne, dass ich allein nicht mehr herauskomme, kann ich mich ernsthaft dem zuwenden, »dem nichts unmöglich ist«.

Erst wenn wir unsere Armut vor Gott anerkennen, können wir seine Gnade wirklich empfangen.

Maria verkörpert die Antwort des Menschen auf Gott auf zweierlei Arten: Sie ist radikale Empfängerin. Und sie ist radikale *Überbringerin.*

Das bedeutet, dass ihre Persönlichkeit und ihre menschlichen Gaben keine leere, in sich wertlose Dose sind, deren einzige Aufgabe darin besteht, Gott passiv aufzunehmen. Genauso radikal wie Maria das Wort annimmt und es in ihrem Leib Gestalt annehmen lässt, genauso radikal übergibt sie sich selbst und alles, was sie ist, Gott. Von diesem Moment an gehört sie nicht mehr länger sich selbst, sondern steht mit allem, was ihr gehört, zu Gottes Verfügung.

Marias Temperament und Begabung sind kein Hindernis für Gottes Gnade oder eine Konkurrenz zum Geist Gottes. Sie ist mit ihrem ganzen Wesen ein *Instrument* für die Gnade, im Zusammenspiel mit der Liebe und dem Gehorsam Gottes Geist gegenüber. Ihre Armut bedeutet keineswegs Selbstvernichtung und noch weniger Selbstverachtung. Sie tanzt mit, mit Leben und Lust. Das Echo ihrer Präsenz hallt durch die ganze Kirchengeschichte. Seit Jahrtausenden ruft ihr Lied in unzähligen Vespern, Gebeten und Gottesdiensten die Kirche zu ihrer wahren Identität:

> Sein mächtiger Arm vollbringt Wunder! Wie er die Stolzen und Hochmütigen zerstreut! Er hat Fürsten vom Thron gestürzt und niedrig Stehende erhöht. Die Hungrigen hat er mit Gutem gesättigt und die Reichen mit leeren Händen fortgeschickt.
> *Lukas 1,51-53*

Wenn Ignatius von Loyola die Voraussetzungen für die geistlichen Übungen beschreibt, geht auch er nicht von einer Theologie des leeren Hauses aus. Er glaubt nicht, dass der Sinn und die Persönlichkeit des Menschen Abfall sind, der so gut wie möglich entfernt werden muss, damit der Mensch völlig leer ist, wenn Christus kommt.[22] Er geht wie im Fall von Maria davon aus, dass der Mensch das, was er hat, Gott überlässt, sodass er es nutzen kann.

So schreibt er in den Vorbemerkungen zu seinen Geistlichen Übungen: »Für den, der die Übungen empfängt, ist es sehr nützlich, mit Großmut und Freigebigkeit gegenüber seinem Schöpfer und Herrn in sie einzutreten, indem er ihm sein ganzes Wollen und seine ganze Freiheit anbietet, damit seine göttliche Majestät sowohl seiner Person wie alles dessen, was er hat, sich bediene entsprechend ihrem heiligsten Willen.«[23]

Im Blick auf unsere eigene Stärke und unsere Begabung treffen wir wieder auf die beiden Gräben. Im einen Graben finden wir die Vorstellung, dass der Erfolg der Kirche völlig abhängig ist von unserer Kompetenz, wirtschaftlichen Fähigkeiten, Methoden, Spiritualität und so weiter. In dem anderen Graben ist die Angst davor, unsere eigenen Kräfte überhaupt zu mobilisieren, weil sie sich Gottes Gnade in den Weg stellen könnten.

Aus guten Gründen wurden Marienikonen zu allen Zeiten als Bilder für die Kirche gesehen. In ihrer Person wird deutlich, wie die Paradoxe, die in der akademischen Theologie kaputtdiskutiert werden, sich auf natürliche Weise mit der menschlichen und damit der kirchlichen Antwort auf Gottes Wort vereinen. Sie empfängt Gottes Wort, lässt es in ihrem Körper Gestalt annehmen und bringt es zur Welt.

Wie Sündenerkenntnis möglich wird

Im allgemeinen Krisenbewusstsein der Kirche werden mitunter Stimmen laut, die betonen, dass es eine »richtige Sündennot« braucht, damit sich etwas radikal ändern kann. Dass wir eine neue Vision von Gottes Heiligkeit brauchen, damit die Menschen sich ihrer Sünden bewusst werden und darum dann die Versöhnung mit Gott suchen. Dass, um es ganz deutlich zu benennen, die Menschen »richtige Gottesfurcht« spüren müssen, das Beben vor dem Heiligen.

Ausgangspunkt für solche Argumentationen sind oft ehemalige Erweckungsbewegungen, in denen Menschen im tiefen Bewusstsein ihrer Schuld vor Gott scharenweise in die Kirche kamen. Allerdings ist es schwierig, heute diesen bestimmten Weg von früher eins zu eins kopieren zu wollen.

Ein solches Denken bedeutet im Klartext: Menschen sollen wieder Angst vor Gott haben, sonst passiert nichts. Das Einzige, was jedoch geschieht, wenn man Menschen mit der Heiligkeit Gottes erschrickt, ist, dass sie sich zu Tode erschrecken. Und ein zutiefst erschrockener Mensch kann jede beliebige Sünde bekennen, nur um sich wieder zu fassen. Das hat aber nichts mit wirklicher Sündeneinsicht zu tun.

Der alte Ausdruck »außer sich vor Angst sein« führt da weiter. Ein ängstlicher Mensch schrumpft. Wenn wir Angst haben, schrumpfen wir körperlich und psychisch zusammen. Unser gesamtes System konzentriert sich auf ein einziges Ziel: überleben. Wir hören auf, logisch zu denken, wir hören nicht länger auf leisere Stimmen und Gefühle in unserem Inneren, wir sind für die Umgebung nicht mehr ansprechbar. Es ist ausgeschlossen, dass ein Mensch in einer solchen Lage fähig wäre, zu einer tief greifenden Selbsteinsicht, einem Sündenbekenntnis im biblischen Sinne, zu kommen.

Ein weiterer Effekt dieser Form von Verkündigung ist die Selbstverachtung, die ebenfalls oft mit Sündenerkenntnis verwechselt wird. Doch auch ein Mensch, der sich selbst verachtet, ist nicht zu wirklicher Sündenerkenntnis fähig. Wenn man einen niedrigen Selbstwert hat, fehlt es an der inneren Stärke, die notwendig ist, um auf reife Art und Weise Verantwortung für das eigene Handeln zu übernehmen. Im Ergebnis wird entweder jede Schuld ohne Unterschied auf das Umfeld abgewälzt oder genauso ohne Unterschied alles auf die eigenen Schultern geladen.

Selbstverachtung ist ein sehr effektives Mittel gegen eine wirkliche Sündenerkenntnis. Menschen, die in einem solchen religiösen Umfeld aufgewachsen sind, haben beispielsweise oftmals Schwierigkeiten, die Beichte zu verstehen oder ihre Möglichkeiten zu erkennen. »Was soll ich bekennen? Ich bin doch die Sünde und vollständig wertlos.«

Wie können wir unsere Sünde also erkennen? Denn in einer derartigen konfrontierenden Verkündigung liegt doch ein wichtiger Punkt – auch wenn eine vielbemühte These behauptet, es sei heutzutage völlig unmöglich, in der Kirche über Sünde zu sprechen. Wir sind persönlich und kollektiv so grandios verkrümmt, dass das Evangelium nicht mehr ist als eine unerträgliche Banalität, wenn wir nicht zulassen, dass es sich an unser Grundproblem richtet.

Vielleicht kann der verlorene Sohn uns den Weg weisen. Seine Antwort, die er sich vorher zurechtgelegt hat, wird erst real, als er auf die Güte seines Vaters trifft: »Vater, ich habe gegen den Himmel und dich gesündigt. Ich bin es nicht wert, dein Sohn genannt zu werden.« Erst als der Vater ihn in seine Arme schließt und er am ganzen Körper spürt, wie sehr sein Vater ihn liebt und in all den Jahren geliebt hat, öffnet sich ihm die tiefe Einsicht über seine Schuld, die ohne diese Erfahrung zu schmerzhaft gewesen wäre.[24]

Ein Grundsatz der ignatianischen Spiritualität besagt:

> In jeder spirituellen Begleitung muss der Mensch erst die konkrete Erfahrung machen, von Gott geliebt zu sein, wenn er sich auf den Weg der Erkenntnis machen soll, dass er auch gesündigt hat.

Es ist wie in jeder unserer Beziehungen: Vor wem kann ich selbstkritisch sein? Vor denen, die mich ständig anklagen und in allem, was ich tue, Fehler suchen? Oder vor denen, die mich lieben und mich mit offenen Armen empfangen?

Wenn der Kriegslärm verstummt, bleibt die Sanftmut

In einer von Messbarkeitswahn geplagten Kirche zeigt Maria Alternativen: sowohl für die Art, Kirche zu sein, als auch für die Art, Leiter zu sein. Sie kaut uns nicht nur Theorien vor, sondern weist uns mit ihrem Leben den Weg. Sie strebt nicht danach, gesehen zu werden, sondern weiß, dass langfristige Veränderungen im Verborgenen geschehen. Sie sucht keine schnellen Ergebnisse, sondern weiß und hat erfahren, was es bedeutet, auf Gott zu warten. Sie verkörpert einen möglichen Weg zwischen Relativismus und Dogma: durch alle Verluste hindurch die Wahrheit treu im Herzen zu bewahren.

Im Alten Testament finden sich bereits Spuren dieses Lebensentwurfs. Es lässt sich in den diskreten Abdrücken der Sanftmütigen erkennen, »der Stillen im Lande«[25], die sich in allen politischen und religiösen Umstürzen treu Gott zuwenden und mit ihm verbunden bleiben, den die offiziellen Führer immer wieder aufs Neue verraten. Sie brauchen dazu keine äußeren Gebärden, agieren oft am Rande, weit entfernt von jeder Berechnung von Macht oder Kräftemessen. Sie wirken geradezu unbedeutend neben »den großen Ereignissen«. Aber sie sind es, die übrig bleiben, wenn der Kriegslärm verstummt und die Dynastien gefallen sind.

Es sind die Sanftmütigen, die übrig bleiben, wenn der Kriegslärm verstummt.

Psalm 37 beschreibt diese Art zu leben. Das »gottlose« frenetische Treiben im Zentrum der Ereignisse steht im Kontrast zum stillen Leben der Getreuen am Rande. Es zeichnet sich leise ein möglicher Weg für die Frustrierten ab. Ein Weg, der in all seiner Einfachheit eine funktionierende Überlebensstrategie für alle bietet, die mit ihrem Platz in einer Kirche kämpfen, die auf dem falschen Weg zu sein scheint. Wir können diesen »Weg 37« in ein paar Punkten zusammenfassen:

- **Ärgeren Sie sich nicht.** Wie man so schön sagt: Wenn man feststellt, dass man sich in einem tiefen Loch befindet, sollte man aufhören zu graben. Wir verlieren unendlich viel Energie, wenn wir zulassen, dass Skandale, Debatten, schlechte Führung, destruktive Bewegungen und andere negative Neuigkeiten unsere Aufmerksamkeit auf sich ziehen. »Ärgere dich nicht über die schlechten Menschen, beneide die nicht, die Unrecht tun.« Löschen Sie Informationen, die nur zermürben. Hören Sie auf, Zeit und Energie auf Dinge zu verschwenden, die keine Früchte tragen. Ohne diesen grundlegenden Entschluss werden die folgenden Punkte nur im Sande verlaufen.
- **Vertrauen Sie auf den Herrn.** Kein frommes Klischee, sondern vielmehr eine radikale Neuausrichtung Ihrer inneren Energie von den Problemen weg hin zu Gott. Der Psalm liefert Wegweiser mit unterschiedlichen Betonungen: »Freu dich am Herrn … Überlass dem Herrn die Führung deines Lebens … Vertrau auf ihn … Sei ruhig in der Gegenwart des Herrn und warte, dass er eingreift …« Vielleicht müssen Sie schon die eine oder andere populäre Patentlösung ausprobiert und ihre Machtlosigkeit durchschaut haben, um ernsthaft auf diese Wegweiser zu hören und ihnen zu folgen. Es gibt buchstäblich niemand anderen als den Herrn, auf den Sie hoffen können. Er ist die Quelle allen Lebens und aller Güte.
- **Tun Sie Gutes.** Solange Sie Ihre Energie auf die Probleme richten und versuchen, diese zu lösen, wird Ihre Frustration tendenziell eher wachsen und Ihre Arbeit weniger erfolgreich sein. Die Heiligen wussten zu allen Zeiten, dass eine

richtige Handlung unendlich schwerer wiegt als jede noch so gut formulierte Kritik an der Kirche und den Verrücktheiten ihrer Leitenden. Arbeiten Sie mit dem, was lebt: Was zieht die Leute zu Christus? Was berührt die Menschen im Innersten? Was lässt Ihr Herz singen? Konzentrieren Sie Ihre Energie darauf.

- Aber was ist mit all den Problemen? »Wende dich vom Bösen ab und tu Gutes.« Es geht hierbei nicht um Konfliktscheue. Es geht vielmehr um eine grundlegende Strategie: Lassen Sie Ihre Agenda nicht von dem bestimmen, wogegen Sie sind, sondern von dem, wofür Sie brennen.
- **Sehen Sie das Kleine.** Was für eine revolutionäre Haltung in einer Kultur, die von Quantität, Größe und sichtbarem Erfolg besessen ist! So sehr auf das Gewicht des Wahren, Guten zu vertrauen, was in der Treue zu Gottes Willen geschieht, … dass Sie sich nicht mehr länger mit den Erfolgsikonen Ihrer Umgebung vergleichen müssen. »Es ist besser, Gott zu lieben und wenig Besitz zu haben, als Gott zu verachten und viel zu besitzen.« Im Grunde genommen geht es wie immer um die entscheidende Frage zwischen Demut und Hochmut. Nur die Demut öffnet Ihre Augen für die Größe im Kleinen. Hochmut macht blind, indem er immer mehr verlangt und niemals dankbar ist für das, was er bekommt. Mit der Zeit zeigt sich im Ergebnis: »Die Gottesfürchtigen werden das Land besitzen und für immer darin leben.«
- **Teilen Sie.** In einer Zeit, in der viele vor Angst ihre Türen verschließen, Mauern bauen, ihr Eigentum bewachen und hamstern, weil man ja nie wissen kann …, geht der »Weg 37« in die entgegengesetzte Richtung: »Der Gerechte ist freigiebig und großzügig.« Sie können Ihr Herz unmöglich für Gott öffnen und vor den Menschen verschließen. Wenn Sie

wirklich auf den Herrn vertrauen, wird er Sie mit dem versorgen, was Sie brauchen, sogar wenn Sie es mit anderen teilen. Oder besser: Alles, was er Ihnen gibt, wächst und wird größer, wenn Sie es teilen. Wenn Sie seine Gaben horten, werden sie schimmeln und verfaulen.
- So fasst es auch Paulus zusammen, nachdem er beschrieben hat, wie er mit Leben und Tod gekämpft hat: »Das alles ist zu eurem Besten. Und wenn Gottes Gnade immer mehr Menschen zu Christus führt, wird auch der Chor derer, die ihm danken, immer lauter, und Gott wird immer mehr Ehre erwiesen« (2. Korinther 4,15).

Diese fünf Wegweiser deuten auf die Wirklichkeit, die zeigt, was bedeutsam ist. Gott ist im Unterschied zu den Göttern nicht stumm, taub, blind oder passiv. Wer sich auf diese Weise in Gottes Hand begibt, wird früher oder später erfahren, dass »er dir geben wird, was dein Herz wünscht … Deine Unschuld wird er sichtbar machen so hell wie das Licht des Tages, und die Rechtmäßigkeit deiner Sache wird leuchten wie die Mittagssonne« (Vers 6).

Die Morgendämmerung leuchtet zu Beginn nur schwach und lässt sich kaum von der Dunkelheit unterscheiden. Aber warten Sie nur ab.

Resilient wie Bambus

Als Maria vor ein Mysterium gestellt wurde, als Dinge passierten, die sie nicht verstand, reagierte sie nicht zornig (wozu besonders wir Männer neigen). Sie versuchte auch nicht, eine schnelle »Lösung« für das Problem zu finden oder es wenigstens in eine Schublade zu stecken. Ebenso wenig versuchte sie, davor zu fliehen und so zu tun, als existierte es nicht. Lukas nutzt eine wiederkehrende Formulierung für ihre Reaktion: »Maria aber bewahrte alle diese Dinge in ihrem Herzen und dachte oft darüber nach« (Lukas 2,19.51).

Dabei muss ich an Bambus denken. Bambus ist ein fantastisches Material. Es wächst schnell und in großen Mengen und ist nicht abhängig von Kunstdünger oder Pestiziden. Es besitzt eine höhere Druckfestigkeit als Beton und eine größere Zugfestigkeit als Stahl. Ich habe einmal von einem Rennradfahrer gelesen, der sein Carbonfaser-Fahrrad gegen ein Rad mit einem Bambusrahmen austauschte. Aus Bambus kann man Häuser und Gerüste bauen. Kleidung aus Bambus fühlt sich gut am Körper an, zieht Feuchtigkeit nicht so an wie Baumwolle und ist umweltfreundlicher.

Doch was hat das mit Maria zu tun? Nun ja, Bambus hat ebenfalls die wundersame Eigenschaft, sich dem Druck zu beugen, um sich dann wieder zur vollen Länge aufzurichten, wenn der Druck nachlässt. Ich habe fünf Bambusstauden in meinem Garten und kann das insbesondere in schneereichen Wintern beobachten.

Resilienz sagt: »Wir beugen uns, aber wir werden wiederkommen. Ihr könnt uns nicht brechen.«

Damit unterscheidet sich Bambus von gewöhnlichen Bäumen, die zwar starkem Wind Widerstand leisten können, aber wenn der Wind zu stark wird, stürzen sie um und richten sich nicht mehr auf. Eine ausdauernde Widerstandkraft wie die des Bambus nennt man *Resilienz.* Das Wort kommt ursprünglich aus dem Lateinischen und bedeutet *zurückhüpfen* oder *zurückspringen.*

Die klassische chinesische Kalligrafie ist seit jeher mit Bambus verbunden. Seine langen, schmalen Blätter sind wie ein botanischer Abdruck der Tuschepinsel – und umgekehrt. Nie hat die

Bambusmalerei in China so floriert wie unter der Yuan-Dynastie (1279–1368). Damals war China von den Mongolen besetzt. Für die Chinesen war es eine Zeit der Erniedrigung, die tiefe Spuren hinterlassen hat. In dieser Zeit der Unterdrückung mit Bambus zu zeichnen, war ein politisches Signal, das schwer zu verbieten, für die Chinesen aber ein deutliches Zeichen war: »Wir beugen uns, aber wir werden wiederkommen. Ihr könnt uns nicht brechen.«

»Politik ist die Kunst des Gelenkigen«, schrieb die Zeitung *Grönköpings Veckoblad* als Paraphrase eines in Schweden bekannten Slogans. Mit Maria und dem Bambus im Blick ist diese Formulierung mehr als nur ein Scherz. Genauso haben Heilige zu allen Zeiten die Unterdrückung und den Verfall der Kirche überlebt.

Thomas Merton haderte sein ganzes Mönchsleben lang mit seinem Verhältnis zur Kirche. Sie ließ ihn an ihren unermesslichen Schätzen in Christus teilhaben und zugleich arbeitete sie gegen ihn. Was Merton schier verzweifeln ließ, waren der beinharte Konservatismus in der Kirche und die Nachgiebigkeit gegenüber weltlichen Mächten. In Mertons Briefen können wir davon lesen. In einem Brief an seine Freunde schrieb Merton ein Jahr vor seinem Tod unter anderem:

> Es wird eine Zeit kommen, in der es nicht länger wichtig ist, zu beweisen, dass man recht hat, sondern wo es einfach darum geht, zu leben, sich Gott zu überlassen und zu lieben … Die Absurditäten, Vorurteile, Rigidität und Verstocktheit, die man bei einigen Katholiken erleben kann, sind nichts, wenn sie in einer Waagschale gewogen werden gegen Christus, der uns in seiner Kirche mit seiner Gnade, Liebe und unendlicher Barmherzigkeit empfängt …
> Das bedeutet keinesfalls ein passives Einschleimen oder blinden Gehorsam, sondern vielmehr den Willen, zuzuhören,

> geduldig zu sein und weiterzuarbeiten, um der Kirche zu helfen, sich zu verändern und von innen heraus zu erneuern … Es geht darum, den Raum zu akzeptieren, in den ich gerufen wurde, zu lieben, zu vertrauen, zu glauben und zu beten – und jenen zu begegnen, denen zu begegnen und die zu lieben ich bestimmt bin.

Merton schließt seinen Brief mit den Worten:

> Betet für mich. Wenn man älter wird (am 31. Januar werde ich 52), erkennt man die Eitelkeit eines Lebens, das mit Argumentieren verschwendet wurde und eigentlich voll und ganz der Liebe gewidmet sein sollte …[26]

Im gleichen Jahr schreibt Merton einen Brief an einen Priester, der sich über seine Sorgen und Unentschlossenheit gegenüber den Problemen der Kirche ausgelassen hat. Diese Zeilen sind praktischer veranlagt und deutlich geprägt von Mertons eigenen, teuer bezahlten Erfahrungen. Er schreibt unter anderem:

> 1. Es hat keinen Sinn, auf direkten Konfrontationskurs zu gehen, wenn dieser zu nichts führt. Du bist nicht verpflichtet, den Mund aufzumachen, wenn du dafür nur Maulschellen bekommst, außer im Extremfall. Im alltäglichen Kampf ist das Schweigen vorzuziehen. Tu dann, was du tun musst, ohne zu fragen. Tu es einfach und lass sie anschließend Stellung dazu beziehen.
> 2. Die Dinge sind niemals so aussichtslos, wie sie uns in der Krise erscheinen. Ganz unerwartet kann ein guter Bischof oder ein weitsichtiger Mensch auftauchen, wenn du ihn brauchst, und die Dinge werden, wenigstens ein bisschen,

klarer. Oder du bekommst Unterstützung. Wenn du geduldig gewesen bist und an deinen Prinzipien festgehalten hast, ohne daraus einen öffentlichen Prozess zu machen, wird deine Zeit kommen ...

3. Suche die Gemeinschaft mit Gleichgesinnten und arbeite mit ihnen zusammen. Das ermöglicht dir ein besseres Verständnis der Probleme.
4. Im gewöhnlichen Gespräch mit leidenden Menschen ist es am besten, ehrlich zu sein, wenn es um Missbrauch und Unrecht geht, anstatt zu verteidigen, was sterben muss und nicht verteidigt werden kann. Versuche, so realistisch wie möglich zu sein, und hilf, so viel du kannst, ohne die Hoffnung auf eine unmögliche Lösung zu wecken.

Der Brief schließt mit einer Reflexion, die viel von dem Weg Marias, unzähliger Märtyrer und dem des Bambus zusammenfasst:

> Wenn du ehrlich bist, deine gegensätzliche Auffassung zum Ausdruck bringst und dennoch gehorsam akzeptierst, wenn es notwendig ist, werden sie dich bald respektieren und nicht als Sündenbock missbrauchen, auch wenn sie dazu versucht sein werden.[27]

Der Weg der Demut

Bei politischen Debatten in den Vereinigten Staaten fällt manchmal der Ausdruck *stand down*. Das bedeutet, in einer Situation freiwillig zurückzutreten, auch wenn man aufgrund der eigenen Stärke und des Prestiges auf seiner Position bleiben könnte. Es ist ein strategischer Rückzug, der an die Biegsamkeit von Bambus erinnert. Doch damit diese Gesinnung in Ihrem Leben und in der Kirche Früchte trägt, müssen Sie sich über Ihre Motive im Klaren sein. Je nachdem, aus welchem Grund Sie einen Schritt zurück machen, erhalten Sie unterschiedliche Ergebnisse:

- Sie sind verletzt und wütend, weil Sie sich zurückgezwungen fühlen. Zugrunde liegt eine wachsende Aggression, die sich vermutlich darin äußert, dass Sie sich ständig ausmalen, wie Sie sich rächen oder wenigstens zurückkommen können.
- Sie igeln sich in Ihrer Opferrolle ein, kosten den Geschmack von bittersüßem Selbstmitleid und laufen damit Gefahr, sich für den Rest Ihres Lebens selbst leidzutun.
- Sie akzeptieren den Rückzug als Selbstverständlichkeit, da er mit Ihrem Selbstbild übereinstimmt. (»Ich bin wertlos und verdiene deshalb kein anderes Schicksal als dieses.«)
- Sie sind in Ihrer Beziehung zu Gott so sicher, dass Sie freiwillig verzichten können. Sie beugen sich nur vor Gott allein, was Sie ermächtigt, sich denen unterzuordnen, die im Moment das Sagen haben.

Bei den ersten drei Reaktionen bleibt in unterschiedlichem Ausmaß ein saurer oder bitterer Nachgeschmack, der weder Ihnen noch der Kirche hilft. Der vierte Weg ist der Weg Jesu. In Johannes 10,17-18 sagt er: »Der Vater liebt mich, weil ich mein Leben hingebe, um es wiederzuerlangen. Niemand kann es mir nehmen. Ich gebe es freiwillig hin. Ich habe die Macht, es hinzugeben, und ich habe die Macht, es wieder zu nehmen. Denn mein Vater hat mir diesen Auftrag gegeben.«

Petrus hatte ziemlich mit seinem Temperament zu kämpfen, ganz zu schweigen davon, wie schwer sein Umfeld es damit hatte. Das müssen wir im Hinterkopf haben, wenn er schreibt, was es bedeutet, Jesus nachzufolgen und dabei auf Widerstand zu stoßen. Mit einem Menschen kann sehr viel passieren, wenn er sein Seelenleben ernsthaft Gott und einem guten Mentor öffnet:

> Denn das ist ein Beispiel für die Gnade Gottes, wenn jemand ungerechte Behandlung geduldig erträgt, weil sein Gewissen Gott verantwortlich ist. Natürlich verdient ihr keine besondere Anerkennung, wenn ihr Schläge geduldig hinnehmt, die ihr bekommt, weil ihr unrecht getan habt. Aber wenn ihr für das Gute, das ihr getan habt, leidet und Schläge geduldig ertragt, ist das ein Zeichen für die Gnade Gottes. Dieses Leiden gehört zu dem Leben, zu dem Gott euch berufen hat. Christus, der für euch litt, ist euer Vorbild, dem ihr nacheifert. Er hat nie gesündigt und nie jemanden mit seinen Worten getäuscht. Er hat sich nicht gewehrt, wenn er beschimpft wurde. Als er litt, drohte er nicht mit Vergeltung. Er überließ seine Sache Gott, der gerecht richtet. An seinem eigenen Körper hat er unsere Sünden an das Kreuz hinaufgetragen, damit wir für die Sünde tot sind und für die Gerechtigkeit leben können. Durch seine Wunden seid ihr geheilt worden!
>
> *1. Petrus 2,19-24*

Wunden entstehen auch, wenn wir versuchen, unsere Position zu verteidigen und unsere Widersacher zu unterdrücken. Das Kreuz ist die stärkste Verdichtung der Wahrheit, die Jesu Leben durchzieht: Er besiegt den Teufel nicht durch das, was er tut, sondern durch das, worauf er verzichtet.

> Jesus besiegt den Teufel nicht durch das, was er tut, sondern durch das, worauf er verzichtet.

Es geht keineswegs um Passivität als Gegensatz zum Handeln. Diese Worte sind keine Aufforderung an die Kirche, sich in die Bedeutungslosigkeit zu verkriechen, während andere Mächte Geschichte schreiben. Im Gegenteil. Dieser Weg hat sich durch die Geschichte hindurch als der sicherste Weg zum Ziel erwiesen. Die Leiterinnen und Leiter, die sich von Marias Demut prägen lassen, haben die besten Voraussetzungen, zu überleben und langfristig Spuren in der Kirche zu hinterlassen. Die Kirche, die Christus auf dem Weg ans Kreuz nachfolgt, bleibt als Siegerin zurück, wenn die schnellen Methoden gescheitert sind.

Lassen Sie uns noch einmal auf China zurückkommen. Die Missionsarbeit, die die Jesuiten zum Ende des 16. und das ganze 17. Jahrhundert hindurch dort betrieben, erzählt eine faszinierende Geschichte über die Einflussmöglichkeiten der Kirche in einer Welt, der alles Christliche zu Beginn völlig fremd ist. Da gab es zum Beispiel Matteo Ricci, ein Jesuit aus Italien, der als Pionier zur Mission nach China aufbrach. Er verfügte über eine verblüffende Bandbreite menschlicher Fähigkeiten: Er war ein soziales Genie, hatte ein fabelhaftes Gedächtnis, war kreativer Stratege, gut gebildet in den Naturwissenschaften, sprachkundig, tief verwurzelt in Christus und er liebte Gott und die chinesische Kultur mit einer brennenden Leidenschaft.

In ihrer Ricci-Biografie beschreibt die italienische Wissenschaftsjournalistin Michela Fontana, wie es dem Jesuiten in einem langen und mühevollen Prozess gelang, 1582 in das geschlossene Land zu gelangen. Erst rund zwanzig Jahre später kam er mit dem Kaiser in Peking in Kontakt und erhielt damit die Erlaubnis, das Evangelium in China zu predigen.

Inmitten der Menschenmassen einer völlig anderen Kultur lernte Ricci, dass Erfolg vielleicht nicht so geradlinig verläuft, wie wir im Westen manchmal glauben. Er erfuhr auch, dass Gott in der Lage ist, Türen zu öffnen, wo wir sie am wenigsten erahnen, wenn wir nur darauf bauen, dass er hilft. So schreibt Fontana:

Nach vielen Jahren in China hatte er gelernt, dass nichts so einfach war, wie es zuerst schien. Bekannte Ursachen führten nicht immer zu dem, was er sich vorgestellt hatte, und sich etwas auf direktem Wege zu nähern, war nicht immer die effektivste Art, um ein Ziel zu erreichen. Manchmal war es notwendig, einen Schritt zurückzugehen und etwas zu warten. Ricci war gezwungen, sich wie ein chinesischer Weiser zu benehmen, der versuchte, ein schweres Projekt zu vollenden. Das bedeutete, dass er die gewünschte Richtung einschlagen und dann zulassen musste, dass Dinge passierten, und daraus einen Nutzen zu ziehen, statt die Wirklichkeit den eigenen Vorstellungen zu beugen. Dieses Verhalten verlangte noch mehr Geduld.[28]

Diese geduldige Biegsamkeit in eine bestimmte Richtung führte bald dazu, dass Hunderttausende Chinesen ihr Leben Gott anvertrauten und der Kaiser 1692 die formelle Erlaubnis für das Wirken der Christen in China gab. Genauso führte sie aber auch zu katastrophalen Rückschlägen, in denen die Mission sowohl von Seiten der Kirche als auch von chinesischen Behörden schwer gebeutelt wurde. Doch das ist eine andere Geschichte.

Wir können hieraus lernen, welche Möglichkeiten sich eröffnen können, wenn wir uns wie Maria darauf einlassen, aus dem Herzen heraus zu leben, und nicht zuerst eine Karte und einen fertigen Handlungsplan einfordern.

3

GOTT UND MENSCH WOHNEN IM GLEICHEN HAUS – Die eigentliche Menschlichkeit wiederentdecken

Der schwedische Drehbuchautor und Regisseur Ingmar Bergman beendete seine Filmkarriere mit einer großartigen Darstellung davon, was passieren kann, wenn man das Göttliche und das Menschliche zwei getrennten Welten zuordnet.

Der Film *Fanny und Alexander* spielt in zwei Häusern. In dem einen lebt die Theaterfamilie Ekdahl. Zu Beginn des Films ist Weihnachten und im Hause Ekdahl brennen viele Kerzen. Die warme Figur der Mutter, gespielt von Gun Wållgren, ist das Herz dieser bunten und streitsüchtigen Familie. Hier herrschen Sexualität und frivole Scherze, Lachen und Verrücktheiten, Kunst und Kreativität. Gott gibt es hier nicht.

In dem anderen Haus wohnt der Bischof, gespielt von Jan Malmsjö, und sein Haushalt, soll heißen, seine Haushälterin, deren Gesicht eine ägyptische Mumie recht lebendig erscheinen lässt. Nach einiger Zeit zieht auch die neue Frau ein, die der Bischof heiratet. Sie bringt ihre beiden Kinder Fanny und Alexander mit. In diesem Haus mit seinen kalten Wänden und nackten Kreuzen gibt es Gott, aber die Menschlichkeit fehlt. Als der Bischof im Namen Gottes und der Liebe Alexander zu einem besseren Benehmen züchtigt, tritt der Exorzismus buchstäblich zutage: Wenn Gott hineinsoll, wird das Menschliche ausgetrieben.

In welchem Haus würden Sie gerne wohnen?

Vor dieser Kulisse erscheint es nur zu verständlich, dass Schweden weltweit eines der säkularisiertesten Länder ist. Wenn wir vor die zwingende Wahl gestellt werden zwischen Gott und den Menschen, werden wir wahrscheinlich alle früher oder später Gott den Rücken zuwenden.

Wir können das Menschliche für eine Weile unterdrücken und verleugnen, aber nicht auf unbegrenzte Dauer. Eines Tages wird unser eingeschlossenes Wesen rebellieren und dann knickt der religiöse Zaun wie ein Streichholz ein. Schön, jetzt haben wir das hinter uns gelassen!

Wäre Gott nur ein Gedankenkonstrukt, wäre damit alles in bester Ordnung und der Mensch wäre frei und glücklich wie nie zuvor. Aber da Gott real ist, lässt er sich nun einmal nicht so leicht wegwischen. Es steckt zu viel im Menschen, das ihn bald aus der Euphorie der Verleugnung erweckt und ihn an seinen Ursprung erinnert, um in der neuen Freiheit zur Ruhe zu kommen. Die Mainstreamkultur hält noch immer an der bergmanschen Kulisse fest. Aber wenn das Leben Risse bekommt, wird es bedeutend schwerer, den existenziellen Fragen auszuweichen.

Wenn Gott wirklich existiert, warum geht es mir dann schlecht? Stimmt es, dass Gott das Gegenteil des Menschen ist? Warum sehnen wir uns dann doch immer nach ihm? Wenn Gott den Menschen geschaffen hat, kann er doch nicht sein Gegenspieler sein? Hat uns die Kirche wirklich von unserer eigenen Menschlichkeit entfremdet? Es ist eine Sache, dass viele, die in engen, religiösen Verhältnissen aufgewachsen sind, das so erlebt haben. Aber wie viel von diesem destruktiven Einfluss stammt tatsächlich von gläubigen Christen – und wie viel kommt von außen?

Die bergmansche Kulisse ist sicherlich eine korrekte Darstellung davon, wie sich ein Großteil der Kirche jahrhundertelang gebärdet hat. Sie zeigt aber nicht, was eine lebendige Kirche eigentlich ausmacht. Wie können wir als Gemeinden die Mauer zwischen Gott und den Menschen einreißen, damit sie wieder eins werden?

Wie können wir als Gemeinden die Mauer zwischen Gott und den Menschen einreißen?

Laut Bibel ist die Kirche der Ort, wo wir unsere verlorene Menschlichkeit zurückerhalten, nicht der Ort, an dem wir sie verlieren.

Eigentlich geht es darum, den Unterschied zwischen Gott und dem Teufel zu erkennen. Diesen Unterschied so zu verschleiern, dass die beiden am Ende die Plätze tauschen, scheint einer der besten Züge des Teufels zu sein. Wieder und wieder stößt Jesus auf das Glaubensbekenntnis der Dämonen, wenn sie rufen: »Was willst du von uns, Jesus von Nazareth? Bist du gekommen, um uns zu vernichten? Ich weiß, wer du bist – der Heilige Gottes, den er gesandt hat!« (Markus 1,24).

Kurz zusammengefasst sind das die Lügen des Teufels:

- Gott hat nichts mit den Menschen zu tun.
- Gott will den Menschen eigentlich das Leben nehmen.
- Wir wissen alles über Gott.

Wir müssen nur einmal schauen, wie Ignatius den Teufel als »Feind der menschlichen Natur« beschreibt (siehe Anhang), um zu erahnen, was im öffentlichen Verständnis für ein Erdrutsch stattgefunden hat.

Ich erinnere mich, wie der Jesuit Ulf Jonsson in einem unserer Kurse über Ignatius' Beschreibung des Teufels sprach. Beim anschließenden Kaffeetrinken sagte eine Frau, die in einem streng lutherischen Umfeld aufgewachsen war: »Das war interessant, dass Sie den Teufel als Feind der menschlichen Natur beschrieben haben. Ich habe immer gelernt, dass die menschliche Natur der Feind sei.« Daraufhin rief Ulf verwundert aus: »Daran habe ich nie gedacht!«

Ist es also der Teufel, der hinter aller Unmenschlichkeit in gewissen christlichen Zusammenhängen steckt? Hier bewegen wir uns in dem Bereich, der in der Bibel mit dem Wort »Mächte« beschrieben wird. Die schwedische Bibelkommission ergänzt dazu eine wichtige Erklärung: »Eine klare Unterscheidung zwischen spirituellen Wesen und materiellen Kräften wird nicht aufrechterhalten.«[29] Wir werden von einer Vielzahl sichtbarer und unsichtbarer Kräfte beeinflusst. Weder ist es immer möglich noch sinnvoll zu versuchen, das, was geistlich, und das, was weltlich ist, zu unterscheiden. Wirtschaftliche und kulturelle Muster sind verwoben mit psychologischen und biologischen Effekten, die mit Politik einhergehen, die wiederum mit geistlichen Kräften zusammenspielen, die außerhalb unseres Sichtfelds liegen.

Es ist absolut wichtig, dass wir die Richtung in dem erkennen, was uns beeinflusst. Nach einer einfachen Definition ist Macht »das Vermögen, in eine bestimmte Richtung zu beeinflussen«. Und hier läuft der dämonische Einfluss immer auf dasselbe hinaus: den Aufruhr gegen Gott und damit den Krieg gegen den Menschen, der nach Gottes Abbild geschaffen ist.

Ein idealer Mensch?

Wie kommt es dann, dass nicht nur die lutherische, sondern vielleicht alle christlichen Strömungen das Menschliche oftmals als Problem oder sogar als Feind begriffen haben? Welche fremden

Einflüsse hatten so verheerende Folgen? Wenn wir sie nicht aufspüren und identifizieren können, werden sie unsere Arbeit für die Rehabilitierung des Menschen immer wieder sabotieren.

Aus der Vielzahl der Faktoren lassen sich drei herausstellen, die den vielleicht größten Einfluss hatten und noch immer haben: die griechische Kultur, der Markt und die Technologie. Lassen Sie uns mit dem klassischen Faktor beginnen – »schon die alten Griechen …«

Hier sehen Sie eine griechische Skulptur aus dem 4. Jahrhundert vor Christus.

Es ist das Bild eines Menschen in perfektem Gleichgewicht. Die perfekte körperliche Schönheit ohne Flecken und Falten spiegelt ein Seelenleben, das über allen Gefühlen und unangemessenen Gedanken schwebt. Es ist unmöglich zu ergründen, was dieser

Mensch fühlt oder denkt – vermutlich nichts. Wie ein Kunsthistoriker einmal sagte: »Es ist nicht möglich, mit einer griechischen Skulptur ein normales Gespräch zu führen.«

Wir haben es hier nicht mit der Abbildung eines tatsächlichen Menschen aus Fleisch und Blut zu tun, sondern mit der künstlerischen Darstellung des *idealen* Menschen. Wichtig ist nicht, wie ein bestimmter Mensch aussieht, sondern wie man als Künstler den vollkommenen Menschen hinter allen konkreten Menschen erschaffen kann. Die Idee »hinter« dem Menschen hat einen höheren Wert und ist wahrer als der tatsächliche, körperliche Mensch.

Vergleichen wir diesen Menschen mit dieser römischen Porträtskulptur aus dem 1. Jahrhundert nach Christus.

Hier ist kein idealer Mensch abgebildet, sondern ein konkreter. Zeitgenossen, die diese Skulptur sahen, haben den Menschen vermutlich wiedererkannt. Auf einmal hat man einen lebendigen Menschen vor sich. Mit Gefühlen und körperlichen Makeln in einem Gesicht, das jede Sekunde zum Leben erwachen könnte. Hier erscheint ein normales Gespräch absolut möglich: »Erzählen Sie mal, wie das Leben in Rom zu Ihrer Zeit war …«

In der Zeit, die zwischen der Entstehung dieser beiden Skulpturen liegt, hat sich die Welt der Philosophie einmal komplett gedreht. Schon als die griechische Philosophie noch in den Kinderschuhen steckte, gab es die Orphiker, eine religiöse Bewegung mit Wurzeln im Osten. Sie beschrieben die Seele des Menschen als unsterblich und eingeschlossen. Nur durch Askese könne sie aus dem Körper befreit werden. Diese Dualität zwischen einer niederen Körperlichkeit und einer höheren Spiritualität bildete den Rahmen für die Entwicklung der gesamten griechischen Philosophie in der klassischen Zeit.

Im 4. Jahrhundert vor Christus sprach der atheistische Philosoph Demokrit von zwei Arten des Wissens: dem Wissen der Sinne und dem des Intellekts.

> Von der Erkenntnis gibt es zwei Formen, die echte und die dunkel-unechte; und zur dunklen gehört Folgendes alles zusammen: Gesicht, Gehör, Geruch, Geschmack, Getast; die andere aber ist die echte, von jener abgesonderte.[30]

Vergleichen Sie das damit, wie heutzutage manche überspirituelle Milieus voller Verachtung von dem »Wissen der Sinne« sprechen, dem man, anders als den »Offenbarungen«, anscheinend nicht trauen kann.

Hier setzt Demokrit die Entwicklung der ionischen Naturphilosophie aus dem 5. Jahrhundert v. Chr. fort, die der Vernunft und der Rationalität eine ganz neue Bedeutung beimaß. Ausgehend von den Erfahrungswerten, die den Menschen in jeder Kultur praktische Lebenshilfe bieten, begannen diese griechischen Philosophen, die Vernunft als eine theoretische Möglichkeit zu betrachten, die »rechte Natur der Dinge« zu verstehen. Die theoretische Spekulation, abgetrennt von Erfahrung und praktischer Anwendung, wurde zur Selbstdefinition der Philosophie (wörtl. *Liebe zur Weisheit*) in der griechischen Antike. Schon hier lassen sich erste Wurzeln der Skulptur vom »idealen Menschen« erkennen.

In den Schriften seines Schülers Platon lesen wir von dem athenischen Philosophen Sokrates (gestorben 399 v. Chr.). Sokrates ist der Meister des philosophischen Dialogs, der durch die Befragung seines Gegenübers dessen Gedankengängen den Weg ebnet. Will Sokrates beispielsweise wissen, was Frömmigkeit ist, geht es nicht um die Frömmigkeit in einer bestimmten Situation, sondern um Frömmigkeit in jeder Situation. Das bezeichnet Sokrates als die »Form« oder »Idee« der Frömmigkeit.

Diesen Weg können wir mit der Pädagogik von Jesus vergleichen. Auch Jesus arbeitet mit Fragen, um den Menschen auf ihrem Weg zu helfen. Aber seine Pädagogik unterscheidet sich von der des Sokrates, denn Jesus gibt auf abstrakte oder theoretische Fragen erst mal keine Antwort. Er leitet das Gespräch so, dass im Zusammentreffen mit den Menschen und ihren Fragen eine tiefer liegende Wahrheit durch eine konkrete Situation beleuchtet wird.

Sokrates setzt mit seiner Philosophie die griechische Tradition fort, den Intellekt über die Gefühle und Sinne zu stellen. Er meint es völlig ernst, dass »kein Mensch eine Entscheidung träfe, wenn er nicht überzeugt davon wäre, dass er die beste aller möglichen Alternativen gewählt hätte«[31]. Seine eigenen Worte fassen zusammen, welche Sicht auf den Menschen hinter der oben genannten Skulptur steckt: »Vor sich selbst nachzugeben, ist Unwissenheit. Sich selbst zu kontrollieren, ist Weisheit.«[32]

Im 3. Jahrhundert vor Christus gingen die Stoiker sogar noch einen Schritt weiter. Sie waren der Auffassung, dass es nicht nur darum ging, die eigenen Gefühle kontrollieren zu können: »Sie glauben, dass solche Gefühlsregungen aufhören, wenn man erwachsen wird.«[33] Dieses stoische Ideal der Freiheit von allen Gefühlen und Leiden nannte man *apatheia*. Es hatte nicht zuletzt durch den Kirchenvater Evagrios einen enormen Einfluss innerhalb des christlichen Klosterwesens.[34] Dass der Begriff in diesem Umfeld einen so durchschlagenden Erfolg hatte, hängt natürlich auch mit dem Zölibat zusammen. Alles, was half, die Sexualität zu kontrollieren, wurde mit offenen Armen angenommen, selbst wenn es der biblischen Sicht auf den Menschen widersprach.

Der Körper ist das Grab der Seele

Bei Plato stoßen wir auf die konsequenteste Vorstellung davon, dass die Seele des Menschen unsterblich ist und eine ursprüngliche Weisheit in sich trägt, ehe sie im Körper Fleisch wird. Der Philosophieprofessor Thomas Blackson drückt es so aus:

> Während sie im Körper weilt, wird die Seele immer verwirrter von falschen Überzeugungen, sodass es ihr schwerfällt, aus ihrem angeborenen Wissen heraus zu handeln. Das Trauma der Inkarnation schwächt die Seele auf gewisse Weise zu sehr, um den Eindrücken der verführerischen Mächte zu widerstehen …
>
> Um diese Vorstellungen zu vernichten und sich vor verführerischen Eindrücken zu schützen, muss die Seele die Kontrolle über ihr Leben im Körper übernehmen, indem sie auf eine bestimmte Weise lebt. Sie muss Liebhaberin der Weisheit werden. Auf diese Weise kann die Seele jenen reinen und unverwirrten Zustand wiederherstellen, den sie hatte, ehe sie zum Körper wurde.[35]

Hier zeigen sich Ähnlichkeiten zur Philosophie Platons und der religiösen Strömung der Orphiker. Bei beiden spielten religiöse

Orgien eine wichtige Rolle. So schreibt der Autor John Burnet: »Dort basierten die neuen Überzeugungen vor allem auf dem Phänomen *Extase* (was auf Griechisch wörtlich *aussteigen* bedeutet). Man nahm an, dass die Seele ihre wahre Natur nur außerhalb des Körpers offenbarte.«[36] Vergleichen Sie das mit der gegensätzlichen Haltung von Jesus, als der besessene Mann, den er geheilt hatte, zu sich kam und »völlig bei Verstand« zu seinen Füßen saß (Lukas 8,35).

Weg vom Menschlichen, im Sinne des Körperlichen und Praktischen, hin zur Welt der Ideen zu streben, der sich nur die Intellektuellen nähern können – diese Grundhaltung zieht sich durch die gesamte Philosophie. Bei Sokrates und Platon wird der Körper als Hindernis für diese Weisheit auf zweierlei Weise interpretiert: Er trägt nichts zur Weisheit bei und hindert die Seele daran, sie zu erreichen.[37]

Stark prägend für unsere Haltungen sind Sokrates und Platon, die den Körper als Hindernis für Weisheit beschreiben.

Platons Schüler Aristoteles wird oft als etwas bodenständiger als Platon gesehen. In unseren Schulbüchern ist oft Raffaels Gemälde im Vatikan, *Die Schule von Athen*, abgebildet, wo Platon in den Himmel zeigt und Aristoteles auf die Erde. Die heutige Forschung betont allerdings eher das Zusammenspiel zwischen den beiden als ihren Gegensatz. So kann auch laut Aristoteles nur der Intellekt an dem beteiligt werden, was für ihn das Ziel des Lebens ist, nämlich, wie der Schöpfer allen Seins zu werden: »Es bleibt also nur dem Intellekt, einsam in den göttlichen Zustand einzutreten, denn keine Körperlichkeit kann am Intellekt teilhaben.«[38]

Sowohl bei Plato als auch bei Aristoteles finden wir den Ursprung eines Wortes und einer Verhaltensweise, die einen enormen Einfluss auf die westliche Welt genommen hat, nicht zuletzt in allen Formen akademischer Tätigkeit: Theorie. John Burnet schreibt:

»Theorie beinhaltet jede Form von distanzierter, intelligenter, aufmerksamer Reflexion, besonders wenn sie nicht auf ein praktisches Ziel ausgerichtet ist.«[39] Über diesen Satz lässt sich wunderbar reflektieren. Er deutet an, wie weit die griechischen Philosophen von der Wirklichkeitsauffassung der Bibel entfernt sind.

Nur ein Beispiel: Das hebräische Wort für Wahrheit kann auch mit »Treue« übersetzt werden. Wahrheit ist in der Bibel etwas, das sich in der Praxis als nachhaltig und lebenspraktisch erwiesen hat. Für die Menschen der Bibel ist es völlig uninteressant, eine abstrakte Wahrheit »hinter« dieser konkreten Welt, in der wir leben, zu suchen. Für die große Mehrheit der irdischen Bevölkerung, die nie mit der griechischen Philosophie und ihrem späteren Einfluss auf die Aufklärung im 18. Jahrhundert in Kontakt gekommen ist, übrigens ebenso.

Unangemessene Signale

Wie ist all das in der christlichen Kirche gelandet? Und warum konnte es so großen Einfluss gewinnen?

Die Nachfolger von Jesus, dem Nazarener, wurden bereits in der Apostelgeschichte in die griechische Kulturwelt hineingeworfen, die damals bereits seit Jahrhunderten Denkmuster, Welt- und Jenseitssicht durchdrungen hat. Wir lesen schon in den Briefen von Paulus, wie er dazu klar Stellung bezog und die Neubekehrten aufforderte, ihre Denkweisen zu erneuern.

Doch auch noch viel später breitete sich durch das Klosterwesen das griechische Ideal weiterhin innerhalb der christlichen Kirche aus, unangemessene Signale des Körpers und der Seele zu kontrollieren. Das Ziel: durch Askese abseits der Sorgen der Welt ein »Sehen« *(theoria)* Gottes zu erreichen. Hier erkennt man bei vielen frühen

Mönchen und Theologen ein Denkmuster, das wortgenau mit der klassischen griechischen Philosophie übereinstimmt, wenn man lediglich das Wort »Weisheit« *(sophia)* gegen »Gott« austauscht.

Die Reformation trug das Ihrige bei. Sie verbreitete ein chronisches Misstrauen gegenüber dem Menschlichen, weil es durch die Möglichkeit, allzu menschlich zu handeln, Gottes Gnade blockieren könnte. Auf die menschlichen Erfahrungen zu hören, wurde von den Reformatoren ebenso als »unreine Vermischung« betrachtet wie bei dem Atheisten Demokrit. Ganz zu schweigen von den späteren charismatischen Bewegungen, wo die Sehnsucht nach einer ursprünglichen, genuinen Berührung durch Gottes Geist in ein Wachehalten kippte: wachsam sein vor menschlichen Gefühlsregungen oder körperlichen Empfindungen, die die Berührung durch den Geist fernhalten könnten.

Die akademische Theologie von heute hat sich häufig inzwischen von menschlichen Erfahrungen jeder Art abgekoppelt – sowohl von den spirituellen Erfahrungen in Gebet und Meditation als auch von den praktischen Erfahrungen im alltäglichen Leben und in der Politik. Diese Entwicklung kann man beobachten, seit sie vor Jahrhunderten von Klöstern und Gemeinden getrennt wurde. Hier erweist sich die Theologie heute buchstäblich als Erbe von Platons *Akademia* in Athen statt als Erbe des Zimmermanns aus Nazareth.

Der klassische griechische Einfluss scheint eine entscheidende Verbindung zwischen Idee und Ideal hervorgebracht zu haben. Wenn die wichtige und wirkliche Wahrheit abseits unserer alltäglichen Wirklichkeit liegt, dann ist der Sinn des Lebens logischerweise, diese alltägliche Wirklichkeit jener höheren Wirklichkeit so gut wie möglich anzugleichen. Idee leitet Ideal. Das Bild des Ultimativen hat Vorrang vor dem Tatsächlichen, das uns vor Augen steht. Ob es nun um den menschlichen Körper, das Seelenleben, die Ehe oder andere Lebensbereiche und Ziele geht.

Ganz zu schweigen von unserem spirituellen Leben. Thomas Merton widerlegt den Mythos, dass ein Christ alles irdische Leid vollkommen überwinden müsste:

> Es ist ein Paradox der monastischen Geschichte, dass das übermenschliche Ideal, alles Leiden in unserer jetzigen Welt vollkommen zu besiegen, keine christliche, sondern heidnische Vorstellung ist. Es ist so eher ein Ideal des »Fleisches« als des »Geistes«.
> In der christlichen Heiligkeit steht eine gewisse menschliche Schwäche und Unvollkommenheit völlig im Einklang mit Gottes vollkommener Liebe, solange wir demütig werden und unsere eigene Armseligkeit erfahren und uns damit einem vorbehaltlosen und vollkommenen Zutrauen zu Gottes Gnade öffnen …
> Ein vollkommener christlicher Verzicht beinhaltet paradoxerweise sogar, auf einen gewissen übertriebenen Genuss unserer eigenen Tugend und asketischen Tüchtigkeit zu verzichten (sofern wir eine solche haben).[40]

Diese missverstandene Botschaft des Evangeliums hat durch die Kirchengeschichte hindurch unermessliches Leid verursacht. Und bis heute plagt er Menschen in jedem geistlichen Umfeld, wo mit unmenschlichen Idealen wie im Haus des Bischofs in *Fanny und Alexander* versucht wird, alles Menschliche zu vertreiben.

Die Jagd nach dem Perfekten

Doch im Licht des Evangeliums gesehen, verleugnen wir, dass Gott in Jesus Christus Mensch geworden ist, wenn wir der perfekten

Gemeinde entgegenjagen. Das ist tragisch. Vor allem in einer Welt, die immer jüngere Menschen auf der Jagd nach Perfektion in Depression und Zusammenbrüche treibt: nach dem perfekten Körper, dem perfekten Sozialleben, der perfekten Karriere, dem perfekten Urlaub, der perfekten Mahlzeit, Küche …

Die Art, wie der Prophet Jesaja den kommenden Messias porträtiert, öffnet dagegen eine Tür zur Freiheit. Zur wahren Menschlichkeit. Und das mitten in einer Welt, in der echte Freiheit zunehmend bedroht ist:

> Er war so entstellt, dass sein Aussehen kaum mehr dem eines Menschen glich, und viele waren entsetzt, als sie ihn sahen. Ebenso wird er viele Völker in Staunen versetzen. Seinetwegen werden Könige verstummen. Denn sie sehen etwas, was ihnen nie zuvor verkündigt wurde; sie nehmen etwas wahr, wovon sie noch nie gehört hatten. …
> Sein Äußeres war weder schön noch majestätisch, er hatte nichts Gewinnendes, das uns gefallen hätte. Er wurde verachtet und von den Menschen abgelehnt – ein Mann der Schmerzen, mit Krankheit vertraut, jemand, vor dem man sein Gesicht verbirgt. Er war verachtet und bedeutete uns nichts. Dennoch: Er nahm unsere Krankheiten auf sich und trug unsere Schmerzen. Und wir dachten, er wäre von Gott geächtet, geschlagen und erniedrigt! Doch wegen unserer Vergehen wurde er durchbohrt, wegen unserer Übertretungen zerschlagen. Er wurde gestraft, damit wir Frieden haben. Durch seine Wunden wurden wir geheilt!
> *Jesaja 52,14-15; 53,2*

Ist das Ihr Messias, Ihr Jesus, Ihr Vorbild, Ihr Herr? Oder schielen Sie eher auf die griechische Skulptur, die perfekte Führungsperson, die alle anderen mit ihrer theologischen Kompetenz und imponierenden Spiritualität überstrahlt? Jemand, der wie Tomas Tranströmer in seinem Gedicht über einen amerikanischen TV-Prediger schreibt, »ein gut geschneiderter junger Mann mit einem Lächeln straffer als von einem Maulkorb« ist? Solche Leiterinnen und Leiter sind »jene, die man nur von ihrer schönsten Seite sieht/ die nie zerstreut sind/die nie die falsche Tür öffnen und nie einen Schimmer des/Unidentifizierten sehen –/geh an ihnen vorbei!«[41]

Wie die Leitenden, so die Gemeinde.

Wie die Leitenden, so die Gemeinde. Wenn Sie als die Person, die vorangeht und Kultur prägt, nicht wagen, die Tür zu Ihrer Menschlichkeit zu öffnen, wie sollen es dann die Menschen in der Gemeinde wagen? Wenn Sie sich selbst von Perfektionsansprüchen in Ihren Predigten und allem anderen, was Sie tun, hetzen lassen, wie wollen Sie dann anderen Menschen zur Freiheit verhelfen?

Die äußerste Konsequenz der Tyrannei des Ideals wurde in den 30er-Jahren in Deutschland gezogen. In seinem Buch *The Law of Blood* zeigt der französische Historiker Johann Chapoutot, wie die Nazi-Ideologie im bewussten Kontrast zum christlichen Menschenbild entwickelt wurde. In einer SS-Publikation von 1939 heißt es:

> Unsere germanischen Vorväter, reine Menschen, akzeptierten die Gesetze der Selektion, weil sie noch nicht korrumpiert waren von den falschen und lebensfeindlichen Lehren des Mitleids. Das falsche Bild von Gott, das die Kirchen vermitteln, hat die göttlichen Gesetze der Natur verdrängt. Die Kirche wusste um den Gegensatz zum Willen der Natur.
> Erst als man dem Volk gepredigt hatte, dass Gott aus Mitleid mit den Schwachen, den Kranken, den Sündern und denen, die Rettung suchten, am Kreuz gestorben war, wurde eine Lehre von unnatürlichem Mitleid und einer fehlgerichteten

Mitmenschlichkeit möglich, die verlangte, dass genetisch Missgebildetes geschützt werden müsse. Es wurde sogar als moralische Pflicht betrachtet, es zu pflegen, und alles, was krank, zurückgeblieben, geplagt und einfältig war, zu füttern.[42]

Bruno Ganz, der in dem Film *Der Untergang* Hitler verkörpert, beschreibt diese Erfahrung wie folgt: »Ich kann nicht behaupten, dass ich Hitler verstehe. Nicht einmal die Augenzeugen, die mit ihm im Bunker waren, konnten sein innerstes Wesen beschreiben. Er hatte keine Gnade, kein Mitgefühl, kein Verständnis für die Opfer des Krieges. Sosehr ich es auch versucht habe, konnte ich zu Hitlers Herz nicht vordringen, denn er hatte keins.«[43] Vielleicht entspricht das annähernd dem Bild, das wir uns vom Teufel machen können: der Feind der menschlichen Natur.

Reduziert zum Rädchen im Getriebe

Heute lassen sich nur noch relativ wenige Pastoren und Pastorinnen von den griechischen Philosophen inspirieren. Jedenfalls nicht auf eine direkte Art; die unbewussten kulturellen Prägungen bleiben natürlich. Doch 2000 Jahre Geschichte haben deren Einfluss gefiltert. Dafür schauen immer mehr christliche Leitende auf die Unternehmenswelt, um Inspiration für neuen Schwung in der eigenen Gemeinde zu bekommen.

New Public Management ist eine seit den 1980ern bekannte Philosophie, die jede öffentliche Tätigkeit in messbare und rentable Einheiten für Unternehmen zerlegt. Das bedeutet in der Praxis, dass menschliche Beziehungen den Anforderungen der Arbeitswelt untergeordnet werden. Ausgangspunkt sind ein paar ständig wiederkehrende Leitworte:

- **Ergebnis:** Hieraus zieht das Unternehmen seine ganze Existenzberechtigung. Verkauft das Unternehmen nicht oder kann es den Aktionären keine Ergebnisse liefern, wird es geschlossen. Es geht in allem allein darum, Wirtschaft zu betreiben. Überträgt man dieses Muster auf Gemeinden, bedeutet das konstanten Stress, Statistiken zu liefern. Das heißt im Umkehrschluss, dass alle Beziehungen instrumentalisiert werden. Gott ist dann der, der die Kraft für die gewünschten Ergebnisse liefern soll. Die Mitarbeitenden bringen die benötigte Kompetenz und Spiritualität. Die Zielgruppe wird nur noch als Objekt des Betriebs betrachtet, statt als Subjekt, dem man zuhören sollte.
- **Messbarkeit:** Das ist für Unternehmen eine Selbstverständlichkeit. Wie sollte man sonst wissen, was passiert? Das Problem ist nur, dass das Kerngeschäft der christlichen Gemeinde um jemanden kreist, der sich einfach nicht messen lässt. Der größte Teil des Gemeindelebens fällt also aus dem Bereich des Messbaren heraus. Das macht es oftmals schwer, die Gemeindearbeit vor der Verwaltung, die oft aus umtriebigen Menschen aus der Wirtschaft besteht, zu rechtfertigen. Statt Dinge zu messen, werden sie eher unsichtbar gemacht.
- **Planung:** Der Markt hasst Überraschungen. Das ist einer der Gründe, warum der Kapitalismus im Prinzip eine stabile Diktatur einer wackligen Demokratie vorzieht. Voraussagbarkeit ist die Voraussetzung für eine kommerzielle betriebliche Kontinuität. Planung ist die Voraussetzung, um regelmäßig Ergebnisse auswerten zu können. Wenn dieser Mentalität Deutungshoheit vor dem Heiligen Geist zugesprochen wird, wird es problematisch. In der Apostelgeschichte finden wir kein einziges Beispiel für so eine Art zu planen. Das hängt vermutlich mit einer größeren Nähe zum Wort Jesu

zusammen: »Der Wind weht, wo er will. Du hörst ihn zwar, aber du kannst nicht sagen, woher er kommt oder wohin er geht. So kannst du auch nicht erklären, wie die Menschen aus dem Geist geboren werden« (Johannes 3,8).

- **Kontrolle**: Kontrollierbarkeit reduziert Menschen zu einem Rädchen im Getriebe. Diese Haltung macht eine ständige Überwachung nötig, damit alle alles richtig machen und niemand vom aufgestellten Plan abweicht. Auf Beziehungen angewandt, geht das Vertrauen als Grundlage verloren und die Freiheit im Miteinander wird beschnitten. Die Folge: Initiative, Kreativität und Spontaneität entwickeln sich zu lästigem Sand im Getriebe, statt Quellen der Freude und Dankbarkeit zu sein.
- **Kurzsichtigkeit**: In einem Unternehmen gilt der nächste Quartalsbericht. Deshalb hat die Autoindustrie im letzten Jahrzehnt Millionen SUVs produziert, die ihnen große Einnahmen bescheren. Der langfristige Effekt, nämlich, dass die Umweltgewinne immer sparsamerer Motoren durch immer schwerere Autos völlig aufgefressen werden und damit auf katastrophale Weise zum Klimawandel beitragen, liegt außerhalb der zeitlichen Perspektive der Unternehmen. Ebenso können in der Gemeindearbeit effektive Methoden eingeführt werden, die aber alle nur von kurzfristigen Vorteilen motiviert sind. Der langfristige Effekt: immer weniger Zeit mit den Menschen, immer weniger Zeit mit Gott.
- **Effektivität**: In einem Unternehmen muss alles so ausgewertet werden, wie es sich auf das Unternehmen als Ganzes auswirkt. Liefert etwas nicht das erwartete Resultat, läuft es nicht nach Plan, gibt es keinen Grund, daran festzuhalten. In einer Gemeinde aus Menschen, die Jesus nachfolgen wollen, wird so eine Einstellung zum Problem. Hätte Jesus so gehan-

delt, als er sein Wirken begann oder seine Apostel auswählte, welche Leute wären dann noch übrig geblieben? Wie effektiv war seine eigene Verkündigung?

1965 schrieb Thomas Merton: »Lassen Sie mich Folgendes sagen, ehe der Regen ein Nutzen wird, den man planen und für Geld vertreiben kann. Mit ›man‹ meine ich Menschen, die nicht verstehen, dass Regen ein Fest ist, die nicht wertschätzen können, dass er gratis zu haben ist, die glauben, dass alles, was keinen Preis hat, wertlos ist, was nicht verkauft werden kann, nicht wirklich existiert und dass die einzige Art, etwas in die Wirklichkeit zu bringen, ist, es auf den Markt zu bringen. Es wird die Zeit kommen, wo man dir sogar den Regen verkaufen wird. Zurzeit ist er noch umsonst und ich stehe mittendrin. Ich feiere, dass er umsonst ist, und ich feiere seine Bedeutungslosigkeit.«[44]

Seit 30 Jahren arbeite ich als geistlicher Begleiter in der Arbeit der Schwedischen Kirche. Dabei treffe ich oft auf Pfarrer und Diakoninnen, die über diese Entwicklung verzweifeln. Es werden Pastoralregeln erlassen, die immer von Sparmaßnahmen und Rentabilität motiviert sind, aber persönliche Beziehungen übersehen und den Fokus vom Wesentlichen ablenken. So entsteht ein immer engerer Käfig aus Planung, Ergebnisberichten, aufgezwungenen Apps zu jedem erdenklichen Thema … in dem das Atmen immer schwerer fällt.

Ich bin mir sicher, dass ich dieselben Berichte aus bestimmten größeren Freikirchen, Schulen, Pflegebereichen oder von der Polizei hören würde, würde ich nachfragen. Es ist eine Bewegung, die uns weg vom Menschlichen zwingt. Eine Bewegung, die deutliche Spuren von dämonischen Einflüssen aufweist.

Zum einen, weil sie niemand freiwillig gewählt hat: Eigentlich hat niemand diese Entwicklung beschlossen und eigentlich findet sie auch niemand gut. Aber trotzdem gehen alle mit. Wir können das mit der Aussage von Paulus vergleichen: »Ihr wisst ja, ihr habt euch früher, als ihr noch nicht zu Christus gehörtet, dazu verleiten und mitreißen lassen, stumme Götzen anzubeten« (1. Korinther 12,2).

Zum anderen, weil der Mensch konsequent zurückgedrängt und ersetzt wird: durch Papier, Computer, Methoden, Geschäftspläne und andere körperlose Dinge. Der Kirchenvater Ignatius von Antiochien nennt das das »Körperlose und Dämonische«[45].

Wenn Maschinen zu Körperteilen werden

Wenn wir uns umschauen, dann können wir die Körperlosigkeit überall um uns herum sehen, vor allem durch die Informationstechnologie. Das Smartphone war nicht nur eine weitere technische Neuheit von vielen. Es war ein gigantischer Paradigmenwechsel in die Richtung von körperlosen Ichs, körperlösen Kontakten, Gesprächen und Begegnungen.

Den Pflug konnte der Bauer wegstellen, wenn er fertig gepflügt hatte. Das Telefon hing oder stand an seinem Platz und man ging hin, wenn es klingelte, und ging wieder weg, wenn das Gespräch beendet war. Ebenso stand der Fernseher auf seinem Platz. Und egal, wie fesselnd die Sendungen auch waren, man konnte jederzeit weggehen. Niemand nahm den Fernseher mit in den Wald. Doch das Smartphone spielt in einer völlig anderen Liga. Viele verteidigen es mit den Worten: »So haben wir immer reagiert, wenn eine neue Technologie kam.« Doch wer so redet, hat nicht verstanden, was passiert ist.

> Jede Identität braucht ein Zentrum und Grenzen.

Es geht um Grenzen. Jede Identität braucht ein Zentrum und Grenzen. Im Zentrum steht das Ich und das, wozu ich Ja sage. Die

Grenzen sind alles, was ich nicht bin, wozu ich Nein sage. Die Grenzen sind die Konturen des Ichs. Wenn die Grenzen verschwimmen, verschwimmt das Ich. Am Ende wissen wir nicht mehr, wer wir sind.

Computer und Internet haben die einzigartige Fähigkeit, unsere Grenzen einzureißen. Durch das Smartphone wird diese Grenzenlosigkeit verstärkt:

- **Die Grenzen zwischen Arbeit und Freizeit verschwimmen.** Wenn meine Großväter ihren Arbeitstag in der Fabrik beendet hatten, gingen sie nach Hause und hatten Feierabend. Genauso war es bei meinem Vater, wenn er aus dem Büro kam. Unter dem Deckmantel der Freiheit (immer hängt dieser Freiheitsköder am Haken!) haben wir mittlerweile die Arbeit in der Tasche. »Du kannst immer und ständig arbeiten.« Mit der Folge, dass wir nie richtig Feierabend haben.
- **Die Grenzen zwischen privat und öffentlich verschwimmen.** Die Geheimnisse, die man früher in kleine Bücher mit Vorhängeschlössern geschrieben und in Schreibtischschubladen gelegt hat, werden heute sichtbar für alle in den sozialen Medien veröffentlicht. Persönliche Unstimmigkeiten, die man früher nur flüsternd austrug, dass niemand von außen zuhören konnte, werden heute durch den ganzen Bus oder Zug gebrüllt – oder online breitgetreten. Alle können am Familienstreit oder an den Spannungen im Betrieb teilnehmen. Die verstecktesten zarten Blumen im Garten werden von Menschen niedergetrampelt, die dort überhaupt nichts zu suchen haben. Die Folgen sind deutlich zu erkennen: Selbstwertgefühle sinken und in Beziehungsfragen haben Menschen immer stärkere Unsicherheiten.

- **Die Grenzen zwischen wesentlich und unwesentlich verschwimmen.** Das Menü zeigt Icons für alles, sagt aber nichts darüber, was wesentlich oder unwesentlich ist. Das Wetter ist genauso wichtig wie die Bilder der Kinder. Das Video von der niedlichen Katze ist genauso wichtig wie der Nachrichtenausschnitt über die letzte Klimakatastrophe. Was macht das mit dem inneren Kompass?
- **Die Grenzen zwischen wahr und falsch verschwimmen.** Es ist bekannt, dass falsche Nachrichten und dramatische Headlines sich schneller und effektiver verbreiten als wahre und nuancierte. Das Internet hat eine eingebaute Tendenz, das Negative und Destruktive zu begünstigen. Die Schnelligkeit führt dazu, dass nicht mehr recherchiert wird, was wirklich wahr ist. Wenn das Dementi dann irgendwann kommt, ist das Kind dann oft schon in den Brunnen gefallen. Das Vertrauen in die Wahrheit hat einen weiteren Dämpfer verpasst bekommen und die Menschen haben gelernt, nichts und niemandem mehr zu trauen. »Das erste Opfer des Krieges ist die Wahrheit«, heißt es. Im Internet ist diese Schlacht bereits verloren. Aber wer hat gewonnen?
- **Die Grenzen zwischen Freiheit und Zwang verschwimmen.** Was uns an der digitalen Mobilität ködert, ist die versprochene Freiheit. Man kann jeden kontaktieren, jedwede Musik hören, jeden beliebigen Film ausleihen und alle Informationen dieser Welt lesen, wann und wo es einem beliebt. Wenn dann ein Teenager in der Statistik über seine Bildschirmzeit entdeckt, dass er in einer Woche 38 Stunden im Internet war, und sich fragt »Was mache ich hier eigentlich?«[46] – ist das dann Freiheit? Wenn neunzig Prozent der Passagiere im Bus auf einen Bildschirm starren und weder

die Landschaft draußen noch die Menschen um sich herum sehen, haben sie dann wirklich alle bewusst entschieden, ihr Leben so zu leben? Oder stecken sie in etwas fest, aus dem sie nicht mehr herauskommen?

- **Die Grenzen zwischen Mensch und Maschine verschwimmen.** Das Smartphone ist wie ein schwarzes Loch: Es schluckt alles. Es hat schon die Kamera, den Kalender, die Taschenlampe, die Uhr und einige andere Dinge gefuttert. Jetzt schluckt es langsam auch den Computer und das Tablet, indem immer mehr Bildschirmzeit dorthin verlegt wird, wo man sie nicht mehr loswird: an unseren Körper. Es frisst immer mehr unserer Zeit, unserer Beziehungen und unseres Selbstwerts. Wir haben es einst nach unserem Abbild geschaffen, damit es auf unsere Bedürfnisse reagiert. Jetzt wird uns viel zu spät klar, dass es dabei ist, uns zu seinem Abbild zu machen: Wir reagieren immer mehr auf die Bedürfnisse der Technologie.

In Psalm 115 findet sich eine gruselig präzise Beschreibung solcher Götter: »Ihre Götzen sind aus Silber oder Gold, von Menschenhand gemacht. Obwohl sie einen Mund haben, können sie nicht reden, obwohl sie Augen haben, sehen sie doch nicht! Mit ihren Ohren können sie nicht hören, mit ihren Nasen nicht riechen, mit ihren Händen nicht fühlen, mit ihren Füßen nicht gehen und aus ihren Kehlen kommt kein Laut hervor! Und die, die sie gemacht haben, sollen ihnen gleichen, alle, die auf sie vertrauen« (Psalm 115,4-8).

Die, die sie gemacht haben, sollen ihnen gleichen. Es beginnt damit, dass der Mensch Götter nach seinem Abbild schafft. Und es führt dazu, dass der Mensch ein Abbild seiner Götter wird. Was damit begann, dass der Mensch ein Werkzeug in die Hand bekam, um mit anderen Menschen zu kommunizieren, endet damit, dass er selbst wie sein Werkzeug funktioniert.

Das Handy schafft den mobilen Menschen: immer auf dem Sprung, unendlich flexibel, nie anwesend, mit dem beständigen Gefühl, einerseits die volle Kontrolle zu haben und andererseits vermutlich irgendetwas noch schmerzlicher zu verpassen. Hier treffen sich der Markt und die Technik in einer ultimativen Symbiose. Das, was man uns als Freiheit verkauft, ist genau das, was der Markt braucht, um noch schneller zu laufen.

Sollte jemand glauben, dass man diese Kräfte in der Gemeinde im Zaum halten könnte, wäre das eine ahnungslose Überschätzung der eigenen Stärke – und eine ebenso große Unterschätzung der Mächte, denen wir Zugang gewährt haben. Ein tagesaktueller Hauch dieser Welt in meiner morgendlichen Tageszeitung mag als Erinnerung reichen, womit wir es zu tun haben. Lars-Åke Tollemark, Vorstand des wohl größten skandinavischen Shoppingzentrums, kommentiert die Geschäfte mit der eiskalten Logik des Marktes:

> Wir leben von Neuigkeiten. Es funktioniert nicht, wenn die Kunden bei jedem Besuch das gleiche Geschäft sehen. Wer wirtschaftlich unterdurchschnittliche Leistung bringt, mit dem sprechen wir. Ist dann keine Verbesserung zu sehen, trennen wir uns.[47]

Sich wieder erlauben, Mensch zu sein

Sich so ausgiebig mit den menschenfeindlichen Einflüssen der Welt auf die Gemeinde zu beschäftigen, kann wie eine Kapitulation vor dem Übermächtigen erscheinen. Wie ein Beleg dafür, dass sie schon gewonnen haben. Ist es nicht besser, sich auf das zu konzentrieren, was man Gutes tun kann, statt das Niederschmetternde zu beschreiben?

Ja und nein. Wenn die Badewanne leckt, ist es egal, wie viel Wasser Sie einlaufen lassen – sie wird nie voll werden. Wenn das Fenster offen ist, können Sie heizen, so viel Sie wollen – im Haus wird es trotzdem nicht warm. Vor diesen Mächten die Augen zu verschließen und sich stattdessen auf neue Methoden für die Gemeindearbeit zu konzentrieren, ist der sichere Weg in Frustration, Burn-out und Resignation.

Wollen Sie mit Ihrer Gemeindearbeit ans Ziel kommen, sollten Sie schnellstmöglich die Energieräuber identifizieren und ihnen einen Riegel vorzuschieben. Schritt für Schritt.

- **Beenden Sie den Kult des Perfekten.** Ob es nun um die perfekte Organisation geht, den perfekten Gottesdienst, die perfekte Predigt, den perfekten Lobpreis oder was auch immer perfekt gestaltet werden soll. Wenn eine Führungsperson oder wenn Ihre Gemeinde genauso schön und leblos ist wie die griechische Skulptur, zeigen Sie den Menschen nicht das Evangelium. Wie der Kirchenvater Ireneus sagt: »Die Ehre Gottes ist der lebendige Mensch.« Nicht der perfekte!
- **Begrenzen Sie Managementmethoden radikal.** Die Tyrannei der Messbarkeit muss gebrochen werden, wenn der lebendige Gott freien Spielraum in der Kirche haben soll. Detailplanung und Kontrollzwang müssen vor kreativer Fantasie zurückstehen und die Initiative des Einzelnen zulassen.

Wie bei allen Erweckungen müssen zunächst die falschen Götter beim Namen genannt werden, sodass sich die Menschen aus deren Griff befreien können. Im 19. Jahrhundert verfluchte man besonders den Alkohol. Die IT-Droge ist heute gesellschaftlich bedeutend anerkannter – und vielleicht gerade deshalb umso gefährlicher. Wenn christliche Führungspersonen mit dem Evangelium der Freiheit zu jenen Menschen vordringen sollen, die sich nicht selbst aus dem Griff des Smartphones befreien können – wo müssen sie dann beginnen? Genau, bei sich selbst.

Theologie wird zur reinen Theorie, wenn sie von menschlichen Erfahrungen getrennt wird. Die Verkündigung verkümmert, wenn sie keinen physischen Ausdruck finden: im künstlerischen Schaffen beispielsweise oder in anderer konkreter Arbeit. Das Evangelium wird zu einem heimlichen Gefühl, wenn es nicht unsere politischen Verhältnisse, unser Arbeitsleben und unsere Wirtschaft anrühren darf.

Darf man hier Mensch sein oder muss man seine Menschlichkeit draußen lassen, wenn man in die Kirche geht?

Darf man hier Mensch sein oder muss man seine Menschlichkeit draußen lassen, wenn man in die Kirche geht? Zum Menschsein gehört ein weites Spektrum an Erfahrungsräumen, Ausdrucksweisen und Empfindungen. Perfektion, im Sinne von makelloser Fehlerlosigkeit, gehört nicht dazu.

Es gibt zu viele christliche Gruppen, in denen die Menschen beispielsweise glauben, als Christ müsse man immer freundlich und ausgeglichen sein und dürfe niemals wütend werden. Die Folge ist dann, dass Konflikte im Dunkeln ausgefochten werden. So befördern wir entweder eine unvorstellbare Explosionskraft, die blind um sich schlägt, wenn der Betroffene einfach nicht mehr stillhalten kann (vielfach zu beobachten bei Christen in unserer Zeit). Oder es entwickelt sich ein kalter Zorn und Kummer, der zu Depressionen führen kann. Genauso unmenschlich wie die griechische Skulptur des idealen Menschen ist, genauso unmenschlich ist eine christliche Gemeinde, die versucht, die »Identität in Christus« darzustellen, statt einfach ehrlich sie selbst zu sein.

Es ist allerdings ein wichtiger Unterschied, ob man wütend oder aggressiv ist. Unser Hufschmied sagte einmal: »Ein Pferd hat kein

Problem damit, wenn der Herr wütend wird. Deutliche Reaktionen sind in der Pferdeherde eine Selbstverständlichkeit, wenn die Pferde miteinander kommunizieren. Aber wenn der Herr aggressiv ist, dann wird kein Pferd der Welt das Vertrauen in ihn bewahren. Dann ist die Flucht reiner Selbsterhaltungstrieb.«

Menschlich zu sein bedeutet nicht nur, Gefühle zu haben, sondern diese Gefühle auch zu zeigen. Wenn wir an diesem Punkt zweifeln, zeigt das nur, wie flüchtig unsere Bekanntschaft mit den Menschen der Bibel ist, ganz zu schweigen von Jesus selbst. Alles andere ist langfristig unmenschlich und führt dazu, dass es Menschen nicht gut geht.

Man merkt das unter anderem da, wo Beziehungen am nächsten sind – oder sein sollten. »Wir haben uns nie gestritten«, hört man manchmal von Eheleuten. Natürlich mag es Fälle solcher verblüffend harmonischen Beziehungen geben, aber ich habe bislang noch keine getroffen. Dieser Kommentar ist immer ein Warnsignal – übrigens auch in der ersten ahnungslosen Zeit meiner eigenen Ehe. Hier wurden Konflikte unter den Teppich gekehrt und es ist nur eine Frage der Zeit, bis sie sich dann doch bemerkbar machen. Es ist Zeit, den Deckel zu heben und ernsthaft an der Beziehung zu arbeiten, wenn die Ehe nicht bald ihr verkürztes Mindesthaltbarkeitsdatum überschreiten soll.

Stärke und Schwäche – beides ist menschlich

Das klassische Vorbild religiöser Unmenschlichkeit sind die Pharisäer: »Oft kamen Steuereintreiber und andere, die als Sünder galten, um Jesus lehren zu hören. Die Pharisäer und Schriftgelehrten nahmen Anstoß daran, dass er sich mit so verrufenen Leuten abgab und sogar mit ihnen aß« (Lukas 15,1-2). Und einer, der alles richtig gemacht hat, betet das stolzeste Gebet der Bibel: »Ich danke dir, Gott, dass ich kein Sünder bin wie die anderen Menschen, wie die Räuber und die Ungerechten, die Ehebrecher oder besonders wie dieser Steuereintreiber da! Denn ich betrüge niemanden, ich begehe keinen Ehebruch, ich faste zwei Mal in der Woche und gebe dir regelmäßig den zehnten Teil von meinem Einkommen« (Lukas 18,11-12).

In so einer Gemeinde werden die Schwachen unbarmherzig hinausgejagt. Doch wenn wir den Bezug zu unserer echten und einfachen Menschlichkeit verlieren, weil wir diese als »Schwäche« abtun, dann verlieren wir auch die Starken in der Gemeinde. Es besteht dann die Gefahr, ihren Hunger nach radikaler Hingabe nicht länger als Gabe für die Kirche zu erkennen, sondern ihn ganz postmodern als elitär zu interpretieren – eine große Sünde, die Leute dazu bringt, sich ausgeschlossen zu fühlen.

Die Autorin Gunnel Vallqvist (1918–2016) beschreibt dieses Phänomen in ihrer Analyse eines Stücks von T. S. Eliot. In dem Stück *Die Cocktailparty* ist Celia das, was Gunnel Vallqvist einen »Menschen der Extreme« nennt:

> Die Verzweiflung ereilt einen Menschen, der geglaubt, gehofft oder jemanden oder etwas geliebt hat, das seine Erwartungen schon zuvor enttäuscht hat. Wer nicht mehr erwartet, als er bekommen kann, verzweifelt nicht – das ist eine Binsenweisheit. Aber Menschen wie Celia erwarten notwendigerweise das Absolute und ausgehend von diesem Postulat gestaltet sich ihr Schicksal.
>
> Die Grundeinstellung eines solchen Menschen zur Liebe ist Hunger, Begier. Er streckt sich mit verzweifelter Kraft aus nach

> etwas, das die Leere füllt, die er in sich verspürt. Und es ist diese Leere – die sogar, positiv ausgedrückt, Raum ist, »Kapazität« im etymologischen Wortsinn –, die für die Stärke seines Begehrens entscheidend ist. Denn die Begierde wird nicht von dem Vermögen des Objektes zufriedenzustellen bestimmt, sondern von dem Vermögen des Subjekts zu empfangen. Deshalb müssen Celia und ihresgleichen das Absolute begehren, wenn sie lieben. Etwas, das sowohl immanent wie transzendent absolut ist, das ist gleichbedeutend mit Gott, ein Gott, der Schöpfer und Ursprung des Menschen und seiner Begierde ist …[48]

Natürlich fielen auch viele Heilige in diese Kategorie, jene Heilige, die Gunnel Vallqvist in einem anderen Buch »die wirklichen Führungspersonen« der Kirche nennt.[49] Gibt es in unseren Gemeinden Platz für Heilige in Vallqvists Sinn? Oder jagen wir sie genauso effektiv hinaus wie irgendwelche Sünder, nur weil wir sie nicht verstehen oder uns vielleicht von ihnen bedroht fühlen? Gunnel Vallqvist schreibt:

> Menschen wie Celia sind Menschen der Extreme. Ihr Weg ist steil, egal, in welche Richtung – er führt nie in langsam steigenden oder abfallenden Serpentinen. Nach der Reformation und besonders im 18. Jahrhundert hat die Welt in höchstem Grad so getan, als ob es solche Menschen überhaupt nicht gäbe – man geht ohne Weiteres davon aus, dass alle auf »normalem Weg« anständige Christen oder angenehme Mitmenschen werden können.
> Aber keine Lebensanschauung kann die psychische Struktur, den Ausdruck der Berufung eines Extremmenschen ändern. Ist ihm der Weg nach oben nicht offen, stürzt er sich steil

nach unten. Menschen, die als das in irgendeiner Form personifizierte »Böse« erscheinen, sind oft nichts anderes als Mystiker auf Abwegen.
Genauso verhält es sich mit etlichen Individuen, die mehr oder weniger deutlich das psychische Gleichgewicht verlieren. In der modernen säkularisierten Welt bleibt Extremmenschen nichts anderes mehr als Abwege – der einzige Weg, der sie zum Ziel führen könnte, ist vergessen.[50]

Dieser Weg öffnet sich in Jesus Christus, dem wahren Gott und wahren Menschen. Nur in ihm finden wir schließlich den passenden Abgrund für unseren existenziellen Hunger – nach Gott und unserer bedrängten Menschlichkeit. In Christus können sich Gott und Mensch endlich begegnen, ohne dass der eine eine Bedrohung für den anderen darstellt.

Wahre Hingabe ist eine Antwort auf Gottes Güte.

Dort können wir auch erkennen, was wahre Hingabe ist – und was Überspiritualität. **Wahre Hingabe** ist eine Antwort auf Gottes Güte. Sie formt sich aus dem ganzen Register menschlicher Gefühle, dem Willen und der Vernunft. **Überspiritualität** ist die Antwort auf das, was als Bedingung Gottes gesehen wird. Sie leidet chronisch an einem Mangel an Menschlichkeit.

Woran wir den lebendigen Gott erkennen können

Als die Hirten mitten in der Nacht hören, dass Gott zur Welt gekommen ist, bekommen sie von den Engeln folgendes Zeichen: »Und daran könnt ihr ihn erkennen: Ihr werdet ein Kind finden, das in Windeln gewickelt in einer Futterkrippe liegt« (Lukas 2,12).

Daran könnt ihr in erkennen. Wir erkennen den lebendigen Gott daran, dass er in menschlicher Gestalt kommt. Wie der Evangelist Johannes schreibt: »Er, der das Wort ist, wurde Mensch und lebte unter uns. Er war voll Gnade und Wahrheit und wir wurden Zeugen seiner Herrlichkeit, der Herrlichkeit, die der Vater ihm, seinem einzigen Sohn, gegeben hat« (Johannes 1,14).

Das ist auch das Zeichen für jede wahre Spiritualität, das Johannes uns an die Hand gibt:

> Liebe Freunde, glaubt nicht jedem, der behauptet, was er sagt, käme vom Heiligen Geist. Ihr müsst die Menschen prüfen, um festzustellen, ob der Geist, durch den sie reden, wirklich der Geist Gottes ist. Denn es gibt zahllose falsche Propheten in der Welt! Und so erkennt ihr den Geist Gottes: Jeder, der bekennt, dass Jesus Christus wirklich als Mensch auf die Erde gekommen ist, hat den Geist Gottes. Wer Jesus so nicht bekennt, gehört nicht zu Gott. In einem solchen Menschen ist der Geist des Antichristen. Ihr habt ja gehört, dass dieser Geist in die Welt kommen wird, und er ist tatsächlich schon da.
> *1. Johannes 4,1-3*

Aber bekennen nicht alle Christen, dass Gott in Christus Mensch wurde? Vielleicht. Aber in den Johannesbriefen findet sich ein immer wiederkehrender Test: »Wenn wir sagen, dass …; lebt aber so, dass …« Was zählt, ist das Leben, nicht das Wort. Das heißt, dass eine Gemeinde oder eine Führungsperson zwar sehr wohl das richtige Bekenntnis verinnerlicht haben kann. Wenn aber das Menschliche in der Praxis unterdrückt, verleugnet oder verachtet wird – dann wird die Inkarnation verleugnet. Dann leben wir nicht danach, dass Gott Mensch geworden ist. Dann gehen wir nicht den Weg zu Gott, den Christus für uns geebnet hat.

Um uns die Säkularisierung der Kirche nicht eingestehen zu müssen, reden wir gerne davon, den »Gottesdienst ins Zentrum« zu stellen. Damit ist dann eine Kursregulierung gemeint, die uns davon abhält, uns mit allzu viel anderem beschäftigen zu müssen. Ich habe mit dieser Formulierung immer schon meine Schwierigkeiten gehabt. Ich finde im Neuen Testament keinen Hinweis darauf, dass der Gottesdienst ins Zentrum gehört. Da ist Jesus das Zentrum – nicht ganz das Gleiche wie der Gottesdienst. Er sagt selbst: »Denn wo zwei oder drei zusammenkommen, die zu mir gehören, bin ich mitten unter ihnen« (Matthäus 18,20).

Leben wir danach, dass Gott Mensch geworden ist?

Ich habe einige kritische Anfragen an diesen Fokus:

- Welche Bedürfnisse treiben uns an, wenn wir den Gottesdienst ins Zentrum stellen?
- Wie sehr geht es um das Bedürfnis der Mitarbeiter, gesehen zu werden?
- Wie lässt sich die gigantische Priorisierung von Zeit, Geld und Energie für die Gottesdienste im Verhältnis zu den zahllosen menschlichen Bedürfnissen drumherum rechtfertigen?
- In welchem Maß festigt sich das Zwei-Welten-Denken der Menschen dadurch, dass alle Aufmerksamkeit auf den Gottesdienst gelenkt wird: »Gott wohnt in der Kirche und die Welt da draußen ist säkular«?

Jesus tritt in einer Kultur auf, in der der Tempel und der Gottesdienst den Nabel der Welt bilden. Alles muss sich diesen religiösen Strukturen unterordnen. Ein großer Teil des Widerstands des Establishments gegen Jesus wurde geweckt, weil er konsequent die Menschen verteidigte, wenn die menschlichen Bedürfnisse mit den religiösen Strukturen in Konflikt gerieten. Damit bedrohte er die Machtposition der religiösen Führer.

Als die Jünger am Sabbat hungrig werden und von den Ähren auf dem Feld essen, verstoßen sie gegen das Sabbatgebot. Da tritt Jesus zu ihrer Verteidigung auf: »Der Sabbat wurde zum Wohl des Menschen gemacht und nicht der Mensch für den Sabbat. Und deshalb ist der Menschensohn auch Herr über den Sabbat« (Markus 2,27-28).

Als er einen behinderten Mann am Sabbat in der Synagoge trifft, fragt er zuerst: »Ist es nach dem Gesetz erlaubt, am Sabbat Gutes zu tun, oder ist es ein Tag, um Böses zu tun? Ist dies ein Tag, um Leben zu retten oder zu vernichten?« (Markus 3,1-6). Als eisiges Schweigen die Antwort bleibt, ruft Jesus den Mann zu sich und heilt seine gelähmte Hand. Da beschlossen die religiösen Führer, mit den politischen Führern zusammenzuarbeiten und Jesus aus dem Weg zu räumen.

Wenn die menschlichen Bedürfnisse mit dem religiösen System in Konflikt geraten, ist es laut Jesus also der Mensch, dem Vorrang zu geben ist. Das muss dann logischerweise bedeuten, dass, wenn Jesus im Zentrum ist, der Mensch Priorität hat, nicht das Geschäftliche.

Das bedeutet, dass wir bei jeder Entscheidung, die ansteht, den Menschen zuerst beachten: Mensch vor Geld, Mensch vor Technologie, Mensch vor der Organisation, Mensch vor Effizienz, Mensch vor Business-Denken und Gewinn. Es gilt sogar, den Menschen vor der Spiritualität zu setzen.

Jemand außerhalb von mir

Aber: Das heißt niemals, dass wir den Menschen vor das Evangelium stellen. Genau gegenüber dieser Versuchung ist der säkulare

Humanismus blind, trotz aller guten Absichten, den Menschen zu befreien. Wenn »der Feind der Natur des Menschen« uns nicht daran hindern kann, den Menschen vorzuziehen, versucht er uns zu einem anderen Schritt zu bewegen: Wenn der Mensch mit dem Evangelium in Konflikt gerät, muss das Evangelium geändert werden.

Und im Ergebnis? Jesus sagt: »Die Gesetzlosigkeit wird immer mehr überhandnehmen und die Liebe wird bei vielen erkalten« (Matthäus 24,12). Wenn es keine gemeinsame Wahrheit mehr gibt, die für alle gleich ist und vor der sich alle beugen müssen, ist der Mensch nicht länger liebevoll und großzügig – sondern verweist nur noch auf seine Filterblase und hat Schwierigkeiten, anderen die Tür zu öffnen. Isoliert in seinem eigenen Deuten und Denken wird er zur leichten Beute für bedeutend stärkere politische und wirtschaftliche Mächte, die stets autonome Individuen den organisierten Gemeinschaften vorziehen.

Es gibt viel zu viele abschreckende Beispiele dafür, was passiert, wenn sich der Mensch auf diese Weise zum Maß aller Dinge macht und sich selbst auf Gottes Platz erhebt. Wir müssen nur auf das »Naturgesetz« der Nationalsozialisten schauen, um den Zusammenhang zu sehen: Wenn der Mensch sich zum Gott erhebt, ist er nicht mehr menschlich – dann wird er zum Monster. So schaffen wir eine wirklich menschenfeindliche Gesellschaft. Dieser Zusammenhang war vor vielen Tausend Jahren, als die Psalmen geschrieben wurden, offenbar schon bekannt:

> Die Gottlosen müssen hinab zu den Toten. Das ist das Schicksal aller Völker, die Gott nicht achten! Denn die Armen werden nicht für immer vergessen, die Hoffnungen der Notleidenden werden nicht auf ewig verloren sein! Erhebe dich, Herr! Lass nicht zu, dass die Menschen zu mächtig werden!
> *Psalm 9,18*

Wie immer sind es die Armen, denen es zuerst dreckig geht, wenn die omnipotenten Menschen die Macht an sich reißen. Das zeigt sich auch in einem anderen Psalm:

> Der Herr soll ihrer Heuchelei ein Ende machen und die stolzen Menschen vernichten, die sagen: »Mit unserem Reden erreichen wir alles; wir haben das Recht dazu. Wer könnte uns aufhalten?« Der Herr antwortet: »Weil den Hilflosen Gewalt angetan wird und die Armen leiden, will ich eingreifen, um sie zu retten, ich will denen helfen, die sich danach sehnen!«
> *Psalm 12,4-6*

Eigentlich ist das gar nicht so verwunderlich. Wenn das Grundproblem des Menschen ist, dass er, wie Augustinus sagt, *incurvatus in se*, in sich selbst zusammengekrümmt ist, kann er sich nicht selbst befreien. Erst recht nicht nach seinen eigenen Maßstäben. Er muss vor etwas oder jemanden gestellt werden, der größer ist als er selbst, jemand, über den er selbst nicht die Kontrolle haben kann, jemand, der seine Kreise verschiebt und ihn aus seiner Verkrümmung herausruft. Er muss ein Du treffen, das ihn aus der Selbstgefälligkeit befreit, die mehr als alles andere seine Menschlichkeit verdunkelt.

Der Feind der Natur des Menschen versucht mit allen Mitteln, das als eine Bedrohung für den Menschen darzustellen. »Bist du gekommen, um uns zu töten?« Schon seit der Schlange im Paradies ist die Botschaft im Prinzip die gleiche: Gott sei derjenige, der den Menschen kleinhalten, ihn begrenzen, erniedrigen will. Deshalb müsse der Mensch Gott den Rücken kehren, um sich zu voller Größe aufrichten zu können. Und jedes Mal, wenn der Mensch in diese Falle getappt ist, merkt er, dass er ein Stück Menschlichkeit verloren hat: Er wird ängstlich, schamerfüllt, entwurzelt und rastlos.

Dass der Mensch in der Gemeinschaft der Kirche willkommen ist, bedeutet also nicht, dass der Mensch das Zentrum ist. Erst, wenn das nicht der Fall ist, können wir uns fallen lassen und wir selbst werden. Eine solche Kirche, die Gott und den Menschen ernst nimmt, wächst.

4

DER KÜRZESTE WEG ZUM HERZEN DES ANDEREN – Unsere Sendung im Pulsschlag von Jesus

In seinem Buch *Downtown Monks* berichtet der Benediktinermönch Albert Holtz, wie er und seine Brüder ihre Klosterberufung gestalten. Er lebt im Zentrum von Newark, einer Stadt im amerikanischen Bundesstaat New Jersey. Als das Kloster 1857 gegründet wurde, lag es wie alle Benediktinerklöster außerhalb der Stadt. Aber weil die Stadt wuchs, ist das Kloster mittlerweile ein Teil der Innenstadt. Wie in den meisten amerikanischen Städten bringt die Abwanderung der Reicheren in die Vororte Probleme mit sich. Im Zentrum bleiben oft die Mittellosen zurück, die zwischen Drogen, Gangs und Kriminalität um ihre Existenz kämpfen.

Da die gesamte benediktinische Spiritualität auf dem Gebot der *stabilitas loci,* einer Ortsgebundenheit, beruht, wussten die Brüder bald: Es war keine Option, mit dem Kloster umzuziehen. Dieser Beschluss allein war schon ein Evangelium für das Umfeld, meint Bruder Albert:

> Unsere Beständigkeit des Ortes in der Innenstadt ist eine wichtige Botschaft für unsere Nachbarn, deren Leben oft von Pessimismus, Müdigkeit und Enttäuschungen erfüllt ist. Wenn

> wir bleiben, wo wir sind, und versuchen zu sein, wozu wir berufen sind, sagen wir unseren Brüdern und Schwestern in der Stadt: »Ihr müsst nicht irgendwo anders hinziehen, um Gottes Reich zu finden. Schaut euch nur um, wo ihr seid: Gott ist in der City.«[51]

Das Kloster betrieb viele Jahre lang eine Schule, aber im Zuge der städtischen Entwicklung blieben die Schüler aus und schließlich musste die Schule schließen. Wie sollten die Brüder sich nun engagieren? Mit Exerzitien? Mit etwas anderem? Nachdem sie eine Weile gemeinsam überlegt hatten, kehrten sie zu ihrer eigenen Überraschung schließlich zur ursprünglichen Vision zurück. Sie hatten die Räumlichkeiten und massenweise Erfahrung im Unterrichten. Warum sollten sie sich nicht an die Kinder aus der Nachbarschaft wenden? Sicherlich eine große Herausforderung, aber die Berufung und die Not waren offenkundlich.

Als der Beschluss trotz aller Bedenken gefasst war, versammelten sich die Brüder zu einer dreitägigen Besprechung. Sie tauschten Gedanken, Hoffnungen und Visionen zu der geplanten Schule aus. Bruder Albert berichtet von einer Abendversammlung:

> Wir sind bei der Frage angelangt: »Welche Theologie legst du der Ausbildung zugrunde?« Nun bin ich an der Reihe, meine Antwort vorzulesen. Ich räuspere mich, um sicherzugehen, dass mich alle hören. Ich habe immerhin gerade meinen Master in Pädagogik am *Columbia Teachers College* gemacht und diese Frage gibt mir die Chance, das anzuwenden, was ich gelernt habe – und damit ein bisschen zu brillieren.
> Ich liefere ein kurzes, aber blendendes Referat über den Wert des Individuums und die Pflicht der Schule, jene Bega-

bungen zutage zu fördern, die Gott jedem Schüler mitgegeben hat. Als ich fertig bin, lehne ich mich in dem quietschenden Sofa zurück, sehr zufrieden mit meiner gut formulierten Antwort, und sehe mich unter meinen Brüdern um. Wenn jemand beeindruckt ist, dann zeigen sie es zumindest nicht. Auf dem Stuhl neben mir sitzt der 63-jährige Bruder Denis. Nun ist er an der Reihe.

»Welche Theologie ich zugrunde lege?« Auch er räuspert sich kurz, zuckt dann die Achseln und schaut auf seine im Schoß gefalteten Hände. Die Knöchel sind von Arthrose angeschwollen. Dann sieht er auf und sagt mit beinahe milder Stimme: »Meine Theologie? Tja, ich nehme an, dass wir die Kinder einfach lieben müssen. Das ist wohl das, worum es geht. Wir müssen die Kinder einfach lieben.«

Er kneift die Lippen zusammen, schaut uns andere durch seine dicke Brille geheimnisvoll an, als ob er sich fragt, ob es bei einer so selbstverständlichen Frage einen Haken gäbe.

Respektvolle Stille legt sich über die Gruppe. Wir begreifen alle, dass Bruder Denis erfasst hat, worum es wirklich geht. Ich, der Experte mit Masterabschluss, versuche mich ein wenig kleiner zu machen, indem ich in den Sofakissen versinke. Er hat in nur sechs Wörtern das wegweisende Prinzip zusammengefasst, das uns alles an die Hand gibt, was wir ab jetzt wissen müssen: »Wir müssen die Kinder einfach lieben.« Christi Befehl »liebt einander«, das Prinzip, nach dem er auch sein eigenes Leben lebte, hat Denis aufgenommen und mit beunruhigend einfacher Logik auf unsere noch nicht existierende Schule angepasst.[52]

Die gleiche einfache Logik beschreibt die DNA der christlichen Kirche in dieser Welt: »Denn Gott hat die Welt so sehr geliebt, dass er seinen einzigen Sohn hingab, damit jeder, der an ihn glaubt, nicht verloren geht, sondern das ewige Leben hat. … Und nach diesen Worten zeigte er ihnen seine Hände und seine Seite. Freude erfüllte die Jünger, als sie ihren Herrn sahen. Wieder sprach er zu ihnen und sagte: »Friede sei mit euch. Wie der Vater mich gesandt hat, so sende ich euch« (Johannes 3,16; 20,20-21).

Um treu nach dieser Sendung zu leben, ist nichts so wichtig wie, dass wir die Liebe von Jesus zu den Menschen mit denen teilen, denen wir dienen. Es ist die Liebe, die uns bleiben lässt, wenn andere fliehen. Es ist die Liebe, die alle anderen Ressourcen an Wissen, Geld und Gebäuden in ihre Schranken weist. Und es ist die Liebe, die die ganze Zeit nach dem kürzesten Weg zu den Herzen der anderen sucht.

Ohne den Pulsschlag von Jesus gefriert der Missionsbefehl zu einer mechanischen Anordnung an die Kirche, Resultate zu bringen. Oder er wird umgedeutet zu einer kirchlichen Legitimation der religiösen Vorstellungen, die die Leute ohnehin schon haben. Aber Jesus kam und sagte zu seinen Jüngern: »Mir ist alle Macht im Himmel und auf der Erde gegeben. Darum geht zu allen Völkern und macht sie zu Jüngern. Tauft sie im Namen des Vaters und des Sohnes und des Heiligen Geistes und lehrt sie, alle Gebote zu halten, die ich euch gegeben habe. Und ich versichere euch: Ich bin immer bei euch bis ans Ende der Zeit« (Matthäus 28,18-20).

Ohne den Pulsschlag von Jesus gefriert der Missionsbefehl zu reiner Mechanik.

Paulus tastet in seinen Briefen sogar noch weiter hinter das Sichtbare, hinter die Zeit, nach einem unverrückbaren und nicht konjunkturabhängigen Halt für den Auftrag der Kirche in der Welt. Einen Halt, der »schon vor Erschaffung der Welt« (Epheser 1,4) existiert hat.

So hat Gott uns nun seinen Willen erkennen lassen, der lange verborgen war, und uns seinen Plan mit Christus offenbart. Gott beschloss, wenn die Zeit dafür gekommen ist, alles im Himmel und auf der Erde der Vollmacht von Christus zu unterstellen …

Epheser 1,9-10

Obwohl ich der Geringste unter denen bin, die zu Christus gehören, hat Gott mich ausgesucht, um den anderen Völkern von dem großen Reichtum zu erzählen, der ihnen in Christus offensteht. Ich wurde berufen, allen den Willen Gottes zu erklären, den er, der Schöpfer aller Dinge, von Anfang an verborgen gehalten hatte.

Epheser 3,8-9

Bei der Sendung der Kirche in die Welt hat Gott die Initiative ergriffen. Sie ist nichts, was wir in unseren Vorstandstreffen planen oder beschließen. Die Sendung der Welt unter dem Namen »Inkarnation« dauert an. Der lebendige Gott, der in Jesus von Nazareth ein lebendiger Körper wurde, inkarniert sich noch immer durch die christliche Kirche. Gott ist nicht identisch mit der Kirche, er ist viel größer als sie. Aber er identifiziert sich mit der Kirche, die ein körperliches Zeichen seiner Anwesenheit mitten in unserer Kultur ist.

Die Kirche zwischen rechts und links

Sendung ist nicht die Antwort auf unseren Wunsch nach einer sinnvollen Freizeitgestaltung. Sendung ist die Antwort auf unsere tiefsten existenziellen Bedürfnisse. So formuliert es auch Gunnel Vallqvist:

> Alles Leiden hat seine Wurzeln in der Sünde des Menschen. Sie hat einen Abgrund undurchdringlicher Dunkelheit zwischen ihm und Gott gerissen, der ihn zur Gemeinschaft mit ihm geschaffen hat. Die Menschlichkeit vegetiert in dieser Dunkelheit und das löst Angst aus. Jene Angst wächst und verdichtet sich im gleichen Maß, wie Illusionen und Utopien zersplittern. Und dann wird der Mensch unnachgiebig zurück in seine wahre Wirklichkeit gerufen: Es gibt keine der Welt eigene Möglichkeit zur Rettung vor dem Bösen, der Qual und dem Tod.[53]

Wenn das Dilemma des Menschen sich so gestaltet, wieso stellen dann immer mehr Kirchen Kommunikationsexperten ein statt Evangelisten? Will man so die Kirche in unserer Kultur relevant machen? Oder ist es eher ein Zeichen dafür, dass die Kirche eine Gefangene der Kultur ist?

In diesem Fall wird der Auftrag nicht länger als lebensentscheidende Vermittlung einer rettenden Botschaft verstanden, sondern als eine marktwirksame Präsentation der Angebote der Kirche. Ehe *Me too* das Signalwort der Frauenunterdrückung wurde, war es schon ein Standardausdruck in der Werbebranche – für einen blassen Emporkömmling, der sich zwischen all den anderen starken Marken zu etablieren versucht. Der Fokus der Mission verschiebt sich von dem, wer Gott ist, hin zu dem kommunizierten Bild von dem, was wir tun. Zum Schluss ist die Kirche nur noch die Illustration der These des kanadischen Mediengurus Marshall McLuhan: »Das Medium ist die Botschaft.«

Solange die Kirche Gefangene ihrer Kultur ist, kann sie das Evangelium nicht akkulturieren.[54] Und hier scheint sich die Kirche zwanghaft in zwei widersprüchliche Formen kultureller Gefangenschaft zu begeben, die sich heutzutage weltweit ausbreiten:

Auf der einen Seite steht der **Rechtspopulismus**, der mit unterschiedlich ausgeprägten autoritären Mitteln über Nationen, Traditionen und ethnische Wurzeln wacht. Ein Feindbild ist das liberale Establishment, das durch Medien und akademische Forschung die Massen verführt und sie ihrer Rechte beraubt, ein ursprüngliches und authentisches Leben zu führen. Das andere Feindbild ist das Bild der gesichtslosen Horden von Flüchtlingen und anderen Einwanderern, die die eigene Kultur von außen durch fremde Werte bedrohen.

Auf der anderen Seite steht die **liberale Aufklärungstradition**, die über die Freiheit des Wortes wacht und über die Freiheit, sich über Grenzen und Werte aller Menschen und Kulturen hinauszubewegen. Hier stellen die rechtspopulistischen Bewegungen das Feindbild dar, die die Forschung infrage stellen, die freie Meinungsäußerung unterdrücken, die Demokratie untergraben und Mauern zwischen Ländern bauen.

So verschieden – und dennoch sind beide Lager in Kulturtraditionen gefangen, wo sie sich immer mehr in einem unversöhnlichen Kampf gegen die Welt des anderen verstricken. Beide Seiten können aus ihrer eigenen Perspektive nicht hinaus. Für die Rechten ist das Abriegeln nach außen Kernthema: Sie postulieren ein Land, das von Kultureliten und Einwanderern belagert wird. Aber auch die Verteidiger der Aufklärung scheinen nicht in der Lage zu sein, sich selbst von außen zu betrachten: Welche Fehler oder blinde Flecken in der liberalen Tradition führen dazu, dass sie immer weniger für die beste Lösung halten?

Beide Seiten verteidigen einen Status quo, selbst wenn er für sie völlig unterschiedlich aussieht. Keine der beiden Seiten schafft es, neue Denkmuster über das Leben des Menschen auf Erden zu entwickeln oder darüber, wie eine alternative Gesellschaft aussehen könnte.

Die Freiheit der Kirche von der Welt

Solange die christliche Kirche selbst Gefangene der Kultur ist, wird es ihr immer schwerer fallen, den Lockrufen dieser beiden Seiten zu widerstehen. Lassen Sie mich Beispiele für einen vernichtenden Überhang zur rechten Seite geben: USA, Polen, Ungarn, Brasilien. Doch auch die Christen, die sich der liberalen Seite anschließen, haben es oft genauso schwer, über ihren Tellerrand hinauszuschauen.

Wie passt ein autoritärer Nationalstaat mit Jesu Lehre von einer globalen Gemeinschaft aller Brüder und Schwestern zusammen? Wie kann man den Individualismus und die Verachtung gegenüber geistlichen Traditionen, wie es in der liberalen Aufklärungstradition gängig ist, mit der Loyalität der Kirche gegenüber Jesus als Herrn des Lebens auf einen Nenner bringen?

Solange die Kirche dieser Welt »gehört«, nimmt sie immer Bezug auf eine der Alternativen, die die Welt bietet. Sie ist nicht in der Lage, sie zu erkennen und in einem größeren Kontext auszuwerten. Darüber hinaus ist sie viel zu abhängig von der Bestätigung der Welt und ihrer Unterstützung, um eine ganz neue, eigene Richtung einschlagen zu können. Die politische Agenda der Welt wird schließlich zu ihrer eigenen. Dabei verliert sie sowohl ihre Identität als auch ihren Auftrag.

Jesus hat diese Risiken vorausgesehen, die im Grunde genommen jene Versuchungen waren, denen er selbst begegnet ist. Deshalb betet er am Abend vor der Kreuzigung für seine Jünger folgendes Gebet:

> Ich habe ihnen dein Wort gegeben. Die Welt hasst sie, weil sie genau wie ich nicht zur Welt gehören. Ich bitte dich nicht, dass du sie aus der Welt herausnimmst, sondern dass du sie vor dem Bösen bewahrst. Sie gehören genauso wenig zu dieser

Welt wie ich. Reinige sie und heilige sie, indem du sie deine Worte der Wahrheit lehrst. Wie du mich in die Welt gesandt hast, so sende ich sie in die Welt. Und ich gebe mich ganz für sie hin, damit auch sie durch die Wahrheit ganz dir gehören.
Johannes 17,14-19

Die Voraussetzung, um in die Welt gesandt werden zu können, ist Freiheit von der Welt. Nur eine Kirche, die tief in Christus verwurzelt ist, kann frei sein von den politischen, wirtschaftlichen und kulturellen Verführungen der Welt. Nur wer frei von der Welt ist, kann sie verändern.

Nur wer frei von der Welt ist, kann sie verändern.

In diesem Zusammenhang können wir zwei Voraussetzungen festhalten, wie das Evangelium inmitten einer Kultur, die Gott nicht kennt, Ausdruck findet – auf eine radikale Art und Weise.

1. Dämonisieren Sie die Umgebungskultur nicht.

Solange Sie Angst vor den kulturellen Zusammenhängen haben, haben sie Macht über Sie und Sie können nicht frei kreativ werden und Alternativen aufzeigen. Es handelt sich hierbei um ein **klassisches konservatives Missverständnis**, sich immer als Opfer von allerhand Verschwörungen und eines boshaften Umfelds zu sehen. Das ist das grundlegende Weltbild rechtspopulistischer Bewegungen auf der ganzen Welt.

Dass das wie die Beschreibung einer Welt, die »vom Bösen beherrscht wird« (1. Johannes 5,19), im Neuen Testament klingt, kann vielleicht erklären, warum so viele Christen in diese Falle tappen. Aber dann sieht man nicht, dass Jesus »die Welt überwunden« (Johannes 16,33) hat.

Die frühe christliche Kirche zeigt in der Apostelgeschichte keinerlei Anzeichen von Angst vor der Kultur, die sie umgibt. Auch keine Verachtung. Dass sich die Apostel in einem globalen Imperium mit anderen Göttern und Werten bewegen, scheint sie nicht zu bekümmern. Lassen Sie mich ein Beispiel geben: Ephesus war zur Zeit der Apostel die wichtigste Stadt in der Provinz Asien, ein politisches, wirtschaftliches und kulturelles Zentrum. Am bekanntesten war der gigantische Artemistempel, viermal so groß wie der Parthenon in Athen und eins der sieben Weltwunder der Antike. Die Göttin Artemis wurde mit vielen Brüsten dargestellt und war eng verknüpft mit dem Fruchtbarkeitskult. Auch der Kaiserkult spielte in Ephesus eine wichtige Rolle und wurde vom Provinzrat überwacht, unter dem Paulus viele gute Freunde hatte (Apostelgeschichte 19,31).

Als Paulus die Leiter der Gemeinde zu einer Abschiedsrede versammelt, verliert er kein Wort darüber, dass die hellenistische Kultur zukünftig eine Bedrohung für die Gemeinde darstellen könnte. Kein Wort der Warnung vor dem Kaiserkult und Roms totalitärer Macht über die verschiedenen Bereiche des Lebens oder vor dem religiösen Einfluss des Artemistempels mit all seinen Eunuchen-Priestern. Paulus' Warnung zielt auf etwas ganz anderes ab:

> Und nun seht euch vor! Achtet darauf, die Herde Gottes – seine Gemeinde, die er durch das Blut seines eigenen Sohnes erkauft hat – zu hüten und zu betreuen, über die der Heilige Geist euch als Älteste eingesetzt hat. Ich weiß genau, dass sich nach meinem Weggang falsche Lehrer wie böse Wölfe unter euch mischen und die Herde nicht verschonen werden. Ja, selbst einige von euch werden die Wahrheit verdrehen, um eine eigene Anhängerschaft an sich zu binden.
> *Apostelgeschichte 20,28-30*

Einige von euch… daher kommt die Bedrohung. Nicht von der umgebenden Kultur oder anderen Religionen. Null Verschwörungstheorie, maximaler Fokus auf die eigene Verantwortung der Kirche. Auch keine theokratischen Träume darüber, Ephesus mit christlichen Werten zu durchsäuern. Die Gemeinde steht vor der Herausforderung, auf ihrem eigenen Weg Christus nachzufolgen.

Wenn heute überhaupt eine christliche Kirche Grund zu einer nervösen Analyse der Umgebung hat, ist es die Kirche in Nigeria. Jahrzehntelang war sie Bedrohungen und brutalem Terror islamischer Gruppen wie Boko Haram und Funali ausgesetzt. Religionssoziologische Zukunftsanalysen deuten auf eine schrumpfende Kirche und einen wachsenden Islam hin. Vor diesem Hintergrund hat der Kommentar von Sunday Bobai Agang, Theologieprofessor in Nigeria, Gewicht:

> Ein geschickter Taschendieb arbeitet mit einem Partner, der das Opfer ablenkt, während der Dieb Brieftasche, Kamera oder Pass entwendet. Mal ist die Ablenkung ein unerwünschtes Gespräch oder der aggressive Versuch, etwas zu verkaufen, oder das zufällige Zusammenstoßen in einer Menschenmenge – da bekommt der Taschendieb seine Chance. Zurzeit werden die Christen ausgeraubt. Wir hören viel von der Bedrohung durch den radikal fundamentalistischen Islam. Manche meinen, es gäbe eine Islamisierungsagenda, die auf die Untergrabung traditioneller Einrichtungen abzielt und diese durch eine neue islamistische Ordnung ersetzen will. Ohne Zweifel sind viele abscheuliche Taten unter islamistischer Flagge begangen worden, das ist eine tatsächliche Gefahr. Aber die Wahrheit ist: Übertriebene Angst vor einer vermuteten Islamisierungsagenda kann in der Praxis die Christen von der wirklichen Bedrohung ablenken, die sie des

authentischen Zeugnisses und der Autorität der Christenheit beraubt.

Weiterhin beschreibt er, wie die Mächte dieser Welt sich durch Materialismus, Korruption, persönliche Unmoral und okkulte Einflüsse in die Kirche gefressen haben:

> Sowohl die traditionellen Kirchen wie auch die Pfingstgemeinden in Nigeria haben noch immer das Ziel, mit dem Evangelium neue Gruppen zu erreichen. Aber die ungesunde Betonung auf Gesundheit und Erfolg haben stetig das Gesicht der Christenheit in Afrika und der Welt verändert. Pastoren und Gemeindemitglieder haben mittlerweile größeres Interesse daran, große und schöne Kirchen zu bauen, als neue Gruppen von Menschen zu erreichen. Viele Pastoren sind geradezu von materiellem Eigentum besessen und besitzen mitunter einen oder mehrere Privatjets! Die Korruption christlicher Werte hat der Anbetung von Materialismus und dem eigenen Vergnügen den Weg gebahnt. Unser wahrer Gott ist nun der Mammon (Matthäus 6,24). Wir haben uns an das gehängt, was der amerikanische Theologe und Gesellschaftskritiker Reinhold Niebuhr Selbstliebe, Eigeninteresse und Machtwillen genannt hat.

Sein Fazit beschreibt unsere eigenen Grenzen:

> Gott hat uns nicht dazu berufen, mit dem Islam in den Wettbewerb zu treten. Er beruft uns zu einem heiligen Leben. »Denn es steht geschrieben: Ihr sollt heilig sein, weil ich heilig bin.« Zurzeit wird der christliche Glaube in Nigeria öffentlich blamiert und hat aufgrund von mangelnder Selbstbeherr-

schung, unserem gottlosen Leben und unserer mangelnden Integrität einen schlechten Ruf bekommen.[55]

Und damit wären wir bei der zweiten Voraussetzung für die Akkulturation des Evangeliums:

2. Betrachten Sie die Umgebungskultur nicht als Norm.

Das ist das **klassische liberale Missverständnis.** In ihrem Aufruhr gegen die Unterdrückung durch konservative Fesseln hat die liberale Christenheit die Mauern zur Umwelt eingerissen und Herz und Geist für die Reichtümer der Kultur geöffnet, in der sie lebt. Nichtchristliche Denker werden nicht länger als gefährlich für den Glauben wahrgenommen, sondern als stimulierender Beitrag zur theologischen Reflexion der Kirche. Die Auseinandersetzung mit Sündenkatalogen und frommen Normsystemen öffnet die Tür für neue Erfahrungen in unterschiedlichen Bereichen. Zugrunde liegt ein Vertrauen, dass Gott größer ist als die Kirche und dass die Umgebung der Kirche anscheinend mehr Möglichkeiten als Probleme bietet.

Statt Salz der Erde ist die Kirche nun der Zucker: eine süße Glasur auf einem Stück Plunder.

Das Problem dabei ist nur, dass es sich als unheimlich schwer erwiesen hat, die eingerissenen Grenzen und aufgeweichten Richtlinien durch neue und relevantere zu ersetzen. Die Vorstellung, dass das Evangelium sich ohne deutliche Zeichen verbreiten würde, ist vor der Erfahrung eingeknickt, dass wesentlich handfestere Agenden aus anderen Bereichen die wohlwollende Offenheit der Kirche ersetzt haben. Hier führt sich die Kirche auf wie Helikoptereltern: Sie glauben, dass ein Nein bedeutet, dass sie ihre Kinder nicht lieben.

Das Beispiel aus Nigeria und viele unserer westlichen Zusammenhänge zeigen: Letztendlich landen sowohl die liberale als auch die konservative Strömung völlig unerwartet im gleichen peinlichen Zustand. Die Umgebungskultur hat die Kirche übernommen. Und statt Salz der Erde ist die Kirche nun der Zucker: eine süße Glasur auf einem Stück Plunder. »Wozu ist Salz noch gut, wenn es seinen Geschmack verloren hat? Kann man es etwa wieder brauchbar machen? Es wird weggeworfen und zertreten, wie etwas, das nichts wert ist« (Matthäus 5,13).

So wie Rechtspopulismus und Aufklärungsliberalismus gleichermaßen beschränkt sind, scheinen konservative wie liberale Christen hilflos in der gleichen Gefangenschaft der Umgebungskultur zu landen. Der kulturelle Reichtum, der sich ihnen eröffnet hat, wurde allzu oft durch ein neues, weltliches Normsystem ersetzt, das die Kirche ihrer Identität und ihres Auftrags beraubt hat.

Eine göttliche Weder-noch-Position

Was ist in einer Kultur also bewahrenswert? Welche Kriterien gelten? Kann die Kirche auf natürliche Weise Teil der Kultur werden, ohne dabei ihre Seele zu verlieren?

In den alttestamentarischen Kriegsschilderungen gibt es eine verwunderliche Szene, ein größeres Fenster, das sich mitten in den geschlossenen Frontlinien öffnet:

> Als Josua in der Nähe von Jericho war, sah er plötzlich einen Mann, der ihm mit gezücktem Schwert in der Hand gegenüberstand. Josua ging auf ihn zu und fragte: »Gehörst du zu uns oder zu unseren Feinden?« »Weder noch«, antwortete er. »Ich bin der Anführer der Heerscharen des Herrn und bin

eben eingetroffen.« Da warf sich Josua voller Ehrfurcht vor ihm nieder. »Welche Befehle hast du für mich, deinen Diener?«, fragte er. Der Heerführer des Herrn antwortete: »Zieh deine Sandalen aus, denn du stehst auf heiligem Boden.«
Josua 5,13-15

Wenn wir Gott fragen, ob er im »Kulturkampf« auf unserer oder der gegnerischen Seite steht, antwortet er mit Nein. Er lässt sich in unsere Polarisierungen nicht hineinziehen. Vor ihm fallen all unsere Agenden zu Boden und wir beugen uns vor ihm, der allein heilig ist. Nichts in unseren menschlichen Kulturen ist heilig: keine Flagge, keine Grenze, keine Traditionen oder Werte. Unsere Kultur steht, wie alles andere in unserem Leben, unter Gottes Urteil. Er allein entscheidet darüber, was wertvoll ist und wovon wir befreit werden müssen.

Barfuß auf heiligem Boden zu wandeln, bedeutet, vorsichtig und aufmerksam zu gehen.

Wenn wir also im Zuge der Akkulturation des Evangeliums auf neue Menschen treffen, tun wir gut daran, dem Wort des Engels zu gehorchen: »Zieh deine Sandalen aus, denn du stehst auf heiligem Boden.« So schrieb auch die Lyrikerin Ylva Eggehorn vor vielen Jahren in einem Gedicht: »Schuhe sind für die harten Erfolge gemacht.« Barfuß auf heiligem Boden zu wandeln, bedeutet, vorsichtig und aufmerksam zu gehen. Es bedeutet, sich vor Gott zu beugen, dessen heiliger Gegenwart wir an den unwahrscheinlichsten Orten begegnen. Und es bedeutet auch, sich mit einem dienenden Herzen vor den Menschen zu beugen, die in allen Kulturen Abbild Gottes sind.

Dort, in Gottes heiliger Gegenwart, lösen sich langsam unsere kulturellen Vorurteile und Bindungen und wir können erkennen, wo Hindernisse und Brücken für die Verkündigung des Evangeliums liegen. Die gleiche Dialektik zwischen Freiheit und Verantwortung beschreibt auch Ignatius von Loyola für unser Leben:

> Der Mensch ist dazu geschaffen, um Gott unseren Herrn zu loben, ihm Ehrfurcht zu erweisen und ihm zu dienen und mittels dessen seine Seele zu retten; und die übrigen Dinge auf dem Angesicht der Erde sind für den Menschen geschaffen und damit sie ihm bei der Verfolgung des Ziels helfen, zu dem er geschaffen ist. Daraus folgt, dass der Mensch sie so weit gebrauchen soll, als sie ihm für sein Ziel helfen, und sich so weit von ihnen lösen soll, als sie ihn daran hindern. Deshalb ist es nötig, dass wir uns gegenüber allen geschaffenen Dingen in allem, was der Freiheit unserer freien Entscheidungsmacht gestattet und ihr nicht verboten ist, indifferent machen ..., indem wir allein wünschen und wählen, was uns zu dem Ziel hinführt, zu dem wir geschaffen sind.[56]

Ignatius greift immer wieder den Ausdruck *discreta caritas* auf, die erkennende Liebe. Genau wie bei Bruder Denis, dem Benediktiner aus Newark, ist die Liebe zu Gott und zu den Menschen die beste Voraussetzung dafür, den kürzesten Weg zu den Herzen der anderen zu finden. In seinen *Geistlichen Übungen* spricht er von der Wahrnehmung, die es braucht, um Menschen zu lesen und sich ihnen anzupassen. Das ist der Schlüssel zu der Mission der Jesuiten, sich an den unterschiedlichen Orten der Welt zu akkulturieren:

> Diese Übungen müssen je nach der Eignung derjenigen angewandt werden, die geistliche Übungen nehmen wollen, nämlich je nachdem sie Alter, Bildung oder Begabung haben, damit nicht einem, der schlicht oder von geringer Belastbarkeit ist, Dinge gegeben werden, die er nicht geruhsam

tragen und mit denen er keinen Nutzen haben kann. Ebenso muss man, je nachdem sie sich einstellen wollten, sie einem jeden geben, damit er mehr Hilfe und Nutzen haben kann.[57]

Inkarnation bedeutet, seinen eigenen Panzer aufzubrechen, um dem anderen zu begegnen. Paulus schreibt darüber, wie Jesus die Grundlagen dafür gelegt hat: »Seid bescheiden und achtet die anderen höher als euch selbst. Denkt nicht nur an eure eigenen Angelegenheiten, sondern interessiert euch auch für die anderen und für das, was sie tun. Geht so miteinander um, wie Christus es euch vorgelebt hat. Obwohl er Gott war, bestand er nicht auf seinen göttlichen Rechten. Er verzichtete auf alles; er nahm die niedrige Stellung eines Dieners an und wurde als Mensch geboren und als solcher erkannt« (Philipper 2,3-7).

Und Paulus folgt seinem Meister in dieser Spur:

Das bedeutet, dass ich an niemanden gebunden bin. Dennoch habe ich mich zum Diener aller gemacht, um möglichst viele für Christus zu gewinnen. Den Juden bin ich einer von ihnen geworden, um sie für Christus zu gewinnen. Bei denen, die sich an das Gesetz halten, verhalte ich mich ebenso – obwohl ich nicht unter dem Gesetz stehe –, damit ich sie für Christus gewinne. Wenn ich bei Nichtjuden bin, die das jüdische Gesetz nicht haben, passe ich mich ihnen so weit wie möglich an, um sie für Christus zu gewinnen. Allerdings lasse ich Gottes Gesetz dabei nicht außer Acht, sondern befolge das Gesetz, das ich von Christus habe. Wenn ich bei den Schwachen bin, werde ich bei ihnen wie ein Schwacher, um sie für Christus zu gewinnen. Ja, ich versuche bei allen Menschen eine gemeinsame Grundlage zu finden, um wenigstens einige von ihnen für Christus zu gewinnen. All das tue ich, um Gottes gute Botschaft zu verbreiten …

1. Korinther 9,19-23

Wie lässt sich dabei vermeiden, dass das Christentum zu einem Chamäleon mutiert, etwa wie in dem klassischen Einzeiler des amerikanischen Komikers Groucho Marx: »Das sind meine Prinzipien, und wenn sie nicht gefallen, habe ich auch noch andere«? Dazu kommen wir noch einmal auf das Paradox zurück, das in dem Gebet von Jesus sichtbar wird: Wir sind wie Jesus nicht von dieser Welt und wir sind wie Jesus in die Welt gesandt. Wir sind wie er sowohl in Gott als auch in der menschlichen Erfahrung verankert.

Soziale Kompetenz entfalten

Lassen Sie uns noch eine Weile der Spur von Ignatius folgen und schauen, wie das Leben nach innen und der Dienst nach außen zusammenspielen. Beginnen wir mit einem Brief, den Ignatius 1552 schrieb, um Richtlinien für die Missionsarbeit festzulegen. Fakten können Vorurteile besiegen und so stoßen wir hier auf die endgültige Widerlegung der Behauptung, dass für die Jesuiten der Zweck die Mittel heiligt. Ignatius richtet sich auch gegen die sexuellen Versuchungen von Leitenden:

Prinzipien für das eigene Leben

1. Wenn es um das eigene Leben geht, sollte er aufgrund von Interesse für den Mitmenschen nicht unaufmerksam sein. Er soll sich weigern, die geringste Sünde zu begehen, um das höchste Ziel der Welt zu erreichen, und er soll sich

nicht dem Risiko aussetzen, eine solche Sünde zu begehen.

2. Es wird ihnen helfen, den Kontakt zu Menschen zu vermeiden, die Risiko bedeuten, und wenn der Kontakt nicht zu vermeiden ist, so soll er selten und öffentlich geschehen. Sie sollten weniger Gewicht auf das Aussehen legen und stattdessen auf jene Menschen achten, die nicht schön oder attraktiv sind, sondern in Christi Blut gereinigt sind, als Abbild Gottes, als Tempel des Heiligen Geistes und so weiter.
3. Sie sollen sich gegen alles Böse verteidigen und jede Tugend erwerben. Je vollkommener sie sie beherrschen, desto erfolgreicher werden sie andere anziehen. Für dieses Ziel ist es hilfreich, jeden Tag eine gewisse Zeit für Examen, Gebet, Messfeier und so weiter zu reservieren.

Sie sollen sich um ihre Gesundheit und körperliche Stärke kümmern.

Prinzipien den Mitmenschen betreffend

1. Was den Mitmenschen betrifft, müssen wir genau herausfinden, mit wem wir es zu tun haben. Es sollten Menschen sein, von denen wir uns mehr Frucht erwarten können, da wir nicht mit allen arbeiten können. Es sollten solche sein, die ein größeres Bedürfnis haben, die in höheren Positionen aufgrund ihrer Ausbildung oder ihres Eigentums Einfluss ausüben, die dafür geeignet sind, apostolische Arbeiter zu werden. Kurz gesagt, Menschen, die, wenn sie Hilfe erhalten, anderen besser helfen können, Gott zu ehren.
2. Was die zu priorisierende Arbeit betrifft, soll er vor allem jene Arbeit vorziehen, zu der er berufen wurde. Unter verschiedenen Einsätzen soll er den besten vorziehen. Das

heißt, wenn er nicht beides tun kann, das Geistliche vor dem Körperlichen, das Akute vor dem weniger Eiligen, das, was mehreren nutzt vor dem Individuellen, das Beständige vor dem Kurzfristigen. Wir sollten uns daran erinnern, dass es nicht reicht, mit etwas zu beginnen. Wir müssen so lange wie möglich Leistung vollbringen und uns der Nachhaltigkeit in guten und gottesfürchtigen Einsätzen versichern.

3. Was die zu benutzenden Werkzeuge betrifft, die über ein gutes Vorbild und eifriges Gebet hinausgehen, müssen wir abwägen, wann wir die Beichte oder andere geistliche Übungen oder Gespräche einsetzen, beziehungsweise in Glaubenslehre unterrichten, Vorträge halten oder predigen und so weiter. Wir sollten Waffen wählen (weil wir nicht alle nutzen können), die am effektivsten erscheinen und für die wir am besten ausgerüstet sind.
4. Was unsere Arbeitsweise betrifft, sollen wir versuchen, demütig zu sein, indem wir ganz unten beginnen und uns nicht in weitläufige Projekte begeben, sofern wir nicht speziell dazu eingeladen oder gebeten werden oder die Abwägung auf etwas anderes zeigt mit Rücksicht auf Zeit, Platz und Person. Diese Abwägung lässt sich nicht als einfache Regel formulieren. Unsere Methoden sollen auf der Anstrengung aufbauen, uns eines guten Willens bei den Menschen, die wir treffen, zu vergewissern, indem wir ihnen Wahrheit, Tugend und Zuwendung schenken, etwas, das ihren Respekt weckt.

   Wir sollen uns heiliger Klugheit bedienen, wenn wir uns anderen anpassen. Diese Klugheit wird uns der Heilige Geist gewiss zuteilwerden lassen, aber wir können selbst durch Reflexion und genaue Aufmerksamkeit dazu beitragen.

   Das oben genannte Examen sollte ausgeweitet werden,

um diese Beurteilung zu beinhalten, und sollte zu einem bestimmten Tageszeitpunkt vollzogen werden. Besondere Aufmerksamkeit sollte sensiblen Gewissensfragen zuteilwerden. Wenn die Lösungen für diese Schwierigkeiten nicht eindeutig sind, sollten wir nicht versuchen, eine Antwort oder Lösung zu erraten, sondern uns zunächst der Begründung und dem Studium, das sie erfordert, widmen.[58]

Eine wiederkehrende Schlüsselformulierung in dem Text von Ignatius ist: »mit Rücksicht auf Zeit, Platz und Person«. Sie deutet auf die beiden notwendigen Eigenschaften für eine funktionierende Akkulturation hin. Zum einen den Antrieb: »Ich habe etwas Wichtiges zu vermitteln.« Zum andern die Sensibilität: »Wie kann ich es anfangen, sodass du mir zuhörst?« Wenn der Antrieb fehlt, dauert es nicht lange, bis die Umgebungskultur überhandnimmt. Fehlt die Sensibilität, verwandelt sich die Kirche bald in eine isolierte Sekte.

Den Ausdruck »soziale Kompetenz« gab es zu Ignatius' Zeiten noch nicht. Man muss sich aber nicht besonders lange mit Ignatius beschäftigen, um zu bemerken, dass diese Führungseigenschaft bei ihm ziemlich ausgeprägt war. Zu den wiederkehrenden Aufträgen der frühen Jesuiten gehörte es, Klöster zu reformieren, die ihre Seele im Zeitgeist verloren hatten. Das war zur Zeit der Renaissance der klassische Dreiklang Geld, Sex und Macht. Klingt Ihnen zu weit hergeholt? Dann versuchen wir doch, die Ratschläge von Ignatius auf irgendeine x-beliebige Gemeinde anzuwenden, in der ein Problem gelöst werden soll. 1555 schreibt er einen Brief zu diesem Thema:[59]

1. Beginnen Sie damit, größtmögliches Vertrauen auf der Basis von »Ich bin hier, um zu helfen« aufzubauen.

2. Identifizieren Sie jene, die Veränderung wollen, und freunden Sie sich mit ihnen an.
3. Identifizieren Sie die äußeren negativen Einflüsse (Individuen, Zusammenhänge) und eliminieren Sie sie. In der Klostersprache: Verstärken Sie die Klausur.
4. Führen Sie einen Reinigungsprozess durch mit Beichte, offenen Gesprächen und so weiter.
5. Fokussieren Sie sich auf das, was Frucht bringt: Nachtwache, geistliche Übungen, Examen.
6. Geben Sie die Widerspenstigen nicht auf, bringen Sie ihnen geduldige Liebe und den Willen entgegen, ihnen zu helfen.
7. Wenden Sie keinen Zwang an.
8. Nehmen Sie keine Gastfreundschaft oder Gaben des Klosters an.
9. Seien Sie nicht parteiisch, zeigen Sie allen die gleiche Liebe.

Zwei Jahre Klappe halten – Die Missionsgeschichte der Jesuiten

Im 16. und 17. Jahrhundert erlebten die Jesuiten auf ihrem globalen Missionsfeld ihren spektakulärsten Durchbruch in puncto Akkulturation. Jahrhunderte bevor die protestantischen Landeskirchen das Thema Mission für sich entdeckten, reisten Tausende Jesuiten bereits unter großer Lebensgefahr in andere Länder und Erdteile, um das Evangelium zu verkünden.[60] Hier einige Beispiele:

Die südamerikanischen »Reduktionen«, die vor allem im heutigen Paraguay stattfanden und die Grundlage des Films *The Mission* bilden, waren ein risikoreiches und langfristiges Projekt, in dem unter den Ureinwohnern eine ideale Gesellschaft mit Frieden und Gerechtigkeit hergestellt werden sollte. Ehe sie brutal (von den kommerzieller ausgerichteten Landsleuten der Jesuiten) zerschlagen wurden, waren sie ein einzigartiges Beispiel dafür, wie das Evangelium in allen Lebensbereichen akkulturiert werden kann.

Einer der Beteiligten war Antonio Ruiz de Montoya. Er erzählt unter anderem von Begegnungen mit Indianerstämmen, denen Monogamie fremd war.[61] Hätten die Jesuiten von Anfang an darauf bestanden, wären sie schnell einen Kopf kürzer gewesen. Also beschlossen sie, zwei Jahre lang die Klappe über die biblische Sicht auf die Ehe zu halten, bis sie ausreichend Vertrauen und eine Grundlage für die Jüngerschaft gelegt hätten.

Matteo Ricci habe ich schon erwähnt: Er war der vielseitig begabte italienische Jesuit, der als Missionspionier in China war. Er beschreibt, wie er »mit zwei Händen« arbeitete. Zum einen mit seinen umfassenden naturwissenschaftlichen Kenntnissen, die in großen Teilen für das recht isolierte China unbekannt waren. Zum anderen mit der Unterweisung im Evangelium, wo Ricci aufs Innerste der Lehre von Konfuzius zu sprechen kam und zahlreiche Berührungspunkte mit dem Evangelium fand. Er schrieb daraufhin viele lehrreiche Bücher auf Chinesisch, in denen er auf die Zusammenhänge verwies.

Überhaupt setzten die Jesuiten im hierarchisch organisierten China darauf, zuerst die gebildete Elite zu erreichen, die den Schlüssel zu allen anderen Gruppen darstellte. Zu Beginn kleideten sie sich wie buddhistische Mönche, merkten aber bald, dass die Leute sie mit Buddhisten verwechselten, die im Übrigen kein gutes Ansehen in der Gesellschaft hatten. Michela Fontana beschreibt den Wechsel zur Tracht der gebildeten Chinesen:

> Nunmehr mit langem Bart und offenem Haar, zog Ricci zum ersten Mal den dunkelroten Seidenrock mit blauen Säumen

> und den typischen weiten und langen Ärmeln an. Einen Gürtel in den gleichen Farben, neue verzierte Pantoffeln in schwarzer Seide und einen hohen, steifen und fast viereckigen Hut, der ihn sehr an eine Bischofsmitra erinnerte.[62]

In Indien trat ein anderer italienischer Jesuit, Robert de Nobili, als Missionspionier auf. Er merkte rasch, dass er seine westlichen Vorstellungen zurücklassen und beginnen musste, wie ein Inder zu denken, wenn er wollte, dass seine Arbeit Früchte trug. In der strengen Kastengesellschaft wäre eine Mission, die sich direkt an die Kastenlosen und Armen richtete, völlig im Sande verlaufen. De Nobili wandte sich ähnlich wie Ricci an die Schicht der Mächtigen. Dies waren in Indien die Brahmanen. Mit ihnen als Ausgangspunkt wollte er breitere Schichten erreichen. Der Historiker William Bangert berichtet von seiner Akkulturation:

> Gekleidet in rot-ockerfarbenen Stoff, mit einem dreieckigen Zeichen auf der Stirn und hohen Holzsandalen an den Füßen, hielt er sich in einer dampfend heißen Hütte auf und aß nur Reis, Obst und Kräuter. Furchtbare Schmerzen in Magen und Kopf hielten ihn nicht davon ab weiterzumachen. Um die Veda-Schriften meistern zu können, die allein die tiefere Bedeutung dieses neuen Lebens erklären konnten, war er gezwungen, Sanskrit zu lernen.[63]

Aber auch in Frankreich, wo der Hass gegen die katholische Kirche im Allgemeinen und gegen die Jesuiten im Besonderen den Papst dazu bewogen hatte, den Jesuitenorden 1773 aufzulösen, bekamen die Jesuiten den schwierigen Auftrag, die Pariser nach Neueinrichtung des Ordens 1814 zu reevangelisieren. Die Aufgabe, in Notre-Dame vor einer, gelinde gesagt, kritischen Bildungselite zu predigen, die auf alles eine kluge Antwort wusste, fiel dem Jesuiten de Ravignan zu. Bangert berichtet: »Er kannte die kritische und rationale Mentalität von vielen, die ihm zuhörten.«

In den ersten zwei Jahren beschränkte er sich darauf, eine solide intellektuelle Grundlage für seine Verkündigung des Evangeliums zu legen, und nahm den Namen Christus nicht in den Mund. Erst danach malte er mit blumiger und bildreicher Sprache die Wahrheit und Schönheit der christlichen Offenbarung aus. Als er dann eine Predigtreihe begann, »... füllte sich die Kirche und er nahm an sechs bis sieben Stunden täglich die Beichte ab, als Menschen, die der Messe jahrelang ferngeblieben waren, zurückkehrten«[64].

Die richtige Hardcore-Erzählung aus der Missionsgeschichte der Jesuiten (und die ist wirklich umfangreich!) ist vermutlich die der französischen Brüder, die im 17. Jahrhundert die Indianerstämme im Osten Kanadas missionierten. Die einzige Möglichkeit, mit ihnen in Kontakt zu kommen, war, ganz einfach ihr Leben zu teilen:

Endlose Reisen mit dem Kanu über große Wasserläufe, oftmals tagelang ohne Essen, wenn die Jagd erfolglos blieb. Und wenn es Essen gab, war es selten besonders gut gekocht oder reichhaltig. Die Brüder wohnten mit den Indianern in ihren engen Hütten, wo der Rauch die Brüder auf den Boden zwang, wenn sie atmen wollten. Es war ein Ding der Unmöglichkeit, dort zur Ruhe zu kommen, denn die Leute um sie herum stöhnten, spielten mit Kindern oder kopulierten. Wenn der Rauch trotz allem zu stark wurde, liefen sie doch nach draußen, wo sie jedoch nie lange blieben, da die Temperaturen im Winter oft unter dreißig Minusgrade fielen.

Dazu kam, dass das Weltbild der Eingeborenen den Jesuiten eine entscheidende Verantwortung für das Wetter, ausbleibende Jagderfolge und Verluste gegen den Feind zuteilte. Die Brüder waren also dem ständigen Risiko ausgesetzt, einen Tomahawk in den

Schädel zu bekommen. Einige dieser jungen Jesuiten wurden so auch zu Märtyrern. Für mehr Details über ihre Missionsprinzipien sehen Sie im Anhang nach – sie passen sicherlich auch in viele moderne Vororte!

Ausreichend Geduld

Ein wichtiger Schlüssel in der Akkulturationsgeschichte der Jesuiten ist das **Vertrauen in den Prozess**. Allein aus den hier aufgezählten Beispielen können wir schon erahnen:

- Ricci arbeitete sich durch seine Kontakte mit den chinesischen Intellektuellen geduldig vorwärts. Als es darum ging, die bekehrten Chinesen zu taufen, wurde nicht darüber gesprochen, dass sie aufhören sollten, den Verstorbenen ihre traditionellen Opfer darzubringen. Ricci wusste, dass das hauptsächlich eine soziale Gewohnheit war, und hatte keine Einwände.
- De Nobili ging an den Ärmsten vorbei, um strategisch mit den Brahmanen in Indien zu arbeiten. Er vertraute darauf, dass das Evangelium mit der Zeit ihre Herzen verwandeln und den Kastenlosen den Weg zum Evangelium öffnen würde …
- Montoya hielt zwei Jahre lang die Klappe über die christliche Sicht auf die Ehe, bis die Freundschaft mit den Eingeborenen stark gewachsen und sie in ihrem christlichen Glauben verwurzelt waren.
- De Ravignan wartete zwei Jahre damit, den Namen Christus in seinen Predigten vor den skeptischen Parisern in Notre-Dame zu erwähnen. Zuerst musste das grundlegende

Denkmuster geschaffen werden, ehe sie von Christus hören konnten, ohne gleich reflexartig die Ohren zu verschließen.

- Jean de Brébeuf und die anderen französischen Jesuiten mussten lange mit den Indianerstämmen in der Wildnis leben, ehe sie langsam beginnen konnten, das Evangelium zu erklären. Sie mussten die ganze Zeit wachsam sein und wussten, dass es lange dauern würde, Vertrauen aufzubauen – und nur wenig Zeit, um es wieder zu verlieren.

Diesem Vertrauen in den Prozess lag natürlich ein Grundvertrauen in die Kraft des Heiligen Geistes zugrunde. Die Brüder vertrauten darauf, dass der Heilige Geist die Menschen durch Abwehr und Widerstand hindurch zu einer noch viel größeren Offenheit für Jesus Christus und seinen Willen für das Leben der Menschen führen würde. Mit diesem Prozess hatten sie während ihrer Ausbildung in einer oder auch mehreren 30-Tage-Exerzitien viele Erfahrungen sammeln können.

> Die Brüder vertrauten darauf, dass der Heilige Geist die Menschen durch Widerstand zu einer größeren Offenheit für Christus führen würde.

Sie wussten aus eigener Erfahrung, dass eine aufrichtige christliche Nachfolge nicht von jetzt auf gleich erzwungen werden kann und dass der Heilige Geist im Tempo eines jeden einzelnen Menschen agiert, seine eigene Sprache spricht und weiß, was er braucht und erträgt. Deshalb hatten die Jesuiten ausreichend Geduld für entsprechende Prozesse in den jeweils neuen Kulturen, die oft so viel mehr beinhalteten und dadurch viel mehr Zeit benötigten.

Ihre »sanfte« Haltung in gewissen ethischen Fragen rührte daher nicht von einem Infragestellen der Bibel oder der Lehre der Kirche her, sondern von ihrer Erfahrung, **dass der Prozess Möglichkeiten schafft**. Sie hatten die Gewissheit, dass der Heilige Geist in den Menschen langsam sein Werk vollbringt, indem er sie von »schwierigen Neigungen«, wie Ignatius es nennt, zu einem Leben im Einklang mit Gottes Wille führt.[65]

Andere Gruppierungen der Kirche, denen diese Erfahrung fehlte, interpretierten die Strategie der Jesuiten oft als etwas, das wir heute liberal nennen würden. Nicht zuletzt die Jansenisten in Frankreich hielten im 17. und 18. Jahrhundert die Jesuiten für gefährliche Falschlehrer, die mit ihrer Schlaffheit das Evangelium verrieten. Dazu kam die Kritik anderer Orden der katholischen Kirche, die in China mit Entsetzen gesehen hatten, wie die Jesuiten Opfer für die Ahnen zugelassen und in Indien die Armen verraten hatten.

All diese Faktoren führten schließlich dazu, dass die Ahnenopfer vom Vatikan verboten wurden und die gesamte chinesische Mission erlosch. Ähnlich sah es in Indien aus, wo die Jesuiten gezwungen wurden, ihre Strategie zu ändern.

Was können wir daraus lernen? Wir können uns letztlich nur wundern, wie oft Menschen, denen es an Erfahrung mit dem Heiligen Geist mangelt, ungeduldig werden und verlangen, dass die Kirche sofort Grenzen setzen müsste. Dabei reißen sie leider regelmäßig die Grundmauern einer vielversprechenden Akkulturation nieder.

Offene Fenster

Nach der Französischen Revolution und dem erniedrigenden Verbot des Jesuitenordens folgte wie so oft in der Geschichte der Kirche eine konservative Gegenreaktion innerhalb der Bewegung. Außer sich vor Angst vor dem modernen brutalen Ansturm zogen sich die Jesuiten im 19. und zu Beginn des 20. Jahrhunderts zurück. Sie bangten vor dem *Ancien Régime* und identifizierten sich doch mit ihm, jenem alten europäischen Kulturkonservatismus mit engen Verbindungen zum Königshaus und anderen Resten einer alten Gesellschaftsordnung. Die wachsende Arbeiterbewegung und den frischen Wind in den Naturwissenschaften betrachteten sie mit Skepsis. Schließlich hatte man innerhalb der kirchlichen Verteidigungsmauern Jahrzehnte der Akkulturation verpasst.

Erst mit dem Zweiten Vatikanischen Konzil in den 1960ern öffnete sich das Fenster zur Welt wieder. Niemand hatte von Papst Johannes XXIII. eine größere Bedrohung des Status quo erwartet. Doch unter seiner milden Hand wurde das Ruder der Kirche auf einen anderen Kurs gebracht. So sagte er selbst im einberufenen Konzil:

> Dies wird das Manifest der Kirche, die immer lebt und immer jung ist, die den Puls der Zeit kennt und sich in jedem Jahrhundert mit neuer Herrlichkeit schmückt, neues Licht ausstrahlt, neue Eroberungen macht, während sie mit sich selbst identisch bleibt. Treu vor dem göttlichen Abbild, das sie im Angesicht ihres Bräutigams, Jesus Christus, geprägt hat, der sie liebt und der sie schützt.[66]

Der neue Wind fegte viel alten Staub hinaus – auch aus dem Jesuitenorden – und legte den ursprünglichen Eifer offen, jeder neuen Kultur zu begegnen, um das Evangelium zu verkünden. In den Satzungen der Jesuiten wird während dieser Zeit immer wieder die Akkulturation als wichtiger Teil der Ausbildung beschrieben:

> Unsere Formation muss so gestaltet sein, dass ein Jesuit eins mit den Leuten sein kann, zu denen er gesandt wird, und befähigt wird, mit ihnen zu kommunizieren. Er muss ihre Überzeugungen und Werte teilen können, ihre Geschichte, ihre

> Erfahrungen und Hoffnungen. Gleichzeitig muss er offen sein für Überzeugungen und Werte anderer Leute, Traditionen und Kulturen.[67]

Schon in der Ausbildung muss also die Grundlage für jene Freiheit geschaffen werden, sich über kulturelle Grenzen hinwegzubewegen:

> Abgesehen davon, dass sie die gemeinsame Zeit mit anderen jungen Männern aus unterschiedlichen Provinzen und Regionen genießen sollen, was zu einem einzigartigen Gefühl für die Universalität in der Gesellschaft Jesu führt, sollten unsere Mitglieder während ihrer Ausbildung gute Kontakte knüpfen. Sie sollen mit jungen Menschen in ihrem Alter in Kontakt kommen – Priester, Ordensleute und Laien – sowohl ihrer eigenen als auch fremder Nationalitäten. Das Ziel ist, dass sie sich durch die Befreiung von Nationalismus und jeder anderen Form von Vielstaaterei eine Mentalität der Universalität und Offenheit erarbeiten. Eine Offenheit für andere Kulturformen, verschiedene Zivilisationen und Mentalitäten, die unsere apostolische Berufung sucht.[68]

Nicht zuletzt unter dem legendären Jesuitengeneral Pedro Arrupe setzte die Bewegung stark auf *the preferential option for the poor*, also die bewusste Entscheidung, sich auf die Seite der Armen zu stellen:

> Es ist von äußerster Wichtigkeit, dass ein Apostel, der immer den Spuren des armen Christus folgt, sich auf gewisse Weise der Lebensart jener anpasst, denen er helfen will, sodass er alles für alle wird …

Was Essen, Kleidung, Wohnung, Ferien, Reisen, Arbeitsverhältnis und so weiter angeht, sollte unser Lebensstil glaubwürdig für »Jünger des armen Christus« sein und nicht außer Reichweite für jene Menschen mit niedrigem Einkommen, die hart dafür arbeiten müssen, sich und ihre Familien zu versorgen.[69]

Schultern zucken

Akkulturation ist Inkarnation: Christus verkörpern. Ein eher akademischer Ausdruck für diesen Prozess ist »Kontextualisierung«. Um das verständlicher zu machen, hat jemand einmal »herausfordernde Relevanz« als Begriff vorgeschlagen. Das deutet auf die beiden unentbehrlichen Komponenten hin: dass zum einen die Botschaft herausfordernd ist und dass sie zum anderen so vermittelt wird, dass sie wichtig wird. Fehlt eine der Komponenten, werden die Leute früher oder später mit den Schultern zucken und sich abwenden.

Es braucht immer eine kleinere und abweichende Gruppe, um den Status quo herauszufordern.

Genauso ist es in der Seelsorge. Das beste Feedback, das ich jemals nach einem Gespräch bekommen habe, war, als mein Gesprächspartner nach der ersten Stunde sagte: »Ich merke, dass Sie mich verstehen und mich herausfordern können.« Hätte er nur gemerkt, dass ich ihn verstand, aber nicht, dass ich ihn herauszufordern konnte, in neuen Bahnen zu denken – warum hätte er dann wieder kommen sollen? Ebenso wäre es gewesen, wenn ich nicht zugehört, sondern ihn einfach nur zugetextet hätte – wer will sich so etwas schon antun?

In dieser Hinsicht führt eine offene Kirche für alle und eine niedrige Schwelle in einer säkularisierten Gesellschaft zu nichts.

Eine solche Kirche kann noch so kulturell angepasst und trendsicher sein. Aber warum sollte ich dort hingehen?

Herausfordernd zu sein ist per Definition eine Eigenschaft der Minderheit. Das Mainstreamleben ist für sich genommen nicht herausfordernd. Da gilt die Devise: Lauf hier schön mit, denn hier machen alle das Gleiche und denken auf die gleiche Weise. Es braucht immer eine kleinere und abweichende Gruppe, um den Status quo herauszufordern.

Nationalkirchen wie zum Beispiel die Schwedische Kirche haben keine Erfahrung damit, in der Minderheit zu sein. Ihre Entstehung ist eng mit der Entstehung und Geschichte der Nation verknüpft. Sie sind buchstäblich Volks-Kirchen.

Das heißt im Klartext: Wenn sich das Volk in eine bestimmte Richtung bewegt, beispielsweise zur Säkularisierung und postmodernen Werten, wird diese Kirche opfern, was nötig ist, um eine möglichst stressfreie Beziehung zu den Menschen aufrechterhalten zu können. Die Herausforderung wird der Relevanz geopfert, was zwangsläufig in die Irrelevanz führt.

Die Freikirchen haben hingegen ganz andere Minderheitserfahrungen, von der Verfolgung in früheren Jahrhunderten bis zur kulturellen Minderheitsstellung im 20. Jahrhundert. Das stellt die Freikirchen vor folgende Wahl: Entweder sie geben ihre abweichende Identität von Lehre und Leben im Austausch gegen einen Platz im öffentlichen Leben, in den Medien und am Tisch der kulturellen Elite auf. Und werden damit endlich als Teil des Mainstreams akzeptiert. Oder sie kehren zu ihren Wurzeln zurück und sind eine prophetische Minderheit in der Gesellschaft. Nicht, um irgendeine Art freikirchlicher Identität zu bewahren, sondern als Zeichen, was die ganze christliche Kirche in ihrem Wesen eigentlich ist.

5

AUF DER WELLE GOTTES SURFEN – Zwischen Menschsein und geistlichem Leben

So kann eine Bibelmeditation nach dem Vorbild von Ignatius ablaufen: Sie suchen sich einen abgelegenen Platz und setzen sich so hin, wie es für Sie am bequemsten ist. Jeder hat einen anderen Körper und Wehwehchen. Hier geht es allein darum, ganz in Ihrem Körper zu sein. Er ist kein Hindernis oder Störfall für Ihr Gebet, sondern, wie Paulus sagt, ein Tempel für den Heiligen Geist. Ihr Körper ist der Treffpunkt für Gott und Sie, der Ort, wo Himmel und Erde einander berühren – so begreift die Bibel den Tempel.

Der erste Schritt ist also, dass Sie anwesend werden in Ihrem Körper, so wie der Heilige Geist bereits dort anwesend ist. Nehmen Sie sich einen Augenblick Zeit und lassen Sie Ihren Körper zur Ruhe kommen. Die Atmung wird ruhiger. Sie fühlen, dass Sie sich rein physisch an diesem Ort erden.

Dann sprechen Sie ein einfaches Gebet, dass der Heilige Geist Ihre Meditation leiten möge. Ein natürliches Gebet, denn der Heilige Geist ist ja schon in Ihrem Körper. Ein vertrauensvolles Gebet, weil Sie darauf vertrauen, dass der Geist der Wahrheit Ihnen Gutes will, Ihre Sprache spricht und in der Lage ist, Ihnen den Weg zu weisen.

Danach lesen Sie einen kurzen Bibeltext, am besten eine Erzählung aus einem der vier Evangelien. Achten Sie darauf, dass Sie *lesen.* Also nicht analysieren, interpretieren oder irgendetwas Tiefsinniges oder Kluges suchen. Für Geistliche gilt: Suchen Sie nicht drei Punkte, über die Sie predigen können. Lesen Sie ganz einfach den Text ein paarmal. Was passiert? Was wird gesagt?

Wenn Sie die Erzählung verinnerlicht haben, legen Sie die Bibel beiseite. Schließen Sie die Augen und lassen Sie die Szene vor sich wachsen. Das ist kein Text, den Sie verstehen müssen, sondern ein Ort, an dem Sie sein sollen. Daher lautet die entscheidende Frage nicht: »Was bedeutet das?«, sondern »Was berührt mich hier?«

Gefühle sind wie Fühler, sie funktionieren bereits vor dem Intellekt und registrieren Eindrücke, lange bevor Sie vernunftmäßig in der Lage sind, diese zu bearbeiten. All Ihre Sinne sind an dieser Stelle eingeladen, mit dem Heiligen Geist zusammenzuarbeiten: Was sehen Sie? Was hören Sie? Welche Bilder und Erinnerungen werden in Ihrem Inneren wach und mischen sich mit der Bibelszene? Was fühlen Sie?

Gefühle sind wie Fühler, sie funktionieren bereits vor dem Intellekt.

Dabei ist es wichtig, dass Sie keine Zensur üben, welche Gefühle »gut« oder »falsch« sind! Es ist genauso wichtig, auf das zu schauen, was Sie negativ berührt (Unbehagen, Angst, Wut, Widerstand, Unsicherheit …), wie auf das, was sie anzieht (Freude, Ruhe, Neugierde, Dankbarkeit, Energie, neue Einsichten …). Ein ignatianischer Schlüsselbegriff ist: Gott in allem suchen und finden.

Die Erfahrungen von Gott und Ihnen selbst, die hinter einer spontanen negativen Reaktion liegen, können sich als ebenso bedeutungsvoll erweisen wie die positiven. Vielleicht deutet Gott vorsichtig auf Kummer, Wunden oder Widerstände, denen Sie mehr Aufmerksamkeit schenken sollten. Nicht, damit Sie daran hängen bleiben. Im Gegenteil: damit Sie mit Gottes Hilfe davon frei werden können.

Es müssen nicht besonders starke Erlebnisse sein, die Sie berühren. Manchmal sind es nur »vage, präzise Witterungen«, um einen Ausdruck von Elisabeth Hermodsson zu bemühen. Dafür aufmerksam zu sein und sie nicht als unwichtig oder störend wegzuwischen, ist entscheidend, damit sich der Weg langsam zu dem öffnen kann, was Gott Ihnen zeigen will. Die Grundregel ist also: Bleiben Sie bei dem, was Sie berührt, und bleiben Sie so lange, »wie es Geschmack gibt«, wie Ignatius sagt. Wichtig ist nicht, was Sie bei einer Meditation tun, sondern was Ihnen gegeben wird.

Im nächsten Schritt sprechen Sie darüber mit Gott. Sind Sie verwirrt, wütend oder traurig, reden Sie mit Gott darüber. Sind Sie getröstet, erfreut oder ruhig, sagen Sie ihm das. Durch die Sprache kommen wir »in die Gegenwart Gottes«, wie Paulus sagt (Kolosser 1,22). Werden Sie deutlich und zeigen Sie, dass Sie sich selbst und Gott ernst nehmen. Wenn Sie traditionelle Gebetsformulierungen verinnerlicht haben, legen Sie diese für einen Augenblick zur Seite und reden Sie in normaler, erwachsener Sprache zu Gott.

Im letzten Schritt legen Sie schließlich auch das formulierte Gebet zur Seite und werden Sie still vor Gott. Ich denke bei diesem Schritt immer an eine alte Missionspionierin Valborg Stjärne, die ihr ganzes Leben der Mission in Äthiopien gewidmet hatte. Als sie als alte Witwe in Stockholm wohnte, fragte ein Journalist sie während eines Interviews: »Sie haben in Ihrem Leben viel für Gott gearbeitet. Jetzt leben Sie hier einsam. Was machen Sie den ganzen Tag lang?« Darauf antwortete sie: »Ich lasse mich lieben.«

Das tue ich auch in der letzten Phase der Meditation. Ich lasse Gott den sein, der er für mich ist. Eine orthodoxe Formulierung drückt es so aus: »Gott ist der Name einer Gemeinschaft, die sich in ewiger Liebe der Welt öffnet.« Hier bin ich mit all meinen Sinnen in der Gemeinschaft mit dem Dreieinigen: dem Vater, dem Sohn und dem Geist. Ohne Worte lasse ich mich lieben und lasse in meiner Verborgenheit geschehen, was Gott in seiner Güte tun will.

Zum Tango gehören zwei

Dieser Austausch zwischen Mensch und Heiligem Geist, der in dieser Meditation trainiert wird, ist auch ein wichtiger Schlüssel für eine lebendige und dynamische Gemeindearbeit. In beiden Fällen geht es nämlich darum, auf das zu antworten, was Gott tut, und nicht darum, dass man sich selbst etwas ausdenkt und umsetzt.

Beachten Sie, dass Ihre menschlichen Ressourcen aus Gefühlen, Willen und Vernunft nichts Passives oder Unwichtiges sind und erst recht kein Hindernis für den Heiligen Geist. Sie gehören aktiv dazu: Zum Tango gehören immer zwei. Gott ergreift jedoch die Initiative. Ihre Berufung ist es, Jünger oder Jüngerin zu sein: Was sagt der Meister? Was tut er? Wie kann ich ihm folgen?

Diese Dynamik trieb auch die erste christliche Gemeinde in der Apostelgeschichte an. Genauso wenig, wie Sie in der Bibelmeditation versuchen sollten, den Text mit irgendeiner klugen Analyse zu fassen, hatten auch die Apostel nicht den Anspruch, mit einer flächendeckenden Strategie die Kirche zu vergrößern. Natürlich setzten sie all ihr Wissen und ihre Erfahrung ein, aber die treibende Kraft war etwas ganz anderes, viel Größeres. Die Apostel leiteten die Gemeinde mit demütiger Feinfühligkeit und Gehorsam vor diesem Größeren.

Ein anderes Wort für dieses Größere ist Gnade. Während der Reformation bekam dieses Wort im Zuge der starken Hervorhebung der Rechtfertigung durch den Glauben einen ziemlich juristischen Beigeschmack. Gnade war nichts anderes als die Erlösung vom Urteil. Damit wurde die Gnade allerdings auf etwas viel Geringeres und Passiveres reduziert, als die Bibel eigentlich meint. Im schlimmsten Fall wurde sie ein Freifahrtschein von der Nachfolge Christi, was Bonhoeffer die »billige Gnade« nannte: Weil Jesus ja alles für mich getan hat, muss ich das Kreuz nicht mehr tragen und kann so weiterleben wie bisher, weil mir ja vergeben ist.

Wir müssen jedoch nicht lange in der Apostelgeschichte lesen, um auf eine umwälzende und neu schaffende Gnade zu stoßen. Diese Art der Gnade verwandelt sowohl das Herz als auch die Wirtschaft:

> Die Apostel bezeugten eindrucksvoll die Auferstehung von Jesus Christus, und mit ihnen war die große Gnade Gottes. Armut gab es bei ihnen nicht, weil die Leute, die Land oder Häuser besaßen, etwas von ihrem Besitz verkauften und das Geld den Aposteln brachten, damit sie es an alle, je nach Bedarf, verteilen konnten.
> *Apostelgeschichte 4,33-35*

Die Gnade hat die Menschen in Bewegung gesetzt und zu Dingen veranlasst, die weit über ihre menschlichen Grenzen hinausgingen: »Stephanus, ein Mann, bei dem die Gnade und Kraft Gottes in ganz besonderer Weise spürbar war, wirkte erstaunliche Wunder und Zeichen unter den Menschen« (Apostelgeschichte 6,8). Als er wegen seiner Verkündigung verhaftet wurde, hielt er eine flammende Verteidigungsrede, die dazu führte, dass er der erste christliche Märtyrer wurde (*stefanos* bedeutet Siegeskranz).

Hier stoßen wir auf eines der rätselhaften Mysterien der Gnade. Am gleichen Tag, an dem Stephanus hingerichtet wurde, »setzte eine große Welle der Verfolgung ein, von der die ganze Gemeinde in Jerusalem erfasst wurde, und außer den Aposteln flohen alle Gläubigen nach Judäa und Samarien.... Doch die Gläubigen, die aus Jerusalem geflohen waren, zogen umher und verkündeten die Botschaft von Jesus« (Apostelgeschichte 8,1.4).

Was die Ausgießung des Heiligen Geistes am Pfingsttag nicht vermocht hatte, das vermochte nun die Verfolgung durch die Behörden. Die Samenkapsel wurde sozusagen gesprengt und das Korn verteilte sich in der Erde. Die Gnade zielt auf etwas Höheres ab als nur das Wohlbefinden der Gemeinde und kann paradoxerweise durch die schmerzhaftesten Verluste wirken. Paulus schreibt über seinen eigenen Kampf: »Durch das Leiden erfahren wir am eigenen Leib ständig den Tod von Christus, damit auch sein Leben an unserem Körper sichtbar wird« (2. Korinther 4,10). Gleich darauf bietet er aber einen Ausblick auf die größere Dynamik der Gnade:

> Das alles ist zu eurem Besten. Und wenn Gottes Gnade immer mehr Menschen zu Christus führt, wird auch der Chor derer, die ihm danken, immer lauter, und Gott wird immer mehr Ehre erwiesen.
> *2. Korinther 4,15*

Unter den Früchten, die diese erste Verfolgung trug, war auch die Gemeinde in Antiochia, die sich zu diesem Zeitpunkt gründete und zum Sprungbrett weiterer Missionsaktivitäten wurde. Dort wurden die Jünger auch zum ersten Mal »Christen« genannt. Lukas berichtet davon, wie es zuging, als die ersten anonymen Evangelisten in die Stadt kamen:

> Die Kraft des Herrn war mit ihnen, und viele Nichtjuden glaubten und bekehrten sich zum Herrn. Als die Gemeinde in

> Jerusalem erfuhr, was geschehen war, schickten sie Barnabas nach Antiochia. Dort freute er sich sehr über die vielen sichtbaren Beweise von Gottes Handeln. Barnabas ermutigte die Gläubigen, dem Herrn treu zu bleiben.
> *Apostelgeschichte 11,21-23*

Im griechischen Urtext heißt es: »als er dorthin kam und *die Gnade sehen konnte*«. So konkret ist Gottes Gnade also für die Christen: Sie wird verkörpert, wenn die Menschen zu Gott umkehren und Jesus nachfolgen. So schreibt auch Paulus seinem guten Freund Titus: »Denn die Gnade Gottes, die allen Menschen Rettung bringt, ist sichtbar geworden. Sie bringt uns dazu, dem Leben ohne Gott und allen sündigen Leidenschaften den Rücken zu kehren« (Titus 2,11-12) – damit wir gerechtfertigt leben können.

In den folgenden Missionsreisen, die Paulus und seine Mitarbeiter danach in die verschiedenen Länder des Mittelmeerraums unternahmen, wurde die »Gnade« als ständige Referenz immer wieder aufgegriffen. Nach der ersten Reise kehrten sie nach Antiochia zurück. »Dort waren sie der Gnade Gottes anvertraut worden, um den Auftrag auszuführen, den sie nun erfüllt hatten« (Apostelgeschichte 14,26). Auf die nächste Reise nahm Paulus Silas als Begleiter mit und »die Gläubigen sandten ihn aus und vertrauten ihn der Gnade des Herrn an« (Apostelgeschichte 15,40).

Die Gnade ist für Paulus' Identität und Dienst so entscheidend, dass er schreibt: »Doch was immer ich jetzt bin, das bin ich durch die Gnade Gottes – und seine Gnade blieb in mir nicht ohne Wirkung. Denn ich habe härter gearbeitet als alle anderen Apostel, doch nicht ich habe gearbeitet, sondern Gott, der durch seine Gnade durch mich wirkte« (1. Korinther 15,10). Die Gnade wirkt in beiden Dimensionen von Paulus' Leben: in dem, was er *ist*, und in dem, was er *tut*.

Die Wechselwirkung von Mensch und Gnade

Im Zusammenspiel zwischen Mensch und Gnade fordert manchmal Gott zum Tanz auf und der Mensch antwortet – und manchmal macht der Mensch einen Schritt und Gott bestätigt diesen oder setzt ein Stoppzeichen. Ein Beispiel dafür finden wir auch in der Apostelgeschichte:

> Danach reisten Paulus und Silas durch das Gebiet von Phrygien und Galatien, weil der Heilige Geist ihnen untersagt hatte, in die Provinz Asien zu gehen. Als sie dann ins Grenzgebiet von Mysien gelangten, wollten sie weiter in die Provinz Bithynien, doch auch das ließ der Heilige Geist nicht zu. Also zogen sie durch Mysien in die Stadt Troas. In der folgenden Nacht hatte Paulus eine Vision. Er sah einen Mann aus Mazedonien im Norden Griechenlands, der ihn bat: »Komm herüber und hilf uns.« Da beschlossen wir, sofort nach Mazedonien abzureisen. Wir waren sicher, dass Gott uns rief, auch dort seine Botschaft zu verkünden.
> *Apostelgeschichte 16,6-10*

Als sie in die mazedonische Stadt Philippi kamen, gingen sie hinunter zum Fluss und sprachen mit einigen Frauen, die sich dort versammelt hatten. Eine von ihnen war die Tuchhändlerin Lydia. »Während sie uns zuhörte, öffnete der Herr ihr das Herz für die Botschaft, die Paulus verkündete« (Apostelgeschichte 16,14). Dadurch öffnete sich auch ihr Haus – was eine Kettenreaktion von weiteren Ereignissen auslöse:

- Es wurde die Basis für die weitere Arbeit in der Stadt.

- Das führte zur Gefangennahme von Paulus und Silas und zu ihrer wundersamen Befreiung.
- Das führte dazu, dass der Gefängniswärter und seine ganze Familie zum Glauben kamen.
- Und das wiederum führte zur Gemeindegründung in Philippi.

So läuft es ab, in einer ständigen Wechselwirkung zwischen dem, was wie Zufall erscheint, aber eigentlich Gottes kreative Gnade ist, und dem, was der Mensch oder die Gemeinden daraus machen. Niemand hätte dies im Vorfeld ausrechnen oder planen können. Keine Analysen oder messbaren Glaubensziele hätten das voraussehen können. Die Apostel gingen mit leeren Händen und offenen Herzen davon und konnten erst im Nachhinein die Gnade sehen: So hatte Gott sich das also gedacht!

Paulus benutzt für diese Abhängigkeit von der Gnade immer wieder einen spannenden Ausdruck: Er spricht von einer Tür, die er selbst nicht öffnen kann. »Betet zugleich auch für uns, auf dass Gott uns eine Tür für das Wort auftue und wir vom Geheimnis Christi reden können« (Kolosser 4,3; LUT). Und wenn das geschehen ist: »Ich werde aber in Ephesus bleiben bis Pfingsten. Denn mir ist eine große Tür aufgetan zu reichem Wirken; es gibt aber auch viele Widersacher« (1. Korinther 16,8-9; LUT). Wieder sehen wir, dass die Gnade uns nicht vor Widerstand und Rückschlägen schützt. Sie hat die seltsame Eigenart, durch *alles* zu wirken.

> Gnade ist wie einer Tür, die wir selbst nicht öffnen können.

Anders Sjöstedt ist Priester im Bistum Lund in Schweden. Zu Beginn der 2000er-Jahre übernahmen er und einige Freunde eine langsam aussterbende evangelikale Kirche in Lund. Sie waren jung und unerfahren und begannen noch recht zaghaft, Gottesdienste zu feiern und Gruppenaktivitäten anzustoßen. Dann kam Conny. Anders berichtet:

Eines Tages stand die Tür zur Kapelle offen und Conny stürmte herein. Er war ziemlich zugedröhnt. Er gebärdete sich laut, aber wir ließen ihn gewähren und gaben ihm Kaffee und etwas zu essen. Er erzählte uns, dass er 37 seiner 47 Lebensjahre abhängig gewesen war. Mit ungefähr zehn hatte er angefangen, Kleber zu schnüffeln, und ehe er 15 war, stieg er auf harte Drogen um. Nun wollte er all das hinter sich lassen. Konnte der Glaube seiner Kindheit ihm dabei helfen?
Am nächsten Tag kam er wieder und wir gewährten ihm Einlass in die Kapelle. Nach einer Weile begegnete er Christus, dass es nur so rauschte. Er wurde seine Abhängigkeit los und brachte auch seine Saufkumpanen in unsere Kapelle. Wir hatten ein paar Jungs von den Anonymen Alkoholikern, die uns regelmäßig beim Kochen halfen – jetzt bekamen sie mehr zu tun. Und wir hatten weniger Zeit, Predigten vorzubereiten!
Eines Tages brachte Conny seine Sozialarbeiterin aus Eslöv mit, der er geschrieben hatte. »Was habt ihr mit Conny gemacht?«, fragte sie. Sie hatte noch nie in ihrem Leben etwas Ähnliches erlebt. Er, der von einem Heim ins nächste gewandert war …
Diese Geschichte hat die Gemeinde von Grund auf verändert. Zwei Tage die Woche öffneten wir die Kirche und es kamen tagsüber ungefähr eine Handvoll Leute. Das war eine ganz schöne Unordnung, im positiven Sinn! Dass die ganze Gemeinde Conny und seine Kumpel traf, hat etwas bewirkt. Das hat mich fürs Leben geprägt. Es war so wunderschön: zu sehen, wie diese Jungs, die so in sich selbst vergraben waren, sich langsam aufrichteten, das Leuchten in ihren Augen zu

> sehen, als sie sich endlich über sich und ihren Gott freuen konnten!

Anders endet mit einer Reflexion über das, was passiert ist:

> Es geht darum, sich zu trauen, auf der Welle zu surfen, die Gott einem bietet. Die Frage ist immer nur, was man mit dem anfängt, was Gott schickt.

Vom Mangel getrieben

Mit leeren Händen und offenem Herzen vor Gott zu treten – das meint Jesus wohl, wenn er in der Bergpredigt sagt: »Selig sind, die da geistlich arm sind; denn ihrer ist das Himmelreich« (Matthäus 5,3; LUT). Hier müssen wir aber ganz klar unterscheiden zwischen denen, die arm sind im Geiste, und dem dämonischen Plagiat von konstantem Mangel, den Paulus die »Herrschaft der Vergänglichkeit« (Römer 8,20) nennt. Das ist nämlich etwas ganz anderes.

Alles begann mit dem Sündenfall. Die List der Schlange war auch fies. Sie forderte den Menschen nicht etwa dazu auf, von der verbotenen Frucht zu essen, sondern ging ganz gelassen davon aus, dass er es sowieso tun würde. »Gott weiß, dass eure Augen geöffnet werden, wenn ihr davon esst. Ihr werdet sein wie Gott und das Gute vom Bösen unterscheiden können« (1. Mose 3,5). So funktioniert Macht. Versuchen Sie gar nicht erst, Widerstand zu leisten, früher oder später werden Sie ihr ohnehin erliegen.

Und dann noch diese heimtückische Falle, diese Lüge: Gott hält Sie eigentlich klein und schränkt Sie in Ihren Möglichkeiten ein. Wenn Sie Ihr volles Potenzial ausschöpfen wollen, müssen Sie sich von ihm befreien.

Was die Schlange allerdings nicht erzählt, ist, dass Sie dann selbst diesen Hohlraum füllen müssen. Und siehe da: Es bleibt ein konstantes Gefühl von Mangel. Nie schön genug. Nie reich genug. Nie mächtig genug. Nie ausgebildet genug. Nie bestätigt genug. Nie sicher genug. Nie spirituell genug …

Dieses schwarze Loch des Mangels treibt die meisten Menschen in dieser Welt um. Das äußert sich in der Wirtschaft, die von unserem Trostkonsum lebt. In der Waffenindustrie, die ohne unsere Unsicherheit kollabieren würde. Medien, Internet, Ausbildung – alles baut darauf auf, dass wir nie genug bekommen. Politiker werden nicht primär von dem Wunsch angetrieben, eine gerechte Gesellschaft zu errichten, sondern von der Möglichkeit, die Unzufriedenheit derart auszubeuten, dass ihre Partei mehr Macht bekommt. Die Sozialen Medien werden von unserem Bedürfnis nach Kontakt angetrieben, was zu einem ständigen Vergleich mit anderen führt, was wiederum zu einem noch tieferen Gefühl des Mangels resultiert.

> Was vom Mangel angetrieben wird, trägt auch Früchte des Mangels: Stress, Verarmung, Kollaps.

Was jedoch vom Mangel angetrieben wird, trägt schließlich auch Früchte des Mangels: Stress, Verarmung, Kollaps. Mittlerweile lässt sich das Ergebnis global in steigenden Temperaturen in unserem gesamten Ökosystem messen.

Tomas Tranströmer hat in einem seiner Gedichte ein erschreckend genaues Bild von der Herrschaft dieser Leere gezeichnet und davon, wie sie uns von innen auffrisst. Wie kann etwas, das es nicht gibt, so viel Macht haben? Fragen Sie den Teufel, der sich von unserem leeren Haus angezogen fühlt (Matthäus 12,43-45). Tranströmers Gedicht heißt *Der Palast*[70]: In einem leeren Saal steht ein Pferd, »schwarz wie Eisen. Ein Bild der Macht/die blieb, als die Fürsten fort waren.« Und zum Schluss:

Das Pferd sprach: »Ich bin der Einzige.
Die Leere, die mich ritt, habe ich abgeworfen.
Dies ist mein Stall. Ich wachse langsam.
Und ich fresse die Stille hier drinnen.«

Wenn die Herrschaft der Leere in die christlichen Gemeinden einsickert, wird das Atmen schwer. In eher säkularen Umfeldern heißt es dann: Unsere Datensysteme sind zu ineffektiv. Unsere Kompetenzen sind zu schwach. Wir müssen mehr statistische Daten in den Gottesdiensten erheben. Wir müssen den Gemeinden schärfere Anweisungen geben. In überspirituellen Umfeldern hört man: Wir beten zu wenig. Wir sind zu schlecht im Missionieren. Bei uns werden zu wenige Menschen geheilt. Wir singen nicht mit genug Nachdruck.

Dort… weiter weg… hinter der Ecke… wenn wir da angekommen sind… Der nagende Mangel lässt uns nicht zur Ruhe kommen, sodass uns gar nicht auffällt, was wir haben und wofür wir dankbar sein könnten. Dieser Zustand ist der erstickende Atem des Teufels und hat nichts mit der Armut des Geistes zu tun, von der Jesus spricht.

Auch in der Armut des Geistes ist der Mangel höchstempfänglich. Aber er ist auf Gott ausgerichtet und nicht auf unsere eigenen Idealvorstellungen, und das ist der entscheidende Unterschied. Die Illusion der eigenen Genügsamkeit ist zerbrochen, die Last von den Schultern genommen und die Erwartung richtet sich ganz auf die Quelle des Lebens.

Die Angst vor Enthüllung

Das setzt natürlich voraus, dass die Illusionen tatsächlich zerbrochen sind. Bei Jesus besteht ein Zusammenhang zwischen Gnade und Wahrheit, an dem wir nicht vorbeikommen, wenn wir uns in dieser Freiheit bewegen wollen. »Er, der das Wort ist, wurde Mensch und lebte unter uns. Er war voll Gnade und Wahrheit und wir wurden Zeugen seiner Herrlichkeit, der Herrlichkeit, die der Vater ihm, seinem einzigen Sohn, gegeben hat« (Johannes 1,14).

Ohne Wahrheit keine Gnade. Diese einfache Regel sollte man sich hinter die Ohren schreiben: Jede Wahrheit bietet die Möglichkeit, mit Gott in Kontakt zu treten, egal, wie wenig geistlich sie auch klingen mag. Und jede Lüge trennt uns von Gott, egal, wie geistlich sie auch klingen mag. Die Gnade kann Sie und Ihre Situation nicht berühren, wenn Sie nicht ehrlich darüber sprechen, wie es Ihnen geht. Solange Sie an den Illusionen festhalten und die Wahrheit verdrängen, halten Sie sich auch die Gnade vom Leib.

Der Möglichkeiten sind gar viele. In Kapitel 2 habe ich bereits eine Liste mit den gängigen Fluchtwegen vorgestellt, die wir Menschen einschlagen, um der Wahrheit nicht ins Auge sehen zu müssen und den wirklichen Problemen ausweichen zu können.

Jede Wahrheit bietet die Möglichkeit, mit Gott in Kontakt zu treten.

Aber die Gnade-Wahrheit-Dynamik geht viel tiefer. Nicht nur ist die Wahrheit eine Voraussetzung für die Gnade. Die Gnade ist auch eine Voraussetzung für die Wahrheit. Denn wo können Sie schon aussprechen, wie es ist? Doch dort, wo Sie sich sicher, geliebt und angenommen fühlen. Wenn Sie Angst vor Enthüllung, Verurteilung oder Verstoßung haben, werden Sie die Wahrheit für sich behalten. In so einer Situation wiegt das Bedürfnis, angenommen und bestärkt zu werden, schwerer als die Sehnsucht, mit der Sprache herausrücken zu dürfen.

Vielleicht war das auch der Grund, warum es den Pharisäern und Schriftgelehrten so schwerfiel, ernsthaft über das wirkliche Leben zu sprechen, und sie sich lieber unter dem Deckmantel der

Religiosität verbargen. Vielleicht waren sie noch nie Gottes Güte begegnet, sondern lebten unter dem Druck von Anforderungen und einem harten Gottesbild.

Deshalb dieser ständige Lärm um nichts aus abstrakten und theoretischen Diskussionen, die Jesus in die Verzweiflung trieben. Wir können seine Hilflosigkeit gegenüber den geistlichen Führern erahnen, die sich weigern, die Wahrheit über ihr eigenes Leben zu sehen, und ständig über etwas anderes reden wollen:

> Euch Schriftgelehrten und Pharisäern wird es schlimm ergehen. Ihr Heuchler! Sorgfältig achtet ihr darauf, dass eure Tassen und Teller nach außen sauber sind, doch innerlich seid ihr durch und durch verdorben – voller Missgunst und Maßlosigkeit! Ihr blinden Pharisäer! Wascht erst einmal die Tasse von innen aus; das Äußere wird dann von selbst sauber.
> *Matthäus 23,25-26*

Und das im Kontrast zu den Sündern, die Jesus um sich schart. Die schon vor Ewigkeiten an dem Versuch gescheitert sind, alles richtig zu machen, und nichts mehr zu verlieren haben. Die Wahrheit über ihr Leben ist für alle offensichtlich. Jetzt geht es nur noch darum, die Wahrheit der Gnade zuzuwenden. Das Wunder geschieht in dem Moment, in dem unsere Wirklichkeit auf die Wirklichkeit Gottes trifft.

Tacheles reden

Diese religiöse Verdrehung der Wirklichkeit, die wir bei den Pharisäern und Schriftgelehrten sehen, ist heutzutage in den unterschiedlichsten Bereichen zu entdecken. Zum Beispiel in den Volkskirchen, wenn sich niemand mehr traut darüber zu sprechen, inwieweit Menschen sich noch zu Christus bekennen oder nicht – aus Angst davor, dass jemand sich ausgeschlossen fühlen könnte. Stattdessen wird so getan, als würden alle irgendwo und irgendwie den Glauben und die Ziele der Kirche teilen.

Dabei kann man die verrücktesten Situationen erleben. Zum Beispiel, dass ein ganzer Arbeitskreis in der Kirche zusammensitzt und überlegt, wie man die Gottesdienste attraktiver gestalten kann, aber keiner sich traut, Tacheles zu reden. Nämlich, dass von den anwesenden Personen keiner an den Erfolg des Arbeitskreises glaubt und sich eigentlich auch keiner so richtig verstanden fühlt, sondern alle nur peinlich darauf bedacht sind, um den heißen Brei herumzureden.

Sind Sie Gottes Güte begegnet oder leben Sie unter dem Druck von Anforderungen und einem harten Gottesbild?

Ungefähr so lief auch eine Debatte ab, von der ein Pfarrer mir erzählte. Einige Pfarrer sprachen mit ein paar Atheisten und die Pfarrer dehnten ihre Bekenntnisse dermaßen zur Unkenntlichkeit aus, bloß um allen im Raum das Gefühl zu geben, »tief in sich zu glauben«. Daraufhin wurde einer der Atheisten wütend und fragte: »Können Sie mir bitte sagen, was ich tun muss, damit Sie mich *nicht* zu den Christen zählen?« Er bekam keine Antwort.

In einem solchen Umfeld zieht sich der Geist der Wahrheit zurück und wartet darauf, dass wir zur Wahrheit zurückfinden und anfangen, ehrlich über die Wirklichkeit zu sprechen. So sagt auch Jesus: »Die Wahrheit wird euch frei machen« (Johannes 8,32).

Eine ähnliche Verdrehung der Wirklichkeit ist auch in überspirituellen Bereichen zu beobachten. Ich erinnere mich an eine Versammlung mit Leitenden aus verschiedenen charismatischen Bewegungen zu Beginn der 70er-Jahre in Stockholm. Einer von ihnen äußerte den verblüffenden Kommentar: »Es gibt keinen Bereich, wo es so schwer ist, Prophet zu sein, wie in charismatischen Bewegungen.« Alle sprechen zwar die richtigen spirituellen Worte und befolgen die geistlichen Vorschriften, aber niemand spricht darüber, was sie wirklich fühlen oder denken. In ihrem Eifer, Christus zu bekennen, haben sie die einzige Kontaktmöglichkeit zu ihm abgebrochen: ihre menschliche Erfahrung. So hängt das christliche Bekenntnis in der Luft und kann schlussendlich ihr Alltagsleben weder berühren noch verändern.

Am Ende kommt es auch hier zu einem absurden Theater, das den Gemeinden, die sich ängstlich säkularisieren, merkwürdig ähnelt. Der Raum ist erfüllt von Gesprächen, aber niemand redet Tacheles: Vielen von uns hier im Raum geht es schlecht, viele von uns zweifeln und würden viel lieber woanders sein. Aber niemand traut sich, die Spannung zu durchbrechen und zu rufen: »Aber der Kaiser ist ja nackt!«

Auch hier zieht sich der Geist der Wahrheit zurück und wartet.

Clark Kent in der Telefonzelle

So wie die Gnade und die Wahrheit zusammengehören, besteht auch ein verwandter Zusammenhang zwischen dem Göttlichen und dem Menschlichen. Und auch hier liegt der Schlüssel in der Inkarnation: »Das Wort wurde Mensch.« In Jesus von Nazareth treffen Gott und Mensch aufeinander und werden miteinander versöhnt. Göttlich und menschlich. Was Gott zusammengeführt hat, soll der Mensch nicht trennen.

Trotzdem haben wir das schon oft getan. Der Ausgangspunkt war meist eine ziemliche Abwertung des Menschlichen, das als Hindernis für die Gnade gesehen und deshalb mit unterschiedlichsten Mitteln bekämpft wurde. Das Ergebnis ist das gleiche, wie wenn die Wahrheit unterdrückt wird: Wir verlieren die einzige Möglichkeit, mit der Gnade in Kontakt zu kommen. Die verwandelnde Begegnung kann nicht stattfinden.

In der lutherischen Tradition ist der Sündenfall manchmal als solch grundlegender Totalausfall des Menschlichen gedeutet worden, dass es für alles Gute untauglich geworden sei. Deshalb sei Christus anstelle des Menschen gekommen. Was ursprünglich als einzig geltende Rettung des Menschen gedacht war – Christus nimmt die Strafe für mich auf, damit ich frei bin –, wird stattdessen in jeder Hinsicht praktisch eine Ersatztheologie. Radikale Nachfolge steht gar nicht zur Debatte. Die einzige Chance ist, die Möglichkeiten der menschlichen Natur aufzugeben und sich ganz auf die Gnade zu werfen. Die Gnade wird zum Ersatz für das Menschliche.

Die Flucht vor der Menschlichkeit untergräbt eine wirkliche Beziehung zwischen Mensch und Jesus.

Im heutigen charismatischen Milieu findet oft ein ähnlicher Austausch statt. Dem entwurzelten und identitätslosen Neuzeitmenschen, meist jungen, identitätssuchenden Menschen, die nach neuen Erlebnissen dürsten, wird die Identität in Christus angeboten. Nur leider viel zu oft ein bisschen so, wie der bleiche Journalist Clark Kent, der in eine Telefonzelle geht und als Superman herauskommt.

Die betreffende Person hat oftmals keine Ahnung, wer sie oder er auf tieferer Ebene ist, bekommt aber auf diese Weise einen legitimen und spirituellen Fluchtweg aus ihrem schwachen Selbstwert präsentiert. Eine stellvertretende Identität, die sich in ihrem äußeren Ausdruck dramatisch von der traditionellen lutherischen unterscheiden kann, in der Christus aber trotzdem als Ersatz für das Menschliche dient: »In *Christus* ist dir vergeben. In ihm bist du gerecht … und mit Autorität und Geistesgaben gesegnet.«

Thomas Merton zeigt in einigen seiner Bücher, dass die gleichen Mechanismen auch in der katholischen Kirche auftreten. Das Kloster mit Habit und festgelegten Abläufen kann im schlimmsten Fall genauso eine Flucht vor der Begegnung mit der eigenen Menschlichkeit und insbesondere der Sexualität sein. In all diesen Fällen hat diese Flucht ein rasches Verfallsdatum. Sobald die menschliche Natur nur einen Tag erwacht und sich aufrichtet, bricht das spirituelle Kartenhaus in sich zusammen. Der Mensch lernt dann auf die harte Tour, dass das, was es nicht geben sollte, alles erfüllt.

Diese Muster untergraben die Voraussetzungen für eine wirkliche Beziehung zwischen Mensch und Jesus. Im Fall der lutherischen Tradition wird die Distanz zwischen Gott und Mensch durch den Sündenfall betont, und das so sehr, dass der Mensch dazu neigt, sich vor Gott immer irgendwie einsam zu fühlen. Wenn man in dem Schema aus Retter und Sünder stecken bleibt, kann nie eine vertrauensvolle Beziehung zwischen Meister und Jünger entstehen.

In der charismatischen Spiritualität führt das genaue Gegenteil zur Einsamkeit des Menschen. Er identifiziert sich so sehr mit Christus und seiner Autorität, dass er keine Beziehung mehr zu Gott hat – er »ist« Christus. Denkt, was er denkt, spricht seine Worte zu Kranken und so weiter.

Das macht ihn zwar zunächst immun gegen die Kritik anderer. Andererseits plagt ihn aber schreckliche Einsamkeit, wenn das System nicht funktioniert. Wenn die Heilung ausbleibt, bleibt die Frage: Wem kann ich nun mein Leid klagen? Bei wem kann ich mich ausweinen? Ich »bin« doch Christus … In vielen Fällen hat diese Erfahrung schließlich dazu geführt, dass die Menschen Gott und der Kirche den Rücken kehrten.

Die Grenze zwischen Ich und Du

Die Begegnung von Mose mit Gott am brennenden Dornenbusch ist eine Szene von unfassbar existenzieller Schwere (2. Mose 3,1-6). Gott ruft ihn zu sich: »Mose! Mose!« Und als Mose näher kommt, sagt Gott: »Zieh deine Schuhe aus, denn du stehst auf heiligem Boden.« Diese dramatische Szene fasst die beiden Grundvoraussetzungen für alle Beziehungen zusammen – egal, ob es sich um die Beziehung zu Gott oder anderen Menschen handelt: *Nähe und Distanz.*

Ist die Nähe zu groß, besteht die Gefahr der Verwechslung von Ich und Du. In unzähligen Therapien und Seelsorgegesprächen geht es darum, dass Menschen, die mit Eltern, Partnern oder Kindern verschmolzen sind, die eigenen Grenzen wiederfinden.

Ist die Distanz zu groß, laufen wir hingegen Gefahr, in unserer Einsamkeit zu »erfrieren«. Ständig außen vor zu sein, macht unglücklich und identitätslos, genau wie die ungebrochene Symbiose bei zu großer Nähe. Erst wenn das Ich und das Du deutliche Grenzen haben, kann eine gesunde und lebensspendende Nähe zwischen beiden entstehen.

> Erst wenn das Ich und das Du deutliche Grenzen haben, kann eine gesunde Nähe entstehen.

Unsere Beziehung zu Gott baut auf den gleichen notwendigen Voraussetzungen auf:

- **Die fundamentale Distanz zwischen Schöpfer und Geschöpf.** Wenn das Schicksal zuschlägt, sagen wir oft: »Ich verstehe Gott nicht.« Das ist eine völlig normale spontane Reaktion angesichts dessen, was passiert ist. Bei näherer Betrachtung müssen wir uns jedoch wie Hiob mit der grundlegenden Tatsache abfinden, dass wir als Geschöpfe den

Schöpfer nicht verstehen können. Wie sollte das möglich sein? Wenn wir uns nicht auf dieser Distanz gründen – die im Unterschied zum Sündenfall in der Schöpfung gegeben und deshalb natürlich ist –, wird die Beziehung zu Gott früher oder später scheitern. Entweder in Missmut (»Ich bin wertlos«) oder in Hochmut (»Ich bin Christus«).

- **Die Nähe, zu der Jesus uns beruft und die durch das Werk des Heiligen Geistes zu einer persönlichen Erfahrung wird.** Unser ganzes menschliches Register aus Körper, Sinnen, Gefühlen, Willen und Intellekt kann mit Gott in Kontakt treten und ist kein Hindernis für die Gemeinschaft mit ihm. Die Gnade wirkt gemeinsam mit dem Menschlichen und ersetzt es nicht.

Diese beiden Seiten unserer Beziehung zu Gott müssen immer im Einklang miteinander sein und dürfen nicht gegeneinander ausgespielt werden. Nur so kann die Beziehung reifen und nachhaltig vertieft werden. Nur indem wir uns selbst und Jesus kennenlernen, kann die Beziehung ausreichend Tragkraft bekommen und den Herausforderungen des Lebens standhalten.

Für das Gemeindeleben hat das direkte Konsequenzen. Wenn diese beiden Seiten nicht zusammenkommen, wenn »die Gnade die Natur zum Schweigen gebracht hat«, entstehen die klassischen Kommunikationsprobleme in der Gemeinde. Wenn die Menschen ihre Grenzen zum Schöpfer nicht mehr spüren und nur noch »in Christus« denken und reden, kann man nicht länger vernünftige Gespräche führen. Dann sind Gefühle, vernünftige Argumente und der menschliche Wille nicht länger Bestandteil der Gespräche, sondern werden von den »Geistlichen« nur als Hindernis für Gottes Stimme gesehen. Irgendwo auf diesem Weg bricht die Beziehung zusammen und die Gemeinde zerfällt.

Genauso verheerend ist es, wenn die Theologie vom Gemeindeleben getrennt wird. Die Theologie verschwindet und die Gemeinde verzweifelt! Dabei ist es so lebensspendend, wenn die theologische Klarheit das Gemeindeleben beleuchtet. Wer hätte gedacht, dass ein Satz aus dem Konzil in Chalzedon von 451 so eine praktische Bedeutung haben könnte:

> Jesus Christus ist wahrer Gott und wahrer Mensch, eine Person in zwei Naturen. Das Göttliche ist vom gleichen Wesen wie der Vater, das Menschliche vom gleichen Wesen wie wir. Beide sind in ihm vereint, ohne Unterschied, Vermischung oder Veränderung.

Lust, die heiße Kartoffel in der Kirche

Wenn die Gnade den Menschen berührt, wird Energie freigesetzt. Ein Schlüsselbegriff in diesem Zusammenhang ist »Lust« – ein Wort, dass in der Kirche häufig wie eine heiße Kartoffel behandelt wird. Teils, weil es oft sexualisiert wurde und somit von der Angst umgeben ist, die die Kirche seit Augustinus in diesem Bereich gefangen hält. Teils aber auch, weil Lust oft misstrauisch als Egoismus oder Begierde beäugt wird und somit als nicht ernst zu nehmend. Zu oft galt die Lust als Gegenteil der Pflicht, getreu dem einfachen Schema Lust = schlecht, Pflicht = gut.

Das hängt vermutlich damit zusammen, dass der Wille in der protestantischen Theologie als durch den Sündenfall völlig verdorben betrachtet wurde, dem man folglich nicht nachgehen durfte. Wenn Generation für Generation ihre Kinder in dem Glauben erzieht, dass man dem eigenen Willen nicht trauen dürfe (mit anderen Worten: nicht tun darf, worauf man Lust hat), verschwindet mit der Zeit die Energie, die in der Lust liegt. Dann bleibt schlussendlich nur die Pflicht zu helfen. Da ist es nicht weiter verwunderlich, dass viele ihr Engagement in Unternehmen oder andere Geschäftsbereiche verlegen, wo die Lust nicht als Problem, sondern als kreative Kraft verstanden wird.

Wenn Gemeinden von pflichtbewussten Menschen geführt werden, die vor langer Zeit aufgehört haben, auf ihre Lust zu hören, entstehen ganz typische Wortwechsel, wenn zum Beispiel ein jüngeres Vorstandsmitglied sagt: »Ich habe einfach keine Lust mehr darauf.« Die Standardantwort der Pflichtbewussten ist: »Und wie, meinst du, würde die Gemeinde aussehen, wenn alle nur das machen würden, worauf sie Lust haben?«

Wie würde die Gemeinde aussehen, wenn alle das täten, wofür sie brennen?

Dann verebbt das Gespräch, der Jüngere schweigt, während die Pflichtbewussten mit ihrem *business as usual* weitermachen. Eine interessante Gegenfrage in dieser Situation wäre definitiv: »Wie würde die Gemeinde aussehen, wenn alle das täten, wofür sie brennen?«

In den Gemeinden liegt so unfassbar viel Energie unter »man sollte« begraben. Die Menschen haben so viel Lust, die zwar nicht jede Pflicht bedienen kann, aber die nur darauf wartet, von Gottes Gnade berührt zu werden. Und hier stellt Gottes Wort wie so oft unsere frommen Vorstellungen auf den Kopf. Anstatt die Lust als Gegensatz zum Willen Gottes zu begreifen, beschreibt der lange Psalm 119 die Lust als ein inniges Zusammenspiel mit Gottes Willen. Der Psalm nennt das Wort »Lust« besonders häufig – hier übersetzt mit Freude.

> Ich will mich an deinen Ordnungen freuen und dein Wort nicht vergessen … Ich habe Freude an deinen Weisungen, denn sie

sind mir gute Ratgeber … Wie freue ich mich an deinen Geboten, die ich so sehr liebe! … denn dein Gesetz ist meine Freude … Ohne die Freude an deinem Gesetz wäre ich verzweifelt in meinem Elend … ich habe doch Freude an deinen Geboten.
Psalm 119,16.24.47.77.92.143

Wenn der Mensch das Wagnis eingeht, auf seine Lust zu hören und sie für Gott in einem ehrlichen Gespräch zu öffnen, findet die Gnade ihren Weg für ungeahnte Möglichkeiten. Wenn der Mensch aufhört, seinem Willen zu misstrauen, und ihn vor Gott bringt, kann ungeahnte kreative Energie entstehen.

Warum fragt Jesus die Menschen, die er trifft, so oft: »Was sucht ihr?«, oder: »Was willst du, dass ich dir tue?« – wenn der menschliche Wille unwichtig wäre oder sogar in die Irre führen würde, wäre das doch Quatsch.[71] Jesus hört auf unseren Willen und unsere Lust, weil er genau weiß, dass wir dort völlig anwesend und somit am empfänglichsten für die Gnade sind. Dort, wo wir ehrlich vor Gott benennen, was wir wollen, haben wir die größte Chance, auf seinen Willen zu hören.

Manchmal kann es ein bisschen dauern, bis wir diesen Willen fassen können. Das Rauschen in uns kann so stark sein, dass wir die Stimme des Herzens nicht hören. In diesem Zustand können wir weder unseren eigenen Willen noch den Willen Gottes erkennen. Ich erinnere mich an eine meiner eigenen Exerzitien. Ich hatte über einen Bibeltext meditiert und anschließend ein paar Gedanken notiert. Als ich danach spazieren ging, kamen mir diese Notizen furchtbar dürftig und leblos vor. Sie waren nicht falsch oder theologisch zögerlich, aber letztlich nur ein Haufen aneinandergereihter frommer Klischees, die man so von sich gibt, wenn nichts »passiert« ist. Ich ging zurück in mein Zimmer und warf alle Notizen weg. An diesem Tag lernte ich eine wichtige Lektion: Lieber ein

Blatt leer lassen, als zu versuchen, diesen Weißraum mit eigenen Projekten zu füllen.

Eine Lektion, die auch der Gemeindearbeit ganz guttut.

In der Anstrengung aufgehen

Ehrlicherweise muss man sagen, dass auch die postmoderne Kultur kein besseres Umfeld darstellt, um den eigenen Willen zu finden. Hier herrscht oft das gegensätzliche Misstrauen: Alles, wozu einem nicht direkt das Bauchgefühl rät, sollte man verwerfen. Die Pflicht gilt als suspekt und irreführend, während der Lust freie Zügel gelassen werden. Hier ist es schwer, etwas Langfristiges aufzubauen. Besonders Gemeinden lassen sich schwer aufbauen, da viele aufgeben, sobald es anstrengend wird.

Lust gedeiht nicht dort am besten, wo es keine Pflichten gibt. Die kollektive Auslöschung der Pflicht in unterschiedlichen Bereichen nach den befreienden 68ern deutet darauf hin, dass Lust und Pflicht enger miteinander verknüpft sind als zunächst angenommen. Wenn wir die ganze Zeit unseren Impulsen nachgeben, wird uns nicht etwa klarer, was wir tief im Innersten wollen – wir werden unsicherer, was wir wollen.

> Gottes Wille ist in dem Unvermeidbaren zu erkennen, in dem, was immer wiederkehrt, sooft wir auch versuchen, es zu verdrängen.

Wenn Widerstand und Pflicht ihre vorgesehenen Rollen einnehmen können, helfen sie dabei, zwischen oberflächlichen und innigen Wünschen zu unterscheiden. Was bleibt bestehen? Welche Sehnsucht kehrt trotz Widerständen – oder vielleicht genau deswegen – immer wieder?

An diesem Punkt können wir auch Gottes Willen in all unseren widerstrebenden Signalen erkennen. Bekanntermaßen können in einer Gemeinde ziemlich viele seltsame Ideen aufkommen, die von wohlmeinenden Menschen als Gottes Wille verkauft werden. Woher sollen wir wissen, ob es nicht die eigenen Ideen und Ambitionen dieser Personen sind? Wie können wir lernen, die Gnade wiederzuerkennen, um mit ihr zusammenzuarbeiten? Wie erkennen wir Abwege?

Wenn es dafür ein einfaches Regelwerk gäbe, wäre die Kirchengeschichte nicht so vielseitig und widersprüchlich. Im Kapitel »Das Problem mit dem blinden Augenarzt« im Buch *In Freiheit dienen* habe ich kurz geschildert, wie wir geistliches Urteilsvermögen erlangen können. Lassen Sie mich an dieser Stelle noch zwei Kriterien hinzufügen:

- **Gott überrascht**: In der Bibel wimmelt es nur so von Beispielen, wie Gott Dinge tut, die die Menschen sich ganz anders gedacht haben. Zum Beispiel der plötzliche Besuch des Engels bei der Teenagerin Maria, der, wie alle wissen, gigantische Konsequenzen für die gesamte Menschheit hatte. Oder, wenn auch in kleinerem Format, Connys Besuch in der Kapelle in Lund. Oft (aber nicht immer!) gilt folgende Faustregel: Je unerwarteter und ungeplanter, je weniger Kontrolle wir haben, desto wahrscheinlicher ist es, dass wir es mit dem lebendigen Gott zu tun haben.
- **Gott gibt Energie**: Unsere eigenen Projekte und Ambitionen neigen dazu, theoretisch, energiearm und kurzfristig zu sein. Auf die lange Strecke machen sie uns müde und frustriert. Wenn Gott spricht und handelt, weckt er Freude, gibt Energie und setzt sein Werk langfristig fort.

Gottes Wille ist ein zufälliger Impuls. Er gibt sich in dem Unvermeidbaren zu erkennen, in dem, was immer wiederkehrt, sooft wir auch versuchen, es zu verdrängen. Ebenjene langfristige Tragfähigkeit ist das Zeichen dafür, dass wir uns »an deinen Geboten freuen«. Dort treffen Pflicht und Lust endlich aufeinander und sind miteinander versöhnt.

Diskrete Verschiebung – Wie kommt Christus wieder ins Zentrum?

Wenn der Wille des Menschen und die Gnade Gottes auseinanderzudriften drohen, die Lust vergeht und nur noch die Pflicht übrig bleibt, dauert es nicht lange, bis wir uns nach »neuen Lösungen« umsehen. Die diskrete Verschiebung unseres Fokus und unserer Erwartung weg von Gott auf etwas anderes kann unterschiedliche Formen annehmen. Aber überall wird der Druck auf unsere eigenen Schultern stärker, weil jetzt alles an uns hängen bleibt.

Hier einige Beispiele: Im traditionellen Milieu gilt es, den Laden um jeden Preis zusammenzuhalten. Im charismatischen Bereich gilt, solange man nur den rechten Glauben hat und Lobpreis singt, wird sich schon alles regeln. Im akademischen Bereich geht es um die richtige Auslegung, den angesagten Theologen, 10-Punkte-Vertiefungskurse. Im hochkirchlichen Bereich meint man, mit richtiger Liturgie und genauer Beachtung des Heiligenkalenders alles regeln zu können. Der therapeutische Ansatz setzt darauf, dass man den ersten Schritt machen müsse, und das kontemplative Verständnis ist der Überzeugung, dass man nur lernen müsse, wirklich zu meditieren, wie in einer Art »Jesus-Karate«: Wir müssen das Evangelium durch die richtigen Gewohnheiten trainieren. Der ignatianische Weg fragt, wann wir unsere 30-Tage-Exerzitien machen.

Immer das gleiche Muster: »Wenn wir nur so handeln oder denken, dann …« Das Problem ist allerdings selten das Handeln oder Denken selbst, sondern ebenjene Verschiebung unserer Erwartung. Es ist nicht mehr Jesus, der im Mittelpunkt steht, sondern wir selbst.

Es ist so oft nicht mehr Jesus, der im Mittelpunkt steht, sondern wir selbst.

In eine solche Situation hinein schreibt Paulus seinen Brief an die Galater. Nach einem schönen Frühling mit vielen Erweckungen haben sich in der Gemeinde Gruppen gebildet, die der heimtückischen Auffassung sind: »Wenn ihr etwas erreichen wollt, müsst ihr es so anfangen.« Paulus hört aus erster Quelle von seinen Brüdern und Schwestern, was passiert ist: »Wo ist nur eure Freude von damals geblieben?« Und er ist verzweifelt:

> O ihr unverständigen Galater! Wer hat euch so durcheinandergebracht? Ihr habt doch so klar erkannt, was der Tod von Christus für uns bedeutet, als ich euch Jesus Christus, den Gekreuzigten, vor Augen malte! Sagt mir: Habt ihr den Heiligen Geist etwa durch das Befolgen des Gesetzes empfangen? Versteht ihr das denn wirklich nicht? Ihr habt begonnen, ein Leben mit dem Heiligen Geist zu führen. Warum wollt ihr jetzt auf einmal versuchen, es aus eigener Kraft zu vollenden? Ihr habt so viel durch die gute Botschaft erfahren. Sollte das etwa vergeblich gewesen sein? Wollt ihr das alles jetzt wegwerfen?
> Ich frage euch noch einmal: Schenkt Gott euch den Heiligen Geist und wirkt Wunder unter euch, weil ihr das Gesetz Moses befolgt? Oder tut er es, weil ihr die Botschaft glaubt, die ihr über Christus gehört habt?
> *Galater 3,1-5*

Erinnern Sie sich daran, dass diese unmerkliche Verschiebung von Jesus zu etwas anderem sowohl unter geistlichen als auch säkularen Vorzeichen passieren kann. Paulus weist darauf hin: »Wie ein brüllender Löwe streift euer Feind, der Teufel, umher und sucht nach einem Opfer, das er verschlingen kann« (1. Petrus 5,8). Wenn die eine Seite nicht funktioniert, versucht er, die andere einzunehmen. Wenn die Gemeinde mit Säkularisierung nicht zu locken ist, wird der Teufel, wie der Autor Olov Hartman sagt, »die Spiritualität in Person.« Und umgekehrt. Aber immer mit dem gleichen Ziel: weg von Jesus.

Deutliche und konkrete Glaubensziele für die Gemeinde festzulegen, kann beispielsweise einen sehr geistlichen Anschein haben: »So viele Mitglieder wollen wir in fünf Jahren haben, um so viel Prozent wollen wir jedes Jahr wachsen, so viele neue Gemeinden wollen wir gründen ...« Das Problem ist nur, dass diese Denkweise viel näher an den Wachstumsgedanken und Quartalsberichten von Unternehmen ist als bei den Pionieren der christlichen Kirche. Lassen Sie uns zum Kontrast daher für einen Moment darauf hören, was es heißt, den Glauben zu leben (Hebräer 11,33-39):

> Durch den Glauben haben sie Königreiche bezwungen, mit Gerechtigkeit regiert und bekommen, was Gott ihnen versprochen hatte. Sie verschlossen Löwen das Maul, löschten Feuerflammen und entkamen der tödlichen Klinge des Schwertes. Ihre Schwäche wurde in Stärke verwandelt. Sie wurden stark im Kampf und schlugen ganze Armeen in die Flucht. Frauen erhielten ihre geliebten Angehörigen aus dem Tod zurück. Doch andere vertrauten Gott und wurden gefoltert, weil sie lieber starben, als sich von Gott abzuwenden und freizukommen. Sie setzten ihre Hoffnung auf die Auferstehung zu einem besseren Leben.

Einige wurden verspottet und ausgepeitscht, wieder andere wurden im Gefängnis angekettet.
Manche starben durch Steinigung, andere wurden zersägt, wieder andere mit dem Schwert getötet. Einige gingen in Schaf- oder Ziegenfellen umher, litten Hunger und wurden unterdrückt oder misshandelt. Sie, die zu gut für diese Welt waren, zogen durch Wüsten und über Gebirge und suchten Zuflucht in Höhlen und Erdlöchern.

Und die Moral von der Geschicht'? »Da wir von so vielen Zeugen umgeben sind …, wollen wir unsere Augen auf Jesus gerichtet halten« (Hebräer 12,1-2).

Wenn das säkulare Erfolgsdenken in die Gemeinden übertragen wird, soll meistens versucht werden, Gott dazu zu bringen, auf eine bestimmte Weise zu handeln. Es fallen Begriffe wie Größe, Effektivität, Ergebnisorientierung, Messbarkeit oder Eile.

All diesen gut gewählten, geistlich klingenden Worten liegen Züge von Magie zugrunde: Wir wollen mit unserem Denken und Handeln Gott dazu bewegen, sich auf eine bestimmte Weise zu verhalten, damit wir mit dem richtigen Verhalten die geistlichen Kräfte für unsere eigenen Ziele nutzen können. Das führt zwangsläufig dazu, dass *wir* im Zentrum des Geschehens landen. Das Ergebnis lässt nicht lange auf sich warten: Wir werden müde.

Die biblischen Pioniere und die Märtyrer der Kirche lehren uns hingegen eine völlig andere Art, den Glauben zu leben. Hier geht es eher um die Zusammenarbeit mit Gottes Handeln und darum, auf das zu reagieren, was man Gott tun hört und sieht. Dann stehen ganz andere Begriffe im Vordergrund, nämlich: Zuhören, Empfangen, Gehorsam, Risiko oder Leiden.

Im Unterschied zu Magie geht es hier darum, für Gottes Willen offen zu sein und mit ihm zusammenzuarbeiten, anstatt auf unterschiedliche Art zu versuchen, Gott unseren Willen verwirklichen zu lassen. Hier steht Jesus Christus im Mittelpunkt und nicht wir. Die Mitte von allem ist das, was Gott ist, nicht das, was wir tun. Auch hier bleibt das Ergebnis nicht aus: Erleichterung macht sich breit.

6

DER SCHLÜSSEL LIEGT AUF DER SCHWELLE – Kirche bauen, die der Sehnsucht des Herzens folgt

Oft suchen wir die Lösungen für unsere Gemeindearbeit an der falschen Stelle: »Wenn ich diese Weiterbildung gemacht habe, … Wenn wir mit dem Mitarbeiterteam weggefahren sind, … Wenn der Prediger uns besucht hat, … Wenn wir die Analyse zu unserem Stadtviertel gemacht haben, …« Und jedes Mal kehren wir mit dem gleichen Ergebnis an den Ausgangspunkt zurück: Der Schlüssel liegt woanders.

Er liegt viel näher, als wir glauben. Die Goldene Regel, die Jesus uns mitgibt, fährt wie eine Machete durch den Wald aus Methoden und Lösungen, die sich im Lauf der Jahrhunderte etabliert haben. Der Schlüssel ist zusammengefasst:

> Geht so mit anderen um, wie die anderen mit euch umgehen sollen. In diesem Satz sind das Gesetz und die Propheten zusammengefasst.
>
> *Matthäus 7,12*

In welcher Gemeinde wollen Sie selbst leben? Bauen Sie sie auf. Auf diese Weise entwickelten auch Olle Carlsson und seine Freunde die

Allerheiligenmesse in Stockholm. »Welchen Gottesdienst würden wir gern feiern?«, fragten sie sich. Das setzten sie um. Dass Tausende, die sich niemals in einen normalen Gottesdienst begeben hätten, auf diese Weise ihren Weg zur Kirche fanden, ist wohl kaum ein Zufall. Schließlich folgt es genau dem, was Jesus sagt: »Gib den Menschen, was du selbst haben willst.«

Das heißt natürlich nicht, dass Sie Ihren eigenen Geschmack zur Norm für andere erheben sollen. Es geht eher darum, darauf zu hören, was Sie zutiefst anzieht. Wonach sehnen Sie sich? Welche Wunden in Ihrem Leben schreien nach Heilung? Welche Erfahrungen haben Ihnen geholfen, Ihre Beziehung zu Gott zu vertiefen? In welchen Formen fühlen Sie sich selbst sicher und entspannt, sodass Sie sich trauen, sich Ihrem Inneren zu nähern? Und damit auch Gott?

Das setzt aber voraus, dass Sie wissen, was Sie wollen. Und das ist vielleicht genau der Punkt, wo christlichen Leiterinnen und Leitern so oft der entsprechende Schlüssel fehlt. Ich erinnere mich an ein Gespräch vor vielen Jahren. Ein älterer Priester erzählte, wie müde er war, und er fragte, ob ich ihm nicht einen Rat geben könne. Ich fragte ihn: »Wenn Sie genau das tun könnten, was Sie wollen, was würden Sie dann machen?« Er antwortete: »Das weiß ich nicht.«

Wonach sehnen Sie sich? Welche Wunden in Ihrem Leben schreien nach Heilung?

Zwei Dinge habe ich aus diesem Gespräch mitgenommen. Zum einen, dass es diesem Priester unerhört schwergefallen sein muss, in seinem Dienst auf die Sehnsüchte anderer Menschen einzugehen, wenn er nicht wusste, wonach er sich selbst sehnte. Zum anderen, dass es ihm genauso schwerfallen musste, den Willen Gottes für sein Leben zu finden, da er nicht wusste, was er selbst wollte. In diesem Fall wäre Gottes Wille nur ein *Ersatz* für den Willen des

Menschen. Das ist weder besonders nachhaltig noch im Einklang mit Gottes Art, Beziehungen mit uns Menschen aufzubauen.

Der Psychiater Albert Görres, der mit vielen kirchlichen Führungspersonen gearbeitet hat, formuliert, was viele in den Kirchenbänken als leichtes Gefühl einschläfernder Unwirklichkeit erleben mögen:

> Bei Theologen und Ordensleuten erlebt man oft das Unvermögen und den Unwillen, sich selbst ohne erstaunliche Vorurteile zu beobachten. Weder wollen sie wissen, was sie tatsächlich fühlen, noch lassen sie es zu.
> Sich aber offen und entspannt selbst zu betrachten, und zwar nicht mit nach innen gerichteter Selbstspiegelung, sondern ganz einfach mit der Bereitschaft, das Innere reden zu lassen, ist die Grundlage für unsere Kontakte mit anderen Menschen auf Gefühlsebene.
> Deshalb bedeutet jede Form von Fremdheit unserem eigenen Inneren gegenüber und jede Tendenz, diese Signale auszuschließen, eine Störung in unserem Kontakt mit anderen.
> Das ist der Grund dafür, dass die Bedürfnisse und Probleme der Menschen so oft ignoriert werden und in Predigten und anderen Gemeindeaktivitäten nicht vorkommen. Die Priester sind nicht in der Lage, ein wirkliches Gespräch zu führen, weil sie sich der psychologischen Erfahrung einer Begegnung mit sich selbst verschlossen haben, wenn sie nicht zulassen, ihre eigenen drängendsten Fragen und Probleme auszudrücken.[72]

Wenn die religiösen Pflichten verkalken und zu einem alles überdeckenden »Sollte« werden, können wir unsere inneren Signale nicht mehr hören. Dann versuchen wir die ganze Zeit, das zu fühlen, was wir fühlen »sollten«, und zu wollen, was wir wollen »sollten«. Wir üben uns also darin, unpassende Gefühle und Gedanken zu zensieren und zu verdrängen. Am Ende hören wir gar nichts mehr und tasten blind zwischen den Anforderungen und Erwartungen herum, die andere Menschen an uns stellen. Es muss dieser Mechanismus gewesen sein, der Jesus bei den religiösen Leitern so frustriert hat:

> Ihr Pharisäer achtet peinlich genau darauf, Becher und Teller äußerlich zu säubern, doch innerlich seid ihr alles andere als rein, sondern voller Habgier und Bosheit! … Wie schlimm wird es euch, die ihr das Gesetz kennt, ergehen! Denn ihr versteckt den Schlüssel der Erkenntnis vor den Menschen. Ihr kommt selbst nicht ins Reich Gottes und hindert andere daran, hineinzukommen.
> *Lukas 11,39.52*

Er erklärt auch, warum die eigene Seelsorge und geistliche Begleitung einer Führungsperson kein Privatvergnügen sein darf, in dem sie eigenen, nicht mit dem Dienst verbundenen Interessen nachgeht. Denn in ihr liegt die Quelle einer scharfsinnigen Führung.

> Was nützt es, wenn ein Blinder den anderen führt? Er wird in eine Grube fallen und den anderen mitreißen. … Was hältst du dich mit dem Splitter im Auge deines Freundes auf, wenn du einen Balken im eigenen Auge hast? Wie kommst du auf den Gedanken zu sagen: »Freund, lass mich dir helfen, diesen Splitter aus deinem Auge zu ziehen«, wenn du nicht über den Balken in deinem eigenen Auge hinausschauen kannst? Du Heuchler! Entferne zuerst einmal den Balken aus deinem eigenen Auge; dann wirst du vielleicht gut genug sehen, um den Splitter aus dem Auge deines Freundes zu ziehen.
> *Lukas 6,39-42*

Profis und Laien, eine lähmende Aufteilung

Was passiert, wenn man die Goldene Regel umdreht? In den USA kann man das am *community organizing* erkennen, einem ehrenamtlichen Einsatz in abgelegenen Wohnvierteln, der den Menschen dort zu einem erträglicheren Leben verhelfen soll. Dort gilt die Devise: »Tu niemals für andere, was sie selbst tun können.« Dieser Grundsatz kommt aus der Erfahrung, dass professionelle Hilfe von außen oder von oben die Menschen passiv macht, sie in ihrer Opferrolle bestätigt und darin verhaftet und so daran hindert, aufzustehen und selbst Verantwortung für ihre Situation zu übernehmen. Wenn Hilfe wirklich zu Veränderungen führen soll, muss sie wie die Montessori-Pädagogik funktionieren: »Hilf mir, es selbst zu tun.«

Wir trennen den Leib Christi in diejenigen, die in puncto Gott Profis sind, und in Amateure.

Damit hat die Goldene Regel ein ganz anderes Problem in der Kirche geschaffen: die geistliche Professionalisierung. Oder anders gesagt: eine Kirche, die durch die Aufteilung in Profis und Laien gelähmt wird. Normalerweise findet das Wort »Laie« (das im Neuen Testament übrigens nicht existiert) folgende Anwendung: Kann ein Laie diese Lampe aufstellen oder müssen wir dafür einen Elektriker kommen lassen? Mit einem einzigen Wort trennen wir den Leib Christi in diejenigen, die in puncto Gott Profis sind, und in Amateure.

Dabei ist dann auch egal, wie sehr wir uns für die »Laienausbildung« einsetzen – das Kind ist in den Brunnen gefallen. Wir haben schon deutlich gemacht, wie Besitzverhältnisse und Teilhabe in der Kirche verteilt sind – und wer Konsument ist. So wird die Kirche zu einem Spiegelbild der 20/80-Gesellschaft. 20 Prozent Produzenten und 80 Prozent Konsumenten.

Vergleichen wir das einmal mit der Gemeinde des Neuen Testaments, wo »miteinander« einer der Schlüsselbegriffe ist. Wenn Paulus und die anderen Apostel ihre Briefe an die Ortsgemeinden im Mittelmeerraum schreiben, schreiben sie *nicht* an die Leitenden: »Teilt euer Zuhause gastfreundlich mit anderen ... andere lehren ... liebt die anderen ... helft den anderen bei Schwierigkeiten ... vergebt anderen ...«

Stattdessen wird die grundlegende Gegenseitigkeit im Wesen der christlichen Kirche mit genau diesen Worten betont: »Teilt euer Zuhause gastfreundlich miteinander ... lehrt einander ... liebt einander ... helft euch gegenseitig bei Schwierigkeiten ... vergebt einander ...«[73]

Diese Gegenseitigkeit geht auf Gottes eigenes Wesen zurück. Der Dreieinige ist eine Gemeinschaft gegenseitiger Liebe, keine hierarchische Machtpyramide. Vater, Sohn und Heiliger Geist ordnen sich einander unter, erhöhen einander, lieben einander, hören einander zu, dienen einander, freuen sich übereinander.[74]

Die Dreieinigkeit ist kein theologisches Problem, sondern vielmehr die Lösung für eine Reihe unserer schwierigsten Probleme. Nicht zuletzt für das Paradox »Einheit/Vielfalt«, die sowohl in der Gemeinde als auch der Politik und besonders auch in der Ehe oft der Knackpunkt ist. Wie können wir eins sein und gleichzeitig individuelle Persönlichkeiten? »Folgt in allem Gottes Beispiel«, schreibt Paulus in Epheser 5,1.

Er beantwortet die Frage mit seinen wiederholten Referenzen auf den Körper und seine Glieder noch ein Stück genauer.[75] Die Gemeinde ist ein einziger Körper mit vielen Gliedern. Einheit und Vielfalt in organischer Vereinigung. Das Zusammenspiel zwischen Einheit und Vielfalt zeichnet den gesunden Körper aus. Ist ein Glied geschädigt oder krank, beeinflusst es den ganzen Körper und andersherum.

Darauf lassen sich viele Bibelstudien aufbauen. Das Problem ist dabei nur, dass die Person, die das Studium leitet, vermutlich genauso viel durch ihr eigenes Verhältnis zu Christi Körper kommuniziert wie durch ihre theologischen Gedanken. Kleine Testfrage: Was zählt für meinen Selbstwert als Leiterin oder Leiter mehr – meine Teilhabe an der Gemeinschaft oder meine Besonderheit in der Gemeinschaft?

Ist die Besonderheit identitätsstiftender als die Teilhabe oder der Job, oder ist die Kompetenz oder die Spiritualität wichtiger für meinen Selbstwert als die Zusammengehörigkeit mit meinen Brüdern und Schwestern, werde ich das kommunizieren – ganz egal, was ich in meiner Bibelauslegung sage. Dann bestätigt sich einmal mehr, dass sich die Kirche von den Spielregeln der Welt nicht ausnimmt: Es geht um Prestige, nicht um Beziehung.

Auch hier zeigt sich unsere kulturelle Gefangenschaft im westlichen Welt- und Menschenbild. Der südafrikanische Theologe Albert Nolan beschreibt den Unterschied so:

> Das kulturelle Ideal für die westliche, industrialisierte Welt ist ein *Selfmade*-Mensch, ein unabhängiger Selbstversorger. Ein Individuum, das für sich selbst steht und niemand anderen braucht (außer für Sex) und der niemandem etwas schuldig ist … Eigenes Geld zu haben ist für diese Unabhängigkeit natürlich entscheidend. Hierauf gründet die Jagd nach Karriere und der frenetische Stress, der den unabhängigen Lebensstil ausmacht.
>
> Das ist das Ideal, für das Menschen leben und arbeiten. Das ist ihr Lebensziel, dem sie alles Mögliche opfern. So »schaffen wir uns ein Leben«. So entdecken wir unsere Identität. Ein

Schriftsteller drückt es so aus: »Die westliche Welt behauptet, dass ein Mensch nur dann eine authentische Identität erreicht, wenn er sich deutlich von anderen und dem Rest der Umwelt unterscheidet.« Freiheit und Glück werden mit Unabhängigkeit und Selbstgenügsamkeit gleichgestellt.
Aus der Sicht von anderen Kulturen dieser Welt, sowohl von heutigen als auch historischen, ist das völlig unbegreiflich.
In anderen Kulturen gelten Personen, die vom Rest der Gemeinschaft getrennt und isoliert sind, als zutiefst unglücklich und gescheitert. Gegenseitige Abhängigkeit, soziale Zusammengehörigkeit und Zutrauen zum anderen sind hochgeschätzte kulturelle Qualitäten. In Afrika sagen wir: »Eine Person wird erst durch andere Menschen zur Person.«[76]

Als die Kirche von zu Hause auszog

Architektur ist nicht unwichtig. Während unserer acht Jahre in einer Kommune in den 70ern und Anfang der 80er-Jahre haben wir diesen Begriff auch oft im Zusammenhang mit dem Zusammenleben benutzt: »Gemeinschaft hat viel mit Architektur zu tun.« Wenn ein paar Leute zusammen in eine Wohnung ziehen, kommt es früher oder später zur Krise. Es ist langfristig einfach zu anstrengend, so eng aufeinander zu wohnen und die gleiche Küche zu benutzen. Wir haben es damals verhältnismäßig lange ausgehalten, weil wir ein dreistöckiges Haus mit mehreren kleinen Wohnungen bewohnten. So konnten wir entscheiden, wie viel Gemeinschaft wir wollten, ohne einander die ganze Zeit auf dem Schoß zu sitzen.

In den ersten dreihundert Jahren bauten die Christen keine Kirchen. Das war für lange Zeit viel zu gefährlich in Hinblick auf die Verfolgung durch Behörden und andere Gruppen. Außerdem kostete ein Kirchenbau viel Geld, das man lieber den Armen gab. Erst als das Christentum offiziell vom Kaiser anerkannt wurde, wurden die ersten Kirchen gebaut.

Das war ein ziemlicher Einschnitt. Bislang hatten sich die Christen zum Beten, zur Nachtwache und zum Studium von Gottes Wort in ihren Privathäusern getroffen. Das Neue Testament wimmelt nur so von Beispielen aus diesem Bereich. Als Petrus auf wundersame Weise aus dem Gefängnis befreit wurde, ging er »zum Haus von Maria, der Mutter des Johannes Markus. Dort waren viele Menschen zusammengekommen, um zu beten. Er klopfte an die Tür im Hofeingang, und eine Dienerin mit Namen Rhode kam, um zu öffnen« (Apostelgeschichte 12,12-13).[77] Und so weiter.

Wir gehen anders miteinander um, wenn wir um den Küchentisch sitzen, im Konferenzsaal oder auf Kirchenbänken.

Dass man sich beieinander zu Hause traf, hat natürlich den Charakter der Gemeinden geprägt. Wir gehen einfach anders miteinander um, wenn wir um den Küchentisch sitzen, als wenn wir in Konferenzsälen sitzen, von fest stehenden Kirchenbänken einmal ganz zu schweigen.

Ein wichtiger Aspekt ist hier die Rolle der Frau.[78] Durch ihre selbstverständliche Verantwortung im Haus hatte sie in den ersten Jahrhunderten genauso selbstverständlich Anteil an der Führung der Gemeinden. Bekannte Beispiele sind Priska und Aquila, mit denen Paulus öfter zusammengearbeitet hat und die er in seinem Brief grüßen lässt: »Grüßt auch die Gemeinde, die sich in ihrem Haus trifft« (Römer 16,3-5).

Als die ersten Kirchen gebaut wurden, waren sie natürlich geprägt von den kulturellen Einflüssen ihrer Umgebung. So wie die kirchlichen Bistümer ein Abbild der administrativen Einheiten des Römischen Reiches sind, hatten die Kirchenbauten die öffentlichen

Basiliken als Vorbild. Dort war die Architektur darauf ausgelegt, den Kaiserkult maximal zu unterstützen, meistens ausgedrückt durch eine große Statue des Kaisers im Zentrum. Die Adaption dieser hierarchischen Form hat in der Kirche tiefe Spuren hinterlassen, sowohl was die Bedeutung der Priester und der äußeren Gestaltung betrifft als auch im Hinblick auf die Art und Weise, wie die Gemeinde in den Gottesdienst einbezogen wird. Wie viel von der Lehre der Gemeinde des Neuen Testaments ist diesen Veränderungen einfach zum Opfer gefallen?

Von den astronomischen Summen, die durch die Geschichte hinweg und auch heute noch für Bau, Ausstattung, Renovierung und Reparatur von Kirchengebäuden ausgegeben werden, fangen wir besser gar nicht erst an. Aber welchen Effekt hatte das alles auf unsere Art, die Bedürfnisse der Gemeinde zu begreifen und ihnen zu begegnen? Welche Gemeinde hat heute den Mut, die finanziellen Bedürfnisse der Gemeinde über die Anträge der Immobilienverwaltung zu stellen?

Und welche Rolle spielen Kirchengebäude für das Zweiraum-Denken, das zu einem stillen Einvernehmen zwischen der liberalen westlichen Welt und der christlichen Kirche geworden ist: Gott ist Privatsache, die innerhalb der Kirchenmauern behandelt wird, die sich aber nicht in das Leben außerhalb einmischen darf. Diese Art zu denken oder zu leben wäre nicht möglich gewesen, als die Gemeinden sich hauptsächlich dort trafen, wo das alltägliche Leben stattfand.

In Rollen zwingen

Heutzutage existiert eine ganze Reihe struktureller Hindernisse für die gegenseitige Gemeinschaft, von der das Neue Testament zeugt.

Wie immer gibt es gute oder gut gemeinte Gründe, die der Kirche nur »helfen« wollen. Aber da wir kurzsichtige Beschlüsse so selten unter dem Blickwinkel betrachten, wohin sie langfristig führen, landen wir früher oder später dort, wo wir gar nicht hinwollten.[79] Selbst wenn die Unterschiede zwischen Freikirchen und Volkskirchen mitunter groß sind, gibt es heute immer mehr Gründe, gemeinsam über bestimmte Punkte zu reflektieren:

- **Festgefahrene Führungsrollen**: Zwei Führungsrollen fallen uns sofort ein: die der Pfarrerin bzw. des Pfarrers oder des Priesters und die der Diakonin bzw. des Diakons. Andere fallen erst beim zweiten Blick auf: Pädagogen oder Musikerinnen zum Beispiel. Und natürlich die heute nicht mehr wegzudenkenden Marketingkräfte. Dennoch wird das Bild noch immer von der Pfarrerin bzw. dem Priester dominiert, die im allgemeinen Verständnis die Einzigen sind, die in der Gemeinde Gott in Vollzeit dienen.
- Schauen wir einmal auf Paulus' unterschiedliche Beschreibungen von Führung in der Gemeinde. Die Listen der Dienste, die er in vielen seiner Briefe aufführt, sind zum einen lang, oft aber auch nicht miteinander vereinbar.[80] Paulus scheint sich einer gewissen Flexibilität in diesem Bereich bewusst zu sein, vielleicht gerade weil wir Menschen so unterschiedlich sind und Gottes Gnade so kreativ ist.
- Wie vielen Pfarrern und Priestern geht es nicht gut und wie viele kommen nicht zu ihrem Recht, weil sie in Rollen gezwungen werden, für die sie die Voraussetzungen nicht erfüllen? Wie viele von ihnen sehen keine Alternative? Wie viele kreative Führungskräfte entscheiden sich für den Weg in Unternehmen, weil sie dort mehr Möglichkeiten haben, ihre Talente auszuleben, obwohl sie eigentlich ihre ganze

Energie in die Gemeinschaft der Kirche hatten stecken wollen? Wie viele Gemeindemitglieder werden in passiver Abhängigkeit von Pfarrerinnen und Priestern gehalten, statt in der Verantwortung für die Gemeinde aufblühen zu können?

- **Formale Anforderungskriterien vor der Person**: Dieser Punkt hängt eng mit den oben genannten zusammen und führt oft dazu, dass wir die geeignete Person aufgrund mangelnder Ausbildung nicht einstellen. Sinniger wäre es, erst auf den Menschen zu schauen und ihm das Training und die Ausbildung angedeihen zu lassen, die er braucht.
- **Strenge Trennung von Arbeit und Freizeit**: Das mag hauptsächlich ein Problem der Amtskirche sein. Es zeigt sich jedoch in der gesamten Gesellschaft eine Tendenz zur Trennung zwischen ideellem Engagement und entlohnter Arbeit. Wenn der Pfarrer sich in seiner Freizeit dazu bereit erklärt, mit den Jugendlichen zu sprechen oder Mentorinnen auszubilden, kommt gleich die Frage, ob er denn nicht auch einmal Feierabend macht.
- **Provisionsleistung**: Was wird aus einer christlichen Gemeinschaft, wenn ihre Leitenden in Entwicklungsgesprächen danach beurteilt werden, wie fleißig sie waren und wie viele Leute sie für die Kirche gewonnen haben? Was passiert, wenn sich das auf dem Lohnzettel niederschlägt? Kann das die christliche Antwort auf die Erniedrigung der Klassengesellschaft sein, wo der akademisch Ausgebildete einen besseren Lohn und Arbeitsplatz bekommt als die Handwerkerin?
- **Die Aufteilung in geistlich und praktisch**: In der Amtskirche spricht man von »doppelter Verantwortung« und meint damit die direkte Verbindung der Priester zu den Bischöfen im Gegensatz zum Einfluss des Gemeinderats über die Geschäfte. In Freikirchen wird oft unterschieden zwischen dem

Vorstand (der sich um das Praktische kümmert) und der Gemeindeleitung (die sich um das Geistliche kümmert). Diese Aufteilung provoziert Vergleiche und Konflikte geradezu. Gleichzeitig verdeutlicht sie den gnostischen Dualismus zwischen geistlicher Überlegenheit und weltlicher Unterlegenheit. Wie soll man in so einem Umfeld glaubhaft vermitteln, dass Jesus der Herr allen Lebens ist? Und welche Signale sendet dieses Verhalten an praktisch veranlagte Menschen?

- **Akademische Dominanz**: Wie die Ausbildung, so die Führung. Wie die Führung, so die Gemeinde. Die auf christliche Führung ausgelegte akademische Ausbildung wird heutzutage von der Ausrichtung auf individuelle Exzellenz dominiert, nicht von gegenseitiger Hilfe.[81] Sie orientiert sich außerdem an theoretischen Kenntnissen statt an praktischer Erfahrung. In der Broschüre der *Fosens Volkshochschule* in Norwegen, die unter anderem eine Ausbildung im Schiffsbau anbietet, las ich einmal: »Noch nie kannten sich so viele Leute mit Dingen aus, die sie nicht können.« Welche Auswirkungen diese beiden starken Ausrichtungen auf Individuum und Theorie auf eine Gemeinschaft haben, in der der Fokus auf Beziehungen und Erfahrungen liegt, können wir mit eigenen Augen sehen.

Nicht ganz sauber

Das entscheidende Hindernis für eine tiefere Gemeinschaft in der Gemeinde ist jedoch nicht struktureller Art. Auch wenn es zweifellos wichtig ist, diese Hürden zu erkennen und zu benennen, um sie bearbeiten zu können. Jesus benennt einige Verse vor der Goldenen Regel, welch schwererer Brocken uns an der Gemeinschaft hindert:

> Hört auf, andere zu verurteilen, dann werdet auch ihr nicht verurteilt. Denn andere werden euch so behandeln, wie ihr sie behandelt. Der Maßstab, nach dem ihr andere beurteilt, wird auch an euch angelegt werden, wenn man euch beurteilt.
>
> *Matthäus 7,1-2*

Was wäre, wenn Jesus buchstäblich meint, was er sagt? Stellen Sie sich mal vor, das Jüngste Gericht wäre genau das: Sie werden nach dem Maß beurteilt, mit dem Sie andere gemessen haben. Welche Mauern bauen Ihre inneren Vorstellungen und Maßstäbe in den Beziehungen zu Ihren Schwestern und Brüdern in Christus auf? Welche Möglichkeiten zur Gemeinschaft eröffnen sich, wenn Sie sich mit Gottes Hilfe von diesen (Vor-)Urteilen frei machen können?

Der Benediktinermönch Albert Holtz aus der Innenstadt von Newark berichtet von einer Einladung, die die Brüder an die Freunde des Klosters und die Schüler richteten. Es wurden Salat, gegrilltes Hühnchen, Krabben und andere Delikatessen aufgetischt und die Mönche und Nonnen ließen es sich mit den herausgeputzten Schülern gut schmecken.

Dann kam Otis, der auf der Straße lebte und immer schmutzige Kleidung und zerzaustes Haar trug und nicht so ganz sauber roch. Er ließ es sich genauso gut schmecken wie alle anderen auch. Bruder Albert Holtz berichtet:

> Einige der Gäste schauen diskret zu dem abstoßenden Gast hinüber. Ich mache ihnen keine Vorwürfe – auf den ersten Blick wirkt er in dieser sauberen Umgebung reichlich deplatziert. Manchmal höre ich in meinem eigenen Kopf eine grummelnde Stimme: »Was macht ein Typ wie er denn hier?«

> Das ist mein kleiner Richter. Ich stelle mir vor, wie er in seiner schwarzen Robe mit seinem Hammer auf den Tisch klopft, wenn er sein Urteil über den nie versiegenden Strom von Menschen verkündet, die nicht nach seinen hohen Ansprüchen leben.

Hier bietet sich jedoch die Chance auf einen weiteren Horizont, schreibt Bruder Albert:

> Ich denke an Jesu Warnung, unsere Mitmenschen zu verurteilen. Es ist eigentlich ganz einfach: Wenn du zum Festmahl des Messias geladen werden willst, musst du jetzt andere akzeptieren. Wenn du »die« in deinem jetzigen Leben nicht aushalten kannst (unabhängig davon, wer »die« sind), steht die Warnung, dass viele von »denen« beim himmlischen Freudenmahl unter uns sein werden. Es ist also vielleicht eine ganz gute Idee, diese »die« schon jetzt mit einem anderen Blick zu betrachten. Sonst laufen wir Gefahr, dass das himmlische Freudenmahl für uns zur Hölle wird, weil wir vielleicht neben einem von »denen« sitzen müssen.[82]

Heutzutage lassen sich zwei völlig gegensätzliche Verhaltensweisen gegenüber »den Anderen«, wie man so schön sagt, beobachten. Auf der einen Seite reagiert die postmoderne Kultur heftig auf die Versuche der Geschichte, jedwede unerwünschten Individuen, Gruppen oder Kulturen unsichtbar zu machen, auszuschließen oder zu kolonialisieren. Jemanden auszuschließen ist so ziemlich die größte Sünde der Postmoderne. Da es meistens bestimmte Überzeugungen waren, die zum Ausschluss von Gruppen oder Individuen führten – egal, ob sie religiöser, ideologischer oder wissenschaftlicher Art waren –, muss die Aufgabe von jedem Wahrheitsanspruch die

Bedingung für eine inkludierende Kultur sein. Die Vielfalt ist nur händelbar, wenn die Wahrheit im Privaten bleibt. Es gibt keine Wahrheit mehr, die für alle gleichermaßen gilt.

Auf der anderen Seite des kulturellen Schützengrabens schießt der Rechtspopulismus mit gegensätzlicher Strategie: »Die Anderen« bedrohen unsere gesamte Kultur und sollten an den Nationalgrenzen aufgehalten werden. Wir sind von der intellektuellen Elite zu dem Glauben verführt worden, alle Kulturen seien gleich gut und alle Menschen könnten in Frieden miteinander leben. Bandenkriminalität und abgetrennte Wohngebiete werden als Beweis dafür herangezogen, dass das ganze postmoderne Experiment gescheitert ist. Nun gilt es, unsere eigene Kultur abzuriegeln und zu schützen. Was mit denen passiert, die draußen stehen, ist nicht unser Problem.

Ist die Kirche dazu verdammt, dem Beispiel der Gesellschaft zu folgen und hilflos in immer größere Gräben zu stürzen?

In der christlichen Kirche gibt es deutliche Zeichen dieser Polarisierung im Spannungsfeld zwischen liberalen und konservativen Christen. Die Themen variieren, allerdings ist die Frage nach LGBTQ ein besonders polarisierender Zankapfel. Einerseits: Offenheit und Toleranz. Andererseits: Grenzen markieren. Gibt es einen dritten Weg oder ist die Kirche dazu verdammt, dem Beispiel der Gesellschaft zu folgen und hilflos in immer größere Gräben zu stürzen?

Festgefahren in Streitfragen

Paulus kämpft am Ende des Römerbriefes mit zwei Streitfragen, die die Gemeinde in Rom zu spalten drohten. Die eine Frage lautete, ob Christen Fleisch essen dürfen, wobei nicht ersichtlich wird, ob es um Fleisch allgemein ging oder um jenes Fleisch, das nach der Opferung im heidnischen Tempel verkauft wurde. Die andere Frage drehte sich um die Tage, die ein Christ als heilig betrachten sollte, und wie sie zu feiern wären.

In beiden Fragen hatte sich die Gemeinde offenbar festgefahren und war nicht mehr in der Lage, einen konstruktiven Dialog zu führen. Diejenigen mit etwas toleranterer Sichtweise verachteten jene, die sich streng an ihre Prinzipien hielten. Letztere neigten dazu, die erste Gruppe für ihre Schlaffheit zu verurteilen.

Wie argumentiert also Paulus? In unserem postmodernen Wahrheitsrelativismus wird für gewöhnlich das Urteilen über die Auffassung anderer als Zeichen dafür gesehen, dass man seine eigene Überzeugung (in diesem Fall den christlichen Glauben) viel zu ernst nimmt. Der Weg zu Toleranz und Zusammenhalt in einer vielfältigen Kultur ist so nur möglich, wenn wir eine Brücke schlagen, indem wir die eigenen Überzeugungen zugunsten einer gemeinsamen Übereinkunft unterordnen. Kurz gefasst:

> Wahrheit ist relativ und jeder hat seine eigene Wahrheit.

In der Gemeinde in Rom, wo es Menschen mit verschiedenen Auffassungen gab, nimmt Paulus den gegensätzlichen Weg zu Versöhnung und guten Beziehungen. Anstatt den Wahrheitsanspruch zu demontieren oder zu relativieren, gibt er ausgerechnet im Kapitel über Toleranz sein vielleicht deutlichstes und radikalstes Bekenntnis zu Jesus, dem Herrn über unser Leben:

> Denn wir gehören nicht uns selbst, ganz gleich, ob wir leben oder sterben. Wenn wir leben, leben wir, um dem Herrn Freude zu machen, und wenn wir sterben, sterben wir, um beim Herrn zu sein. Ob wir nun leben oder sterben: Wir gehören

> dem Herrn. Denn Christus ist ja gestorben und wieder lebendig geworden, um Herr über alle Menschen zu sein: über die Toten und über die Lebenden.
> *Römer 14,7-9*

Fazit? »Warum verurteilst du einen anderen? Warum siehst du auf einen anderen Bruder herab? Wir alle werden einmal vor dem Richterstuhl Gottes stehen« (Römer 14,10). Es ist also mein Gehorsam gegenüber Jesus als Herrn, der es mir verbietet, die Liberalen zu verurteilen (die Falle der Konservativen) oder die Konservativen zu verachten (die Falle der Liberalen). Paulus formuliert es so:

> Wer meint, er dürfe alles essen, soll nicht auf den herabsehen, der nicht alles isst. Und wer bestimmte Speisen meidet, soll den nicht verurteilen, der alles isst, denn Gott hat ihn angenommen. Wer bist du, dass du einen Diener Gottes verurteilst?
> *Römer 14,3-4*

Wenn Paulus in diesem Zusammenhang schreibt, dass jeder Einzelne so handeln solle, »dass (er) es allein vor Gott verantworten kann« (Römer 14,22), liegt darin eine gegensätzliche Bedeutung wie in der postmodernen Haltung »Jeder hat seine eigene Wahrheit«. Da eines Tages jeder Mensch vor Gottes Gericht stehen wird, ist jeder vor Gott für seinen Glauben und seine Nachfolge verantwortlich. Eine christliche Antwort auf die postmoderne Formel für Zusammenhalt könnte also so lauten:

> Jesus Christus ist die Wahrheit und jede und jeder Einzelne von uns muss sich für die eigene Reaktion auf die Wahrheit vor ihm verantworten.

Unser Urteil und unsere Verachtung für die Auslegung anderer zeigt also nur, dass wir unseren Glauben nicht ausreichend ernst nehmen – nicht, dass wir ihn zu ernst nehmen. Ausgangspunkt und Grund für Toleranz und Großzügigkeit innerhalb der Gemeinde ist das radikale Bekenntnis zu Christus, dem Herrn, und nicht die Relativierung des Evangeliums.

Letztlich muss ich mich ganz Jesus hingeben, um das Kontrollbedürfnis loszuwerden, das mich dazu verleitet, mich dafür verantwortlich zu fühlen oder mir ein Urteil darüber zu bilden, wie andere Leute Christus nachfolgen. Laut Paulus lässt sich auf dieser Grundlage eine nachhaltige Gemeinschaft aufbauen:

- »Nehmt einander an, wie Christus euch angenommen hat« (Römer 15,7). Oder, wie es einer englischen Übersetzung heißt: *Welcome each other.* Die Konsequenz daraus wäre logischerweise, dass beide Seiten aufhören, die anderen von ihrem eigenen Standpunkt zu überzeugen und zu glauben, dass es nur eine Frage der Zeit sei, bis die anderen die Wahrheit begreifen. Auf Englisch sagt man: *Let's agree to disagree.*
- »Bemühen wir uns also um Frieden miteinander und versuchen wir, einander im Glauben zu stärken!« (Römer 14,19). Wir müssen den Fokus auf das richten, was heilt, verbindet und aufbaut – nicht auf das, was verletzt, trennt und zerstört.

Der zweite Aspekt gründet auf Paulus' Fähigkeit, zwischen dem Zentrum und der Peripherie der Kirche zu unterscheiden. Diese Entscheidung ist für alle menschlichen Gemeinschaften von entscheidender Bedeutung. Eine Ehe, in der der gleiche Geschmack in Bezug auf Essen und Musik genauso wichtig ist wie die Einigkeit in Fragen der Erziehung, balanciert gefährlich nah am Abgrund.

Die frühe Kirche hat unzählige bedrohliche Trennungen überlebt, weil sie immer wieder stur zum nicht verhandelbaren Zentrum zurückkehrte und daran festhielt. Im Gewimmel von Stimmen und theologischen Ansichten konnte »das Schaf« die Stimme des Herrn erkennen und ihr folgen,[83] wenn auch manchmal nach schmerzhaften Ausflügen in die falsche Richtung.

Erst wenn die große Kathedrale eines gemeinsamen Bekenntnisses der Kirche über uns steht, können wir uns mit der Ausgestaltung der unterschiedlichen Seitenkapellen beschäftigen. Wenn wir die große gemeinsame Wahrheit verlassen, schließen wir uns in unseren privaten Kapellen ein – und von dort aus wird der Dialog miteinander immer schwieriger.

Gibt es eine Wahrheit, die für alle gilt? – Das Beispiel des Nationalsozialismus

Jesus warnt in seiner großen Rede vor dem Ende der Zeiten: »Die Gesetzlosigkeit wird immer mehr überhandnehmen und die Liebe wird bei vielen erkalten« (Matthäus 24,12). Wenn es keine Wahrheit mehr gibt, die für alle gilt, bleibt am Ende nur noch unsere eigene Filterblase. Wenn wir die Grenzen zwischen Lüge und Wahrheit einreißen, kommen wir einander nicht näher, sondern entfernen uns voneinander.

> Wenn es keine Wahrheit mehr gibt, die für alle gilt, bleibt am Ende nur noch unsere eigene Filterblase.

Das vermutlich größte Experiment der Weltgeschichte in Hinblick auf Gesetzlosigkeit war der Nationalsozialismus. Der französische Historiker Johann Chapoutot beschreibt in seinem monumentalen Werk *The Law of Blood*, wie eine eifrige Schar Juraprofessoren in wenigen Jahren ein Rechtssystem demontierten, das über viele Jahrhunderte mühsam aufgebaut worden war. Ausgangspunkt war eine Erzählung über das deutsche Volk, das auffallende Ähnlichkeit mit dem Narrativ des Rechtspopulismus dieser Tage hat: Unser Land wurde von zerstörerischen Kräften eingenommen. Ihm droht der kulturelle Untergang. Fremde Kulturen haben uns unserer ursprünglichen Identität beraubt und als Volk zerstreut und uns zu Sklaven von Kräften gemacht, die wir nicht selbst kontrollieren. Nun ist es an der Zeit, diesen fremden Einfluss auszutreiben und zu den Wurzeln unseres eigenen Volkes zurückzukehren und unser Recht auf Lebensraum und Selbstbestimmung zu schützen.

Da das Rechtswesen auf den alten Prinzipien von Gerechtigkeit für alle Individuen aufbaute, passte es dem Dritten Reich natürlich nicht ins Konzept. Es war also Aufgabe der Juristen, das Rechtswesen auseinanderzunehmen. Professor Heinrich Lange von der Universität Breslau und später München erklärte schon 1933: »Die rigide, klare, deutliche und logische Struktur in unserem Rechtssystem, die einzig zur Vernunft spricht, muss dem lebenden, fließenden Organismus nachgeben, der ohne Logik voranschreitet und von Gefühl und Gerechtigkeit untermauert ist.«[84]

Himmler kommentierte die Veränderungen einige Jahre später, nachdem gewisse Fragen aufgekommen waren:

> Es wurde von Gesetzlosigkeit gesprochen, weil das, was wir taten, nicht mit dem übereinstimmte, was sie als Gesetz verstanden. Aber gleichzeitig legten wir mit unserer Arbeit die Grundlage für ein neues Gesetz, das Recht des Deutschen Volkes zu leben. Mit anderen Worten: das grundlegendste und älteste aller Gesetze, das durch die Jahrhunderte in Vergessenheit geraten war.[85]

Kurz und prägnant lässt sich dieses Gesetz mit dem Wort »Blut« zusammenfassen, das in großen Teilen nationalsozialistischer Literatur vorkommt. 1941 schrieb Justus Wilhelm Hedemann, Professor für Zivilrecht an der Universität Berlin: »Deutsches Blut, deutsche Ehre und genetische Gesundheit müssen reingehalten und geschützt werden. Sie sind Grundlage des deutschen Rassegesetzes.«[86]

Von dieser radikalen Umdeutung von dem Begriff »Gesetz« war es nicht mehr weit zu diversen praktischen Umsetzungen in verschiedenen Bereichen. Sterbehilfe: Schwachen und Behinderten das Leben zu nehmen, war nicht unbarmherzig, sondern Barmherzigkeit gegenüber dem deutschen Volk. Eigentumsrecht: Einen Bauern bei Missernte seines Hofes zu berauben, war nicht ungerecht, sondern gerecht gegenüber dem Volk, das der Nahrung beraubt worden war. Krieg: Folter und blindes Morden war kein Bruch mehr mit Kriegsgesetzen, sondern barmherziges Handeln gegenüber dem bedrohten deutschen Volk. Konzentrationslager: nicht, weil man die Juden hasste, sondern um das deutsche Volk vor der genetischen und kulturellen Vernichtung zu schützen. Und so weiter.

Joseph Goebbels fasst zusammen:

> Wir gehen nicht vom Individuum aus. Wir glauben nicht, dass dem Hungernden zu essen gegeben werden soll, dem Durstigen zu trinken und dem Nackten Kleidung. Diese Werte sind in unseren Augen nicht wichtig. Unser Motiv ist von völlig anderer Art. Im Kern geht es darum: »Wir brauchen ein gesundes Volk, das die Welt beherrschen kann.«[87]

Der große Feind der Nazis war das Christentum mit seinen jüdischen Wurzeln und dem späteren Einfluss des Bolschewismus. Ein Anleitungsbuch für SS-Soldaten erklärt:

> Die Doktrin vom gleichen Wert aller Menschen, die in allen Ländern von der Kirche und den Aposteln des Bolschewismus gepredigt wird, hat versucht, das ursprüngliche rassische Denken zu verdrängen und die natürlichen Barrieren, die es zwischen den Völkern gab, zu vernichten. Barrieren, die den natürlichen Gesetzen des Lebens folgten.[88]

1937 konnte man in einer Parteischrift lesen, dass »der Jude Paulus als Vater dieser Lehre betrachtet werden muss, da er auf entscheidende Weise die Prinzipien festgelegt hat, um ein Weltbild zu zerstören, das auf Blut basiert. Statt Volk und Blut zu schätzen, beschloss seine politische Kirche, auf Individuen zu schauen«[89].

Hitler sprach davon, wie die ursprünglichen Instinkte der nordischen Rasse durch das jüdische Gewissen ersetzt worden waren:

> Die Menschheit wurde über lange Zeit in die Irre geführt. Wir setzen dem Ganzen nun ein Ende. Die Gebote von Sinai sind passé. Gewissen ist eine jüdische Erfindung. Wie die Beschneidung ist es eine Verstümmelung des Menschen. Diese behauptete Moral, die wie ein Götze errichtet wurde, um die Schwachen vor den Starken zu schützen, und verleugnet das ewige Gesetz des Kampfes, das große Gesetz der Natur.[90]

Eigentlich ist der Nationalsozialismus nur die letzte Konsequenz eines rein biologischen Menschenbildes. Wieder und wieder kommen die Vertreter in ihren Texten auf die biologische Wissenschaft zurück. Die Verteidigung der reinen Rasse gleicht Darwins Argumentation, dass die Natur schwache Elemente einfach ausmerze, aufs Haar.

Zumindest, wenn wir die natürliche Auslese nicht mit unserer Verhätschelung der Schwachen behindern. Darwin schreibt in *The*

Descent of Man 1871, was später beinahe wörtlich in der Argumentation der Nationalsozialisten aufgegriffen wird:

> Wir bauen Krankenhäuser für Kretins, Behinderte und Kranke. Wir investieren in Armenfürsorge. Unsere Mediziner widmen all ihr Geschick der Rettung jedes einzelnen Menschenlebens bis zum letzten Augenblick.

Darwin kommt zu der weltbekannten Schlussfolgerung: »Niemand, der sich mit der Aufzucht von Haustieren beschäftigt hat, wird daran zweifeln, dass dies großen Schaden für die menschliche Rasse bedeutet.« [91]

Wir können hinzufügen, dass die Jagd nach dem perfekten Menschen in der Kultur der griechischen Antike dieser Entwicklung kaum etwas entgegenzusetzen hätte. In Sparta war es beispielsweise strikt geboten, Säuglinge mit Fehlbildungen in eine Schlucht zu werfen, um die kampftauglichen Gene nicht zu schwächen.

Auch die Ideale der Aufklärung von Freiheit, Gleichheit, Brüderlichkeit haben dem braunen Ansturm nicht die Stirn bieten können. Seit dem 18. Jahrhundert also sind Intellektuelle des Westens schon dabei, die religiösen Mythen durch Wissenschaft und Vernunft als Fundament für eine menschliche Gesellschaft zu ersetzen. Das Problem dabei ist nur, dass weder die Wissenschaft noch die Vernunft sich über richtig oder falsch, gut oder böse verständigen kann. Es ist wie in der Natur: Dort finden sich gleichermaßen Beispiele für bestialische Grausamkeit wie für aufopferungsvolle Güte.

Die Nazis bauten ihre Ideologie, wie gesagt, mit einer großen und willigen Schar hoch qualifizierter Akademiker auf. Ärzte, Genetiker, Juristen und Geschichtsprofessoren nutzten all ihr Wissen und ihre Geistesschärfe, um ein Weltbild zu erschaffen, das durchgängig als wissenschaftlich beschrieben wurde, im Gegensatz zu allerlei Aberglauben. Der englische Historiker und Schriftsteller Tom Holland beschreibt in seinem Buch *Dominion*, wie das Christentum die Entwicklung westlicher Vorstellungen geformt hat:

> Es war nicht die Wahrheit, die die Wissenschaft den Moralisten anbot, sondern ein Spiegel. Rassisten sahen darin rassistische Werte, Liberale sahen liberale Werte. Das primäre Dogma des Humanismus – Moral sei in der Natur des Menschen als Verständnis und Sorge für andere verankert – fand in der Wissenschaft nicht mehr Bestätigung als das Dogma der Nazis, dass jeder, der nicht lebenstauglich sei, getötet werden müsse. Die Quelle der humanistischen Werte lag nicht in der Vernunft oder im evidenzbasierten Denken, sondern in der Geschichte.[92]

Die Konsequenzen des Nationalsozialismus waren für die christliche Kirche laut Hitler deutlich: »Entweder ist man Christ oder Deutscher. Man kann nicht beides sein.«[93] Das zeigt deutlich, welchen Herausforderungen die Kirche heute gegenübersteht, wenn die mehr oder weniger geläuterten Nachkommen dieser Ideologie auf christliche Wählergruppen abzielen. Wenn sogar die Nazis selbst das Christentum als Antithese zum Nationalsozialismus erklärten, ist jede noch so kleine Annäherung von christlicher Seite an diese Form von Nationalismus ein Verrat an allem, wofür Jesus steht. Besonders dann, wenn es mit dem Judaskuss versehen wird: »Wir bewahren unsere christliche Kultur.«

Die Nazis sprachen vom Gesetz des Blutes. Vielleicht verläuft die entscheidende Grenze tatsächlich genau dort. In ihrer Welt war das Blut eine *Grenze*: gegen andere Menschen und Kulturen. Blut war tödlich: ein brutaler Maßstab, um alle zu töten oder auszusortieren, die nicht hineinpassten.

Das Blut von Jesus ist eine Öffnung: ein Durchbruch aller Mauern und Ländergrenzen dieser Welt, der eine weltweite Gemeinschaft aus Brüdern und Schwestern schafft. Sein Blut ist lebensspendend: Es macht lebendig, heilt und versöhnt den Menschen, der sonst auf sich selbst zurückgeworfen verkümmert wäre. So wie der Lobpreis derer erschallt, die als triumphierende Kirche vor uns in Gottes Reich eingegangen sind und das Lamm Gottes anbeten:

Das Blut von Jesus ist eine Öffnung, es macht lebendig.

> Denn du wurdest als Opfer geschlachtet, und dein Blut hat Menschen für Gott freigekauft, Menschen aus jedem Stamm und jeder Sprache und jedem Volk und jeder Nation.
> *Offenbarung 5,9*

In apokalyptischen Zeiten wird die Loyalität der Kirche immer auf ihre härteste Probe gestellt. Welches Blut definiert mein Leben: das des Lammes oder das der Nation? Welche Konsequenzen hat es, dem Lamm in die Gesellschaft der Wildtiere zu folgen?

Solidarität und das Ende der eigenen Filterblase

Am 4. Mai 1959 hielt Dag Hammarskjöld eine Rede vor der *Akademiska Förening* an der Universität in Lund. Sie ist in vielerlei Hinsicht das Gegenteil der eben beschriebenen Ideologie. Es sei an dieser Stelle darauf hingewiesen, dass Hammarskjöld einem alten schwedischen Adelsgeschlecht entstammte, das der Krone jahrhundertelang treu in Krieg und Frieden gedient hatte. Wenn jemand mit den großen Taten seiner Familie hätte prahlen können, dann also Hammarskjöld. Stattdessen rechnet er scharf mit jeder Form nationaler Selbstgefälligkeit ab und skizziert, ausgehend von seinen globalen Erfahrungen im Dienst der Vereinten Nationen, eine andere Verhaltensweise gegenüber der Welt.[94] Er beginnt mit einem Rückblick:

> Das frühe 19. Jahrhundert erscheint in der heutigen Perspektive als eine streng abgeriegelte Kulturwelt höchster Entwicklung mit sehr regionalen Charakterzügen. Die »Universalität« Goethes geht einher mit der festen Überzeugung von der Überlegenheit des europäischen Kulturmenschen, die eine Art unsichtbare Mauer um das geistige Leben im Verhältnis zu anderen Teilen der Welt gebaut hat.

Dieses Gefühl der Überlegenheit machte sich in der Kolonialisierung anderer Länder bemerkbar:

> Sie wurde in vielen Fällen von Personen vertreten, deren einzige Überlegenheit gegenüber denen, mit denen sie zu tun hatten, in der Macht bestand, die hinter ihnen stand … Man näherte sich anderen Völkern aus Richtungen, die es schwer machten, sich das zunutze zu machen, was sie zu bieten hatten.

Heute würden wir vermutlich das Wort »Filterblase« nutzen, um zu beschreiben, wie sehr der Westen in seiner eigenen Selbstgefälligkeit gefangen war. Sie kann laut Hammarskjöld unmöglich bestehen bleiben, wenn wir sehen wollen, wie eine andere Welt entsteht:

> Damit sie verwirklicht werden konnte, brauchte es intellektuelle Demut und Öffnung der Wertvorstellungen, die erst

zustande kam, als der europäische Mensch in seinem Selbstvertrauen erschüttert wurde und die Mauern zu seiner abgeriegelten Welt dem Druck neuer Kräfte, die Europa größtenteils selbst heraufbeschworen hatte, nicht mehr standhielten.

Wie reagieren wir auf diese globalen Veränderungen? Die Alternativen waren damals wie heute die gleichen:

Abhängig von Temperament und Hintergrund kann man dieser Entwicklung auf viele Arten begegnen. Man kann sich nach der vermeintlichen Ruhe der abgeriegelten Welt zurücksehnen. Man kann seine geistige Heimat in der Desintegration und ihrem Drama finden. Oder man greift nach der flüchtigen Synthese, inspiriert von dem Traum von einer neuen Kultur, in der, auf weltumspannender Ebene, wiederholt wird, was schon einmal auf regionaler Ebene innerhalb Europas verwirklicht schien.

Wer letzteren Weg einschlägt …

… kann damit rechnen, die größte Zufriedenstellung in der Begegnung mit anderen geistlichen Traditionen und ihren Vertretern zu finden, wenn man ihnen auf Augenhöhe zum gemeinsamen Versöhnungsmahl begegnet.

Im Zusammenspiel von Mensch und Nationen fällt ein Schlüsselbegriff:

Ich habe das Wort »Solidarität« genannt. Es ist in diesem Zusammenhang ein Schlüsselbegriff und für mich die Antwort auf die genervten Fragen und Reaktionen, die biswei-

len von den Ewiggestrigen kommen, die den Europäer, der Europas Machtstellung nicht hinterherweint, fast als Verräter betrachten.
Die Gesundheit und Stärke einer Gesellschaft hängt vom Solidaritätsgefühl jedes Mitbürgers mit den anderen Gesellschaftsmitgliedern ab. Und von dem Willen, im Namen dieser Solidarität seinen Teil der Last zu tragen und Verantwortung für die Gemeinschaft zu übernehmen. Das Gleiche gilt natürlich für die Menschheit im Gesamten.

Hier wird Hammarskjölds Ton härter:

Es ist unter diesen Voraussetzungen selbstverständlich, dass kein Volk und keine Volksgruppe ihre Zukunft auf den Anspruch von Überlegenheit gründen kann. Es ist in ihrem eigenen Interesse, dass die anderen Gruppen die gleichen Chancen erhalten wie sie selbst. Dazu beizutragen, ist ein Akt der Solidarität, der nicht nur zum Nutzen des Ganzen ist, sondern langfristig auch dem Handelnden nützt. Das bedeutet, dass Macht durch Führung ersetzt werden muss – sowohl wenn es darum geht, anderen Völkern ihre Chancen zu ermöglichen, als auch dann, wenn es gilt, ihnen ohne Machtanspruch den besten Weg zu zeigen, wie sie ihre geistlichen und materiellen Ressourcen entwickeln können.
Führung – das Wort, das ich benutzt habe, um das zu benennen, was an die Stelle von Macht treten kann – ist ein gefährliches Wort, wenn man sich nicht daran erinnert, dass die einflussreichsten Führer in der europäischen Kulturentwicklung Menschen waren, die Fragen gestellt haben, wie Sokrates oder der Zimmermannssohn aus Nazareth.

Die ganze Rede lässt sich mit Jesu Worten zusammenfassen: »Geht so mit anderen um, wie die anderen mit euch umgehen sollen.« Das gilt für unsere persönlichen Beziehungen, unsere Gemeinden und Beziehungen zwischen Nationen. In allen stehen wir vor der gleichen Hürde für Gemeinschaft und der gleichen Herausforderung, sich aus der eigenen Filterblase zu befreien, um sich in Gegenseitigkeit zu begegnen.

»Ihnen ist doch wohl klar, dass es schwerer sein kann, Hilfe anzunehmen, als sie zu geben?« Diese Antwort aus einem anderen Teil der Erde zitiert Hammarskjöld in seiner Rede und kommentiert, was für eine Ehe gleichermaßen wie für christliche Gemeinden gilt: »Dieses Verhältnis wird doppelt so ernst, wenn der Hilfsbedürftige berechtigten Stolz über das verspürt, was sein eigenes Volk zustande gebracht hat, aber leider oft das leichte Gefühl hat, dass dieser Wert von der anderen Seite nicht erkannt wird.«

Die Richtung vorgeben

Keine Krise der Weltgeschichte stellt unsere Solidarität so sehr auf die Probe wie die globale Erderwärmung. Die Menschen, die am wenigsten Verantwortung für die Situation tragen, sind am schlimmsten betroffen. Es ist, als ob die Schöpfung uns brutal vor die gegenseitige Abhängigkeit stellt, für die die Sünde uns blind gemacht hat, als »jeder seinen eigenen Weg ging« (Jesaja 53,6). Alles hängt zusammen, selbst wenn wir alles dafür tun, das zu verleugnen. Es gibt keine einzige politische Frage, die nicht früher oder später von den Klimaveränderungen beeinflusst werden wird. Wenn wir die Klimakrise nicht ernst nehmen, gibt es bald keine politischen Fragen mehr.

Wo steht die Kirche in dieser Situation? Was bedeutet das für unsere Führung? Ein Pastor teilte mir einmal seine Frustration über all das mit und sagte, er würde das Thema gerne in seiner Gemeinde aufgreifen, hätte aber das Gefühl, zu wenig Fachwissen zu haben. Ich antwortete ihm sinngemäß: »Deine Aufgabe als Pastor ist es, der Gemeinde eine Richtung vorzugeben. In der Predigt musst du Tacheles reden und die stille Angst beim Namen nennen, die sonst die Gemeinde einschüchtert. In der Predigt solltest du Jesus Christus so nahe an den Evangelien zeichnen wie möglich, damit andere eine Chance haben, auf die Reaktionen ihrer Herzen zu hören. In deiner Gemeinde gibt es vermutlich Menschen, die in der Immobilienbranche, im Transport, im Lebensmittelbereich, in der Pflege, der Ausbildung und vielem mehr tätig sind. Es gibt eine Menge Fachwissen, das du nicht haben musst, das du aber als Ressource für die Umstellung, die uns allen bevorsteht, anerkennen musst.«

> Die Klimakrise zeigt: Wenn wir jemals die anderen aus der Gemeinde gebraucht haben, dann jetzt.

Auf diese Weise verdeutlichen wir, dass die Klimakrise viel zu umfassend ist, um ihr auf eigene Faust zu begegnen. Wenn wir jemals die anderen aus der Gemeinde gebraucht haben, dann jetzt.

In der Gemeinde gibt es einzigartige Möglichkeiten zu netzwerken, kleine Gruppen zu bilden, in denen die Mitglieder ihr Wissen und ihre materiellen Ressourcen mobilisieren können, um die Weichen für ein anderes Leben auf diesem Planeten zu stellen. Immer nur zu wiederholen, wie gefährlich die Entwicklung ist, lähmt. Sich in kleinen Gruppen zu treffen, um zu beten, zu reden und an konkreten Veränderungen zu arbeiten, löst die Lähmung.

Die Goldene Regel bedeutet hier logischerweise, dass wir anfangen, so zu leben, zu essen, zu reisen und zu konsumieren, dass es zur Norm für alle Menschen der Erde werden kann.

Die amerikanische Zeitung *Sojourners* lud 2019 einige christliche Leiterinnen und Leiter aus unterschiedlichen Teilen der Erde ein, einen offenen Brief an ihre Brüder und Schwestern in den USA zu schreiben. Eine von ihnen war Ruth Padilla DeBorst, die in Costa Rica für die Hilfsorganisation *World Vision* arbeitet. Lassen Sie uns diese Reflexion über die Goldene Regel mit ihrem Brief beenden, der auch für uns aktuell ist.

> Ich schreibe an euch als Schwester aus Lateinamerika, die sich danach sehnt, dass Frieden und Gerechtigkeit einander auf diesem leidenden Planeten umarmen, der die Heimat der Menschheit ist. Ich schreibe an euch in der Hoffnung, dass ihr diese Fragen im gleichen Geist bedenken, in dem sie geschrieben wurden, als gemeinsames Gebet, dass Gottes guter Wille geschehe, wie im Himmel so auf Erden.
> Die Kernfrage, die ich euch stelle, ist diese: Was bedeutet es für euch, Mitbürger in einem extrem mächtigen, reichen und plündernden Land, im Licht des Gebetes und eurer Mitbürgerschaft in Gottes Reich zu leben?
> Über die folgenden spezifischeren Fragen nachzudenken, kann dazu beitragen, der übergreifenden Frage zu begegnen.
> Zum Ersten: Kann die Anbetung Gottes, des Schöpfers und Erhalters allen Lebens, nicht auf glaubwürdigere Art verkörpert werden, durch verantwortliche Sorge für alles, was Gott geschaffen hat, als durch den perfekten Gottesdienst, während Energie, Kreativität und Fantasie unter der Woche nur um Konsum und Wohlstand kreisen, ohne einen Gedanken daran zu verschwenden, welche ökologischen Auswirkungen und Folgen dieser privilegierte Lebensstil für die große Mehrheit innerhalb und außerhalb eurer Grenzen hat?
> Zum Zweiten: Kann das Bekenntnis zum Herrn Jesus nicht konsequenter mit seiner versöhnenden Friedensarbeit ver-

bunden werden, wenn Gemeinschaften, die den Anspruch haben, ihm zu folgen, ein demütiges, riskantes, selbstloses und gleichberechtigtes Willkommen leben, statt sich ständig in ihrer Blase aus ethnischer, rassischer, kultureller, wirtschaftlicher, politischer und nationaler Gleichheit einzuschließen?
Und zum Schluss: Ist die Unterordnung unter den gabenspendenden, wahrheitsspendenden und lebensgebenden Geist nicht mehr der Liebe der Gemeinschaft würdig, wenn die Gaben, Offenbarungen und die geschenkte Kraft dafür aufgewendet werden, dem gemeinsamen Wohl weit über die Mauern und Schützengräben der kirchlichen Institution hinaus zu dienen, als sie im Inneren zu horten?

Wenn die kulturellen Gebäude unter euren Füßen einstürzen, die Christenheit, wie ihr sie kennengelernt habt, die unkritische Verbindung von christlichem Glauben mit den Mächten dieser Welt, sehe ich zwei Möglichkeiten. Entweder zieht ihr euch zurück und zieht noch schärfere dogmatische und ideologische Grenzen und urteilt kategorisch, wer drinnen und wer draußen ist. Oder ihr erkennt im Tod des kulturellen Christentums eine Möglichkeit Gottes, euch zu fragen, wo eure eigentliche Loyalität liegt.

Vor euch liegt die Wahl, durch eine erneuerte Identität, zurückgewonnene Zugehörigkeit und eine veränderte Lebensweise zu zeigen, wie Gottes gutes und gerechtes Reich hier und jetzt aussieht. Gleichzeitig vereint ihr euch so mit euren Schwestern und Brüdern in der ganzen Welt im Warten auf Gottes Reich, wenn Christus wiederkehrt. Ich für meinen Teil verspreche, für euch zu beten, wenn ihr eure Wahl trefft.

Eure Schwester und Mitglied in Christus,

Ruth Padilla DeBorst Borst, Santo Domingo, Costa Rica[95]

7

DIE MAGNETISCHE ANZIEHUNGSKRAFT DES MAMMONS – Ein klarer Umgang mit Geld und Macht

Der Film *First Reformed* handelt von dem Pastor Ernst Toller, gespielt von Ethan Hawke, der in einer amerikanischen Kirche arbeitet. Eines Tages wird er von einer jungen Frau kontaktiert, die Hilfe für ihren Mann sucht, der aufgrund der globalen Klimaveränderung in eine tiefe Depression gefallen ist. Pastor Toller engagiert sich nicht nur für das junge Paar, sondern auch in der Klimafrage, deren Tragweite er immer mehr begreift.

Vor diesem Hintergrund soll seine Kirche, in der man während der Zeit der Sklaverei entlaufene Sklaven versteckte, ein großes Jubiläum mit Pomp und Prunk feiern. Dafür hat einer der reichsten Männer des Ortes, der Chef eines großen Ölunternehmens, einen großen finanziellen Beitrag gestiftet.

Bei einem Mittagessen, bei dem die Details der Feier abgestimmt werden sollen, nimmt dieser Stifter das frisch gedruckte vierfarbige Programm zur Hand, ein aufwendiges Heft, das jedem ein beeindruckendes Bild von der Kirche und ihrer glorreichen Geschichte vermitteln soll. Pastor Toller und seine Kollegen blättern imponiert durch das Druckwerk, als der Unterstützer in einem Nebensatz sagt: »Es wird doch wohl nicht politisch?«

Darauf folgt ein immer angespannteres Gespräch, in dem Pastor Toller begreift, was jede Führungspersonen der Kirche durch die Geschichte hinweg früher oder später einsehen musste: Geld ist immer an Bedingungen geknüpft.

Das Entweder-oder von Mächten

Diese Bedingungen können die Kirche teuer zu stehen kommen. Es gibt den alten Ausdruck: »Wes Brot ich ess, des Lied ich sing.« Wenn man von jemandem wirtschaftlich abhängig ist, ist es schwer, etwas zu sagen oder zu tun, was den Geber reizt. In früheren Epochen ging es dabei um Fürsten und Könige, die großzügig Kirchen und Priesterlöhne bezahlt haben und im Gegenzug Loyalität oder konfliktfreie Zusammenarbeit erwarteten.

Diese Art der Vermischung zwischen Kirche und Königsmacht spiegelt sich auch in der Inschrift der großen Glocke des Newgate-Gefängnisses, die heute bei *Madame Tussauds* in London ausgestellt ist. Newgate war ein berüchtigtes Gefängnis, das über Jahrhunderte hinweg Gefangene beherbergte und misshandelte, von denen ein erheblicher Teil hingerichtet wurde. Jedes Mal, wenn jemand hingerichtet wurde, erklang die Glocke mit der Inschrift: *When you hear me ring, be faithful to your God and king.*[96] Man hatte den kleinen Irrtum begangen, »Gott« zuerst zu schreiben. Doch alle wussten aus bitterer Erfahrung, welchem der beiden Machthaber in der Praxis der Vortritt gebührte.

Jesus warnt uns davor in der Bergpredigt:

> Niemand kann zwei Herren dienen. Immer wird er den einen hassen und den anderen lieben oder dem einen treu er-

geben sein und den anderen verabscheuen. Ihr könnt nicht gleichzeitig Gott und dem Geld dienen.

Matthäus 6,24

Jesus gibt uns nicht den Rat: »Ihr *solltet* nicht Gott und dem Mammon dienen.« In dem Fall könnten wir es ja wenigstens versuchen und auf das Beste hoffen. Er sagt, dass es *nicht geht*. So funktionieren Mächte eben. Sie lassen sich nicht zu gleichen Bedingungen miteinander kombinieren. Es ist genauso unmöglich wie zwei Hengste in einer Herde oder zwei Alphatiere, die sich einen Job teilen sollen – es wird so lange bis aufs Blut gekämpft, bis einer sich unterordnet. Entweder ist Gott der Herr und hat in einem Interessenskonflikt die Deutungshoheit oder es ist das Geld, das in der angespannten Lage die Entscheidung fällt.

Heute haben Könige und Fürsten nicht mehr viel zu sagen. In einer säkularen Welt wie der unseren sind nicht einmal die Regierung oder andere Behörden in irgendeiner Weise für die Kirchen verantwortlich. Stattdessen kann es so sein wie im Film: Fromme Brüder und Schwestern aus den lokalen Unternehmen engagieren sich mit dem in der Kirche, was sie am besten können. Das können großzügige monetäre Beiträge sein und nicht selten auch der Versuch, das Managementdenken des Unternehmens auf die Organisation der Gemeinde anzuwenden.

So funktionieren Mächte: Sie lassen sich nicht zu gleichen Bedingungen miteinander kombinieren.

Manchmal können Menschen mit viel Geld wirklich dazu beitragen, die Bedürfnisse einer Gemeinde zu stillen. Meine Frau und ich haben das häufig erlebt, als wir während unserer Zeit der selbst gewählten minimalistischen Lebensweise entscheidende Unterstützung von Brüdern und Schwestern erhielten, die aus ganzem

Herzen Gott mit Geld dienten und nicht umgekehrt. Diese Leute haben auch nicht groß und breit darüber gesprochen, sondern getan, was Jesus in der Bergpredigt sagt: »Gib in aller Stille« (Matthäus 6,4). Diese Großzügigkeit der Geschwister im Glauben hat mir oft geholfen, die Zähne zusammenzubeißen, wenn meine Sehnsucht nach Einfachheit in Verurteilung umschlug.

Gleichzeitig: Wie oft hat die Kirche sich ihr Schweigen in heiklen politischen Fragen gut bezahlen lassen? Früher geschah es mit brutalen Machtmitteln wie der Newgate-Glocke. Heute ist es so viel einfacher durch diskrete Selbstzensur: Wir streichen diesen Beitrag. Wir spielen diese Kritik herunter. Wir wollen Bruder X ja nicht verletzen, er ist uns ja eine so wichtige Stütze. Lasst uns auf etwas setzen, wo alle mitmachen können. Es gibt doch so viel anderes, worin sich die Kirche engagieren kann. Das überlassen wir der privaten Stellungnahme der Mitglieder. Wir mischen uns in die Politik nicht ein.

Dabei geht es in Wirklichkeit nicht nur um »politische« Fragen, die wie im Film oft Ausdruck davon sind, was unsere privaten Interessen bedroht. Das gesamte wirtschaftliche Denken, das Welt- und Menschenbild, das die Marktwirtschaft bestimmt, steht in so vielen Bereichen im Konflikt mit dem Welt- und Menschenbild von Gottes Reich. Fragen Sie alle Priester, Pastoren und Gemeindemitarbeiter, die heute vom *New Public Management* bis zum Burn-out getrieben werden. Sie spüren oft am lebendigen Leib, dass Gott und Mammon nicht gleichwertig miteinander vereint werden können.

Wie realistisch ist es denn für einen einzelnen Priester, vielleicht jung und unerfahren, dem Gemeindevorstand mit wichtigen Repräsentantinnen und Repräsentanten der örtlichen Wirtschaft zu widersprechen? Vage und vielleicht etwas unsichere Hinweise auf Jesus und die Bibel gelten vor den wirtschaftlichen Fragen, über die die »Erwachsenen hier« sprechen, als unwichtig.

Langfristig ist eigentlich immer das Gegenteil der Fall. Doch einer Kirche, die diskret von einer Gemeinschaft um Jesus zu einer geschäftlichen Vereinigung wurde und schlussendlich ihre Bedeutung verliert, erscheint dies zunächst als völlig abwegiger Gedanke. Jetzt zählen nur Fakten, Fakten, Fakten.

Warnsignale

Wie aber merken Sie, dass der Mammon übernimmt? An welchen Warnsignalen erkennen Sie, dass Sie von einer klugen Verwaltung des Geldes zu Gottes größerer Ehre und dem Guten für die Allgemeinheit abweichen und anfangen, die Kirche wie ein Unternehmen zu verwalten? Was sind Zeichen für den Einfluss des Mammons?

- **Gier**: Einmal sah ich eine Nachrichtensendung der BBC. Ein Börsenkommentator erklärte gerade die Schwankungen auf dem Finanzmarkt und sagte etwas, das man sonst nur selten in solchen Zusammenhängen hört: »Die Börse wird von zwei Faktoren bestimmt: der Gier und der Angst. Momentan agiert die Angst.« Wenn wir anfangen, gierig zu sein, äußert sich das wohl eher selten darin, dass jemand der Kirche Geld stiehlt, selbst wenn auch das vorkommt. Das Problem ist eher die Einstellung zum Geld, die Tatsache, dass Geld einen Eigenwert bekommt und dass es zum Ziel wird, viel Geld auf dem Kirchenkonto zu haben.
- **Angst**: Angst folgt dem Mammon immer wie ein Schatten: Was, wenn das Geld nicht reicht? Was, wenn die Leute nicht mehr spenden? Was, wenn es eine Finanzkrise gibt? Was, wenn zu große oder falsche Investitionen getätigt wurden?

Der Ausdruck »außer sich sein vor Angst« beschreibt ganz gut, wie Angst jeden klaren Gedanken verhindert. Ein ängstlicher Mensch ist nicht kreativ, sondern hält sich an das Bekannte. Er geht kein Risiko ein, sondern gibt dem Sicheren Vorzug vor dem Unsicheren. So verhält sich auch eine ängstliche Kirche.

- **Instrumentalisierung**: Nichts ist vor dem Geld von Wert. Alles wird in Nutzen, Ergebnis, Gewinn, sichtbaren Effekten und Messbarkeit bewertet. Das gilt sowohl für Menschen (darunter fällt beispielsweise die Provisionszahlung) als auch für Betriebe. Das Resultat dieser Mentalität dürfte mittlerweile hinlänglich bekannt sein. Man sieht es überall, wo Zeit und Raum für persönliche Beziehungen zugunsten von messbaren Präsentationen erreichter Ergebnisse verkümmern.
- In der Kirche kommt die Beziehung zu Gott hinzu, die in eher säkularen Gemeinden als diskreter Hintergrund für Budgetverhandlungen betrachtet wird … und in eher gläubigen Gemeinden gilt sie als Garant dafür, dass das Budgetziel erreicht wird. Aber Gott anzubeten, weil er ist, wie er ist? Und deshalb auch den Menschen so zu begegnen, wie sie sind?
- **Individualismus**: Der Mammon ist Meister darin, Gräben zwischen Menschen aufzureißen. Das gilt für die Makroökonomie, wo der befreite Neoliberalismus seit den 1980er-Jahren die Einkommensschere weltweit vergrößert hat. Das gilt bei näherer Betrachtung aber auch dort, wo Provisionszahlungen und Effektivitätsansprüche zu Vergleichen herausfordern und Neid, Misstrauen und andere Gräben in der Gemeinschaft stiften. Das Paradoxe daran ist, dass der Mammon mit seinem Fokus auf das Individuum schluss-

endlich die merkwürdige Eigenart hat, das Individuum für »größere Ziele« aufzuopfern.

- **Stress**: Weil der Mammon Gott verleugnet, wenn auch nicht in der Theorie, so doch aber immer in der Praxis, kommt es auf uns an. Wir versorgen uns selbst, wir sind für unsere Ergebnisse verantwortlich. Langsamkeit ist aus dieser Perspektive immer negativ. Da es niemanden gibt, auf den man warten müsste (Gott), bedeutet Langsamkeit Unwirksamkeit, Ineffektivität oder Faulheit.
- **Unzufriedenheit**: Der Einfluss des Mammons ist Teil der Herrschaft der Leere, von der Paulus spricht (Römer 8,20). Sie geht vom Mangel aus und trägt daher immer Früchte des Mangels. Wir bekommen nie genug. Unsere Wirtschaft ist nie gut genug. Wir können nie entspannen, weil immer neue Anforderungen kommen. Es gibt immer welche, die mehr haben als wir.

Es scheint, als würde Jesus selbst damit kämpfen, wie er seinen Jüngern Gottes Reich erklären soll: »Wie kann ich das Reich Gottes noch beschreiben? Womit könnte ich es vergleichen?« (Markus 4,30). Es ist so anders als die Gesellschaft, in der wir leben, dass es vielleicht gar nicht verwunderlich ist, dass wir ständig nach etwas suchen, das uns bekannter erscheint, woran wir uns festhalten können. Hier ist eines der Bilder: »Es ist wie ein winziges Senfkorn. Obwohl das Senfkorn zu den kleinsten Samenkörnern gehört, wächst es doch zu einer der größten Pflanzen heran, mit langen Zweigen, in denen die Vögel Zuflucht finden« (Markus 4,31-32).

Wie alle Bilder kann man sich auch diesem von verschiedenen Seiten nähern. Lassen Sie mich drei Überlegungen anstellen, die auf den Wesensunterschied zwischen dem Reich Gottes und dem Reich des Mammons hinweisen:

1. **Es beginnt mit einem kleinen Korn.** Der Mammon will »auf die Hauptstraße gehen«. Weitläufige Flächen, viele Möglichkeiten, deutliche und gerne dramatische Einschläge im öffentlichen Bewusstsein, breites Netzwerk, »zeig dich und wachse«. Das Senfkorn scheint in den Augen dieser Welt nicht viel, doch es hat etwas, das dem Mammon fehlt: Leben. Und alles Leben fängt klein an. Es ist leicht, das Kleine und Unansehnliche zu verachten, aber der Prophet Sacharja hilft uns, weiter zu blicken: »Denn wer hat die kleinen Anfänge verachtet? Sie alle sollen sich freuen, wenn sie den Schlussstein in Serubbabels Hand sehen ...« (Sacharja 4,10). Im Urtext steht »den Tag der kleinen Dinge«.
2. **Es braucht Zeit und muss in seinem eigenen Rhythmus wachsen.** Einen wachsenden Baum kann man nicht stressen. Wenn man es dennoch tut, zum Beispiel durch massenweise Dünger, plötzlichen Wechsel zwischen Kälte und Wärme, Trockenheit und Überschwemmung, oder wenn wir ihn allzu brutal beschneiden, kann er sterben. Er wächst am besten, wenn man ihn in Frieden lässt und er sich natürlich entwickeln darf.
3. **Es trägt das Geheimnis seiner kommenden Gestalt in sich.** Im Unterschied zu allem Mechanischem, dem alles von außen zugeführt werden muss, sind dem Organischen Kräfte inne, die es zu respektieren und von außen so wenig wie möglich zu stören gilt. Wenn es passieren darf, werden wir darüber staunen, was alles in einem so kleinen Korn steckt. So hat Gott sich das gedacht!

Freiheit bedeutet Risiko

Es gibt gute Gründe, warum Jesus die Apostel ohne Besitz losgeschickt hat.[97] So wie Johannes der Täufer in der Wüste von wildem Honig und Heuschrecken lebte (eine frühe Form klimafreundlicher Ernährung?), hatte diese radikale Abhängigkeit von Gott deutliche Konsequenzen für ihre Freiheit, Gottes Reich ohne Zensur zu predigen. Sie standen bei niemandem auf der Lohnliste, es gab kein Hinterzimmer, wo diskret Geld woanders hingeschoben wurde, für den Fall, das etwas passieren könnte. In dieser Hinsicht waren sie von jeder Loyalität befreit.

Besitzlosigkeit hat hier viel damit zu tun, sich bewusst und freiwillig einer konkreten und buchstäblichen Abhängigkeit von Gott auszusetzen. Damit stehen wir genau wie das Volk Israel nach der Befreiung aus Ägyptens Sklaverei vor dem Zusammenhang, den wir am liebsten nicht sehen würden: dem Zusammenhang zwischen Freiheit und Risiko. Sie hatten jahrhundertelang von Freiheit geträumt, aber als die erreicht war, dauerte es nicht lange, bis sie sich nach einem etwas absehbareren Leben sehnten. »Hätte uns der Herr doch nur in Ägypten getötet«, klagten sie. »Dort hatten wir immerhin Fleisch und genügend Brot zu essen. Stattdessen habt ihr uns in diese Wüste geführt, damit wir hier alle verhungern« (2. Mose 16,3).

Es war nicht das erste Mal, dass eine Gemeindeleitung unter Druck geriet, weil nicht alles glattging und vorher eigentlich alles besser war und die Leitung vermutlich irgendeinen versteckten Plan hinter allem hatte …

Lassen Sie uns zu Bruder Albert und seinen Brüdern in Newark zurückkehren. Er beschreibt, wie sie sich fühlten, nachdem sie den großen Beschluss gefasst hatten, eine neue Schule zu gründen.

> 1972 sitze ich im Gemeinschaftsraum. Eine Zusammenkunft der Gemeinschaft ist gerade beendet. Die schweren Eichenstühle schrappen schwer über den Boden, als sich alle erheben und den großen ovalen Tisch verlassen – alle außer mir. Ich bleibe und lehne die Stirn auf die kalte Tischplatte und stöhne geräuschvoll. Ich bin unsicher, ob ich lachen oder weinen soll. Ich drehe den Kopf langsam von der einen Seite zur anderen und murmle: »Ich pack das nicht, dass wir das machen. Wir müssen komplett wahnsinnig sein.«
> Ich bin nicht der Typ, der Risiken eingeht. Ich war immer stolz auf mein logisches und rationales Wesen. Aber heute Abend, am 12. Oktober 1972, hat sich mein Vernunfts-Ich zurückgelehnt. Wir haben gerade einstimmig beschlossen, Pläne für die Eröffnung einer neuen Schule im nächsten Jahr zu machen, obwohl einige sehr unbequeme Fakten dagegensprechen: Wir haben ziemlich wenig Geld, aber Schulen verdienen kein Geld – sie geben Geld aus. Es ist niemand unter uns, der Erfahrungen in der Verwaltung einer Schule hätte. Wir wohnen in einem nicht gerade beliebten Umfeld. Unser Ruf ist zweifelhaft, nachdem wir die frühere Schule *St. Benedict's Prep* vor einigen Monaten geschlossen haben. Im Angesicht dieser Wirklichkeit haben wir uns gerade entschlossen, uns aus dem Fenster zu lehnen und zu hoffen, dass Gott uns auffängt.

Es folgt eine Beschreibung, wie die Dinge sich Stück für Stück ergaben: »In all den Jahren seit diesem Abend 1972, als wir uns aus dem Fenster lehnten, hat Gott uns zweifelsfrei immer wieder aufgefangen.« Und er spielt uns allen einen Ball zu: »So ein Sprung ist nichts, was man einmal im Leben macht – es ist eine Art zu leben. Nicht nur für Mönche, sondern für alle, die Gott suchen. Inmitten von Wohlstand sind wir oft versucht, dem Herrn die Kontrolle wieder zu entreißen und unseren eigenen Anstrengungen zu vertrauen. Um uns zu helfen, in Form zu bleiben, ist der Herr jedoch immer darum bemüht, uns mit neuen Möglichkeiten zu versorgen, ihm zu vertrauen.«[98]

Das gilt nicht nur für Mönche, sondern für alle, die Gott suchen. Es ist immer riskant, Beispiele aus dem monastischen Leben zu nehmen: »Na ja, die sind ja auch Mönche. Da verwundert es nicht, dass sie radikal leben können. Aber wir mit unseren gewöhnlichen Jobs und Familien müssen das mit dem Geld etwas anders handhaben.« Und so werden wir die Herausforderung los.

Das Ordensleben ist jedoch dazu da, der ganzen Kirche als Zeichen zu dienen, nicht als stellvertretende Radikalität, damit wir anderen nichts tun müssen.

Gunnel Vallqvist schreibt: »Das Kloster ist kein Platz zum Ausruhen und soll auch nicht blasierten Menschen von Welt einen pikanten Tapetenwechsel bieten. Es ist ein Ort, wo der Kampf um das spirituelle Dasein blutiger als anderswo ist und an dem die Romantik nichts verloren hat. Ein solches Leben fordert in erster Linie Energie, spirituelle Kraft und eine gute Portion Realismus.«[99]

Was Mönche und Nonnen mit ihrem Armutsgelübde tun, ist eigentlich nichts anderes, als ihr Vertrauen auf Gottes Güte zu bekennen und die radikale Abhängigkeit von Gottes Vorsorge sichtbar zu machen, zu der alle Christen berufen sind. Diesem Vertrauen in der Praxis zu begegnen, ist immer erschütternd für denjenigen, der sich daran gewöhnt hat, Gott als spirituelle Kulisse der eigenen wirtschaftlichen Pläne zu betrachten.

1546 schrieb Ignatius einen Brief an einen guten Freund, der der Gesellschaft Jesu eine Einkommensquelle angeboten hatte, die ihnen Zugang zu Ressourcen für ihre Arbeit ermöglichen sollte. In seinem Brief erklärt Ignatius, warum er und seine Brüder einen anderen Weg gewählt haben:

Ich verstehe, dass die Reduzierung der Ausgaben auf ein Minimum eine gute Rücklage für ein eventuelles Haus oder College in Alcala darstellen würde. Ich würde mich wirklich im Herrn freuen, wenn ich dies um der Früchte willen annehmen könnte, die es für das allgemeine Wohlergehen oder sogar für diese Gesellschaft tragen würde. Diese steht ganz zu euren Diensten und steht im Einklang mit deinen guten Absichten und deiner Zuwendung für mich persönlich.
Aber weil wir den Verzicht auf gemeinsames und eigenes Einkommen gelobt haben – ein Gelübde, das von mehreren päpstlichen Bullen bestätigt worden ist –, wollen wir nicht riskieren, uns von einer vollkommeneren Praxis ab- und einer weniger vollkommenen zuzuwenden. Wir werden lieber unseren Herrn bitten, uns zu seiner größeren Ehre und seinem Dienst von diesem Leben zu befreien, als dass wir unseren Nachkommen ein solches Vorbild geben.

Die konkrete Vorgehensweise bei diesem Beschluss ist erhellend:

Um zu diesem Beschluss zu gelangen, der schon im Vorfeld entschieden zu sein schien, nahmen wir uns drei Tage Zeit, als alle Priester im Haus waren. Wir waren zwölf an der Zahl, die die Messe feierten, während die, die keine Priester sind, insgesamt zwanzig, angehalten wurden, für unsere Geisteshaltung zu beten. Es war unsere Absicht, mit unserer eigenen Ansicht und Neigung an keinem Punkt von Gottes Willen abzuweichen. Sein größerer Dienst und sein Lobpreis sollten stattdessen in uns allen verwirklicht werden. Das Ergebnis war einstimmiger Beifall und Bestärkung unserer ersten Reaktion, die darin bestand, jedes feste Einkommen völlig auszuschließen, gleichgültig, ob es uns gemeinsam zufallen sollte oder

> einem Einzelnen, und uns damit einige Zwistigkeiten und Prozesse ersparen würde.

Den entscheidenden Grund für den Beschluss benennt Ignatius wie folgt:

> Wir haben es als sicherer und besser für uns betrachtet, mit so wenig Hürden wie möglich auf unseren Herrn zuzugehen und damit dem göttlichen Beispiel zu folgen, das er uns selbst gegeben hat. Sein Beispiel ist es, an dem uns in aller Demut am meisten gelegen ist, um alles klarer zu sehen.[100]

Wenn man diesen Brief in Beziehung zu dem globalen Einfluss der Jesuiten setzt, den sie fünfhundert Jahre lang hatten, begreift man, dass dieses Verhalten nicht unbedingt als unrealistische Überspiritualität abgetan werden kann. Etwas in dieser Grundeinstellung öffnet den Weg für eine ganz andere Dynamik als jene, die in immer tiefere Gefangenschaft der Logik des Marktes führt. Was kennzeichnet diese Dynamik? Wie sollte man eine christliche Sicht auf die Wirtschaft skizzieren?

Was uns eine akute Wirtschaftskrise über Gott und den Mammon lehrt

Paulus fasst das in zwei Kapiteln des 2. Korintherbriefes anschaulich zusammen. Hintergrund war eine akute Wirtschaftskrise in der Gemeinde in Jerusalem. Sie war zum einen auf eine allgemeine Hungersnot unter Kaiser Claudius zurückzuführen,[101] zum anderen auf die Judenchristen, die nach ihrer Konversion zum Christentum nicht mehr von ihren Familien und der Gesellschaft versorgt wurden. Daher beschlossen die Apostel, eine Spendenaktion für sie zu organisieren. Paulus hatte das Projekt in der Gemeinde in Korinth angestoßen und führt es nun in seinem Brief fort. Mit typisch biblischer Pädagogik macht er konkrete Erfahrungen zum Ausgangspunkt seiner Reflexion, anstatt mit allgemeinen Prinzipien um sich zu werfen, die er später anpassen müsste.

1. Ausgangspunkt ist keine wirtschaftliche Theorie, sondern Jesus selbst.

»Ihr kennt ja die große Liebe und Gnade von Jesus Christus, unserem Herrn. Obwohl er reich war, wurde er um euretwillen arm, um euch durch seine Armut reich zu machen« (2. Korinther 8,9). Seine Brüder und Schwestern wirtschaftlich zu unterstützen, war für Paulus keine weltliche Angelegenheit abseits des Evangeliums, sondern ein Teil seines Bekenntnisses zum Evangelium: »Durch euer großzügiges Geschenk werdet ihr also zur Verherrlichung Gottes beitragen. Denn eure Großzügigkeit ihnen gegenüber beweist, dass ihr der Botschaft von Christus gehorcht« (2. Korinther 9,13).

Ziel ist es nicht, so viel Geld wie möglich einzusammeln, sondern Jesus so ähnlich wie möglich zu werden.

Wie für Ignatius und seine Brüder gilt auch für Paulus Jesus selbst als mustergültiges Beispiel für wirtschaftliche Werte. Ziel ist es nicht, so viel Geld wie möglich einzusammeln, sondern Jesus so ähnlich wie möglich zu werden. Da es Gottes Wesen ist, sich selbst hinzugeben, wofür Jesu Tod am Kreuz das deutlichste Zeichen ist, kann es für einen Christen oder eine Gemeinde kein Ideal sein, Geld für sich selbst zu sammeln und zu behalten.

Paulus reiht sich hier in eine lange biblische Tradition ein. Als Mose dem Volk ethische Richtlinien geben soll, bevor sie sich an den Aufbau ihrer Gesellschaftsstruktur machen, argumentiert er auf die gleiche Weise:

> Und nun, Israel? Was verlangt der Herr, dein Gott, von dir? Er verlangt von dir nur, dass du ihn achtest, dass du nach seinem Willen lebst, dass du ihn liebst und ihm mit ganzem Herzen und mit aller Kraft dienst …
> Reinigt deshalb eure Herzen und seid nicht mehr so eigensinnig. Der Herr, euer Gott, ist der Gott aller Götter und der Herr aller Herren. Er ist der große Gott, mächtig und Ehrfurcht gebietend, unparteiisch und unbestechlich. Er verhilft Witwen und Waisen zu ihrem Recht. Er liebt die Ausländer und gibt ihnen Nahrung und Kleidung. Auch ihr sollt die Ausländer lieben, denn ihr wart selbst einmal Ausländer in Ägypten.
> *5. Mose 10,12.16-19*

Zwei Gründe, warum man den Armen helfen soll: Erstens, Gott tut es und wir sollen seinem Beispiel folgen. Und zweitens, wir haben selbst die Erfahrung gemacht, in Not zu sein. Wie immer führt das Göttliche und das wahrhaft Menschliche in der Bibel in die gleiche Richtung. Gottes Wesen spiegelt sich in unserem eigenen Wesen. Dieses segensreiche »und« findet seinen deutlichsten Ausdruck in Jesus von Nazareth, wahrem Gott und wahrem Menschen.

2. Gott ist die Quelle unserer Nahrung.

> Er wird euch großzügig mit allem versorgen, was ihr braucht. Ihr werdet haben, was ihr braucht, und ihr werdet sogar noch etwas übrig behalten, das ihr mit anderen teilen könnt. Denn

es ist Gott, der dem Bauern Saatgut und Brot zu essen gibt. Genauso wird er auch euch viele Gelegenheiten geben, Gutes zu tun, und eure Großzügigkeit wird viele Früchte tragen.
2. Korinther 9,8.10

Es ist also eigentlich nicht unsere Arbeit, unsere Leistung oder unser Kapital, das uns ernährt, sondern Gott. Das heißt nicht, dass wir alle aufhören sollten zu arbeiten oder dass unsere Arbeit unwichtig wäre. Es verschiebt aber den Grund für unsere Existenz von der Arbeit zu Gott. Diese Verschiebung ist von entscheidender Bedeutung, sowohl für unsere Sicht auf die Arbeit als auch für unsere Sicht auf Gott. Sie richtet unsere Erwartung in eine ganz andere Richtung als auf die eigene Leistung, die das Fundament des Wirtschaftsmarkts ist.

In Psalm 104 geht es um das Zusammenspiel zwischen Schöpfung und Schöpfer in Bezug auf unser tägliches Brot. Auf der einen Seite ist es selbstverständlich, dass Tiere und Menschen für ihre Nahrung arbeiten. Auf der anderen Seite ist es genauso selbstverständlich, dass Gott und nicht die Arbeit das Leben erhält.

Du hast die Dunkelheit geschickt, und es wird Nacht, in der sich alle Tiere des Waldes regen. Dann brüllen die jungen Löwen nach Nahrung, die auch sie von Gott erwarten. Bei Morgengrauen verstecken sie sich an ihren Lagerplätzen, um zu ruhen. Dann machen die Menschen sich an ihre Arbeit und haben zu tun, bis es wieder Abend wird … Sie alle warten darauf, dass du ihnen Nahrung gibst, wenn es nötig ist. Mit deiner Hilfe sammeln sie Vorräte. Du öffnest deine Hand, um sie zu ernähren, und sie werden satt.
Psalm 104,20-28

3. Die Wirtschaft von Gottes Reich baut auf Freiheit.

> Ich sage nicht, dass ihr es tun müsst, auch wenn die anderen Gemeinden große Begeisterung zeigen. Es ist aber eine Möglichkeit, eure Liebe unter Beweis zu stellen … Bringt die Sache nun mit derselben Begeisterung zum Abschluss, mit der ihr sie in Angriff genommen habt. Gebt so viel, wie ihr entbehren könnt. Wenn ihr wirklich dazu bereit seid, kommt es nicht darauf an, wie viel ihr erübrigen könnt. Gott möchte, dass ihr gebt, was ihr habt, und nicht, was ihr nicht habt … Jeder von euch muss selbst entscheiden, wie viel er geben möchte. Gebt jedoch nicht widerwillig oder unter Zwang, denn Gott liebt den Menschen, der gerne gibt.
> *2. Korinther 8,8.11-12; 9,7*

Der Mammon erlangt seine Macht durch diverse Herrschertaktiken, die alle davon geprägt sind, dass sie früher oder später unsere Freiheit aufs Spiel setzen. Paulus sagt: »Ihr wisst ja, ihr habt euch früher, als ihr noch nicht zu Christus gehörtet, dazu verleiten und mitreißen lassen, stumme Götzen anzubeten« (1. Korinther 12,2). Der Mammon beginnt seinen Einfluss auf uns mit dem Hinweis auf unsere Sehnsucht nach Freiheit: »Mit Geld kannst du tun, was du willst.« Aber wenn wir ihm den kleinen Finger reichen, greift er bald nach der ganzen Hand und wir sind nur noch damit beschäftigt, uns um Geld zu kümmern.

Solche Menschen sind es offenbar, denen Jesus begegnet, »sie mit Liebe betrachtet« und dazu ermuntert, mit ihren Götzen zu brechen – wie zum Beispiel der reiche Jüngling. Als der Mann vor der Herausforderung zögert und davongeht, folgt ein Gespräch zwischen Jesus und den Jüngern, das auch in unseren Gemeinden circa so stattfinden könnte:

> Da sagte Jesus zu seinen Jüngern: »Ich will euch die Wahrheit sagen: Es ist sehr schwer für einen Reichen, ins Himmelreich zu gelangen. Ich sage es noch einmal: Eher geht ein Kamel durch ein Nadelöhr, als dass ein Reicher in das Reich Gottes kommt!« Die Jünger waren sehr betroffen. »Wer kann denn dann überhaupt gerettet werden?«, fragten sie. Jesus sah sie eindringlich an und sagte: »Menschlich gesehen ist es unmöglich. Aber bei Gott ist alles möglich.«
> *Matthäus 19,23-26*

Warum waren die Jünger so bestürzt? Sie hatten doch alles zurückgelassen und konnten sich kaum noch als reich betrachten. Sie hätten doch zu dem Ergebnis kommen können, dass nur die Armen gerettet werden, und sich selbst zu der Gruppe dazuzählen können. Warum stoßen ihnen die Worte von Jesus so sauer auf? Und wieso bestätigt Jesus sie auch noch, anstatt einfach zu sagen: »Das geht schon, wenn ihr euch so und so verhaltet ...«?

Vielleicht geht den Jüngern in diesem Augenblick auf, wie groß die Macht des Mammons tatsächlich ist und dass sie uns alle zwangsläufig an sich zieht, egal, wie viel oder wenig wir haben. Denn für alle Mächte gilt, dass sie nicht mit Werten und Prinzipien besiegt werden können, wie gut oder biblisch diese auch sein mögen. Das Einzige, was eine Macht besiegen kann, ist eine größere Macht. Jesus sagt in diesem Zusammenhang: »Denn solange ein starker Mann bewaffnet seinen Palast bewacht, ist sein Besitz sicher – bis ein Stärkerer angreift und ihn besiegt. Und der Stärkere nimmt ihm seine Waffen, auf die er vertraute, und verteilt seinen Besitz« (Lukas 11,21-22).

Ein Stärkerer. Einer, der gesandt ist, den »Gefangenen zu verkünden, dass sie freigelassen werden, Blinden, dass sie sehen werden, Unterdrückten, dass sie befreit werden und dass die Zeit der

Gnade des Herrn gekommen ist« (Lukas 4,18-19). Dabei spielt keine Rolle, ob sie durch ihre Armut oder ihren Reichtum unterdrückt werden.

Der Zwang muss gebrochen werden, egal, ob es sich um zwanghaften Konsum oder zwanghaften Verzicht handelt. Nicht willenlos dem Strom durch IKEA folgen, durch das große Foyer und am Ende mit tausend Dingen rauskommen, die man eigentlich gar nicht kaufen wollte. Lieber durch die kleine Tür direkt zum Lager gehen und genau das Teil kaufen, das man braucht – und sonst nichts.

4. Gott gibt uns, was wir brauchen.

»Er wird euch großzügig mit allem versorgen, was ihr braucht. Ihr werdet haben, was ihr braucht« (2. Korinther 9,8). Er bewertet also nicht wie die Marktwirtschaft nach Leistung, Ausbildung oder Geschlecht. Sobald wir anfangen zu denken: »Ich bin es wert, weil ich diesen Einsatz geleistet habe«, gleiten wir hinüber zu der Sichtweise der Wirtschaft. Dann wird der Lohn zur Belohnung für Leistung und öffnet dem Vergleich Tür und Tor: »Ich bin genauso viel wert wie er oder sie.« Der nächste Schritt ist dann: »Ich bin mehr wert als er oder sie.« Und der nächste Schritt: »Er oder sie ist nicht so viel wert.« Und als Nächstes …

Das radikalste Beispiel ist hier das Gleichnis von den Arbeitern im Weinberg. Alle, die den ganzen Tag gearbeitet hatten, bekamen nicht mehr als die, die nur eine Stunde lang hatten arbeiten können. Und sie protestierten heftig:

> »Diese Leute haben nur eine Stunde gearbeitet und doch bekommen sie genauso viel wie wir, die wir den ganzen Tag in der sengenden Hitze schwer gearbeitet haben.« Einem von ihnen antwortete er: »Mein Freund, ich war nicht ungerecht!

> Warst du nicht damit einverstanden, dass du den ganzen Tag für den üblichen Lohn arbeitest? Nimm dein Geld und gib dich zufrieden. Ich will aber diesem letzten Arbeiter genauso viel geben wie dir. Oder ist es mir nicht erlaubt, mit meinem Geld zu machen, was ich will? Willst du dich etwa darüber beklagen, dass ich gütig bin?«
> *Matthäus 20,12-16*

Auch hier zwei Punkte:

- Gott hat ein Recht auf seine Schöpfung. Nicht wir.
- Gottes Güte zwingt unser Ego nach außen.

Hand aufs Herz: Wenn meine Bedürfnisse gestillt sind, was suche ich dann noch im Geld? Kann ich es dort finden oder muss ich vielleicht woanders suchen, um satt zu werden?

5. Gott teilt aus, Mammon rafft.

> Denn ihr sollt natürlich nicht so viel geben, dass ihr nachher selbst nicht mehr genug habt. Es geht mir nur um einen Ausgleich. Im Augenblick habt ihr viel und könnt ihnen helfen. Ein andermal können sie dann mit euch teilen, wenn ihr es nötig habt. Auf diese Weise hat jeder, was er braucht. Erinnert ihr euch, was die Schrift darüber sagt? »Diejenigen, die viel sammelten, behielten nichts übrig, und diejenigen, die nur wenig sammelten, hatten genug.«
> *2. Korinther 8,13-15*

Hier zitiert Paulus die große Wirtschaftslektion aus der Wüste, als Gott das Volk mit Brot vom Himmel nährte und ihnen gleichzeitig die Haushaltsführung in Gottes Reich beibrachte:

Sie sammelten von der Speise ein – die einen viel, die anderen wenig. Als sie es jedoch abmaßen, hatten diejenigen, die viel gesammelt hatten, nicht zu viel und denjenigen, die nur wenig gesammelt hatten, fehlte nichts. Jeder hatte genau so viel gesammelt, wie er brauchte. Dann befahl Mose ihnen: »Niemand soll etwas davon über Nacht aufbewahren.« Aber einige von ihnen hörten nicht auf Mose und hoben etwas davon auf. Doch am nächsten Morgen war es voller Maden und stank.
2. Mose 16,17-20

Geld, das in Umlauf gebracht wird, um Bedürfnisse zu stillen, ist lebensspendend. »Denkt daran: Ein Bauer, der nur wenig Samen aussät, wird auch nur eine kleine Ernte einbringen. Wer aber viel sät, wird auch viel ernten« (2. Korinther 9,6). Geld, das herumliegt, entzieht Leben. Jesus erzählt die Geschichte eines Mannes, der den Regeln des Marktes treu ergeben war:

Ein wohlhabender Mann besaß einen großen Hof mit Äckern, die reiche Ernten brachten, so viel, dass seine Scheunen die Erträge nicht fassen konnten. Da sagte er sich: »Ich weiß, was ich mache! Ich werde meine Scheunen abreißen und größere bauen. Auf diese Weise habe ich genug Platz, um alles zu lagern. Und dann werde ich mich zurücklehnen und mir sagen: Mein Freund, du hast für Jahre genug eingelagert. Genieße das Leben. Iss, trink und sei fröhlich!« Aber Gott sagte zu ihm: »Wie dumm von dir! Du wirst noch heute Nacht sterben. Und wer wird dann das alles bekommen?« Ihr seht, wie dumm es ist, auf der Erde Reichtümer anzuhäufen und dabei nicht nach Reichtum bei Gott zu fragen.
Lukas 12,16-21

Aus irgendeinem Grund sagt der Mann in dieser kurzen Geschichte achtmal »ich« und »mir«. Er scheint sich selbst der einzige Freund zu sein, mit dem er über seinen Lebensentwurf spricht. Eingemauert in seiner zusammengesparten Sicherheit erstickt er schließlich.

6. In Gottes Reich schafft Geld Beziehungen, der Mammon schafft Gräben zwischen Menschen.

Die Gemeinde in Makedonien gab nicht nur Geld: »Ihre erste Reaktion bestand darin, sich dem Herrn und uns vorbehaltlos zur Verfügung zu stellen« (2. Korinther 8,5). Das Geld war kein Ersatz für Beziehungen (nach dem Motto: Wir geben Geld, der Rest kümmert uns nicht mehr), sondern diente dazu, Beziehungen aufzubauen.

> Auf diese Weise geschehen gleich zwei gute Dinge: Die Not der Gemeinde in Jerusalem wird gelindert, und sie werden Gott voller Freude danken ... Sie beten für euch und möchten euch wiedersehen, weil sich Gottes reiche Gnade an euch zeigt.
> *2. Korinther 9,12.14*

In Gottes Reich bedeutet Geld, dass alle Menschen gleich viel wert sind. Im Reich des Mammons bedeutet Geld, dass nicht alle Menschen gleich viel wert sind.

Das Alte Testament wimmelt nur so von Beispielen davon. Lassen Sie uns das Beispiel des Propheten Amos auswählen, der mit den Klassenunterschieden in Israel aufräumt:

> Sie hassen Richter, die ehrlich sind, und sie verachten Menschen, die die Wahrheit sagen. Ihr tretet die Armen in den

Staub und nehmt Getreideabgaben von ihnen. Deshalb werdet ihr nie in den prächtigen Steinhäusern wohnen, die ihr gebaut habt. Ihr werdet nie den Wein von den herrlichen Weinbergen trinken, die ihr gepflanzt habt. Denn ich kenne die große Zahl eurer Sünden und Verbrechen. Ihr bekämpft die Ehrlichen, ihr nehmt Bestechungsgelder an und beugt das Recht der Armen.
Amos 5,10-12

Die ihr auf kostbaren Elfenbeinbetten schlaft und das Fleisch zarter Lämmer und gemästeter Kälber verspeist: Ihr grölt Lieder zum Klang der Harfe und haltet euch für große Dichter, wie König David es war. Ihr trinkt Wein aus großen Schalen und parfümiert euch mit exotischen Düften, ohne einen Gedanken daran zu verschwenden, dass euer Volk vor dem Untergang steht. Deshalb werdet ihr die Ersten sein, die als Gefangene fortgeschleppt werden …
Amos 6,4-7

Hört zu, ihr, die ihr die Not Leidenden tretet und die Bedürftigen in diesem Land vernichtet! Ihr könnt es kaum erwarten, dass der Sabbat vorüber ist und die Feiertage vorbei sind, damit ihr wieder handeln könnt. Ihr messt das Korn mit falschem Maß und wiegt es auf gefälschten Waagen. Und ihr mischt den Weizen, den ihr verkauft, mit Spreu, die ihr vom Boden zusammenfegt! Dann versklavt ihr die Armen wegen der Schuld eines Silberstücks oder eines Paars Sandalen.
Amos 8,4-6

Natürlich machte sich Amos mit diesen Äußerungen bei den Machthabern unheimlich beliebt. Mit betäubender Voraussehbarkeit fangen die Mühlen der Macht an zu mahlen, wo das religiöse Establishment sich in das Politische einmischt:

> Als Amazja, der Priester von Bethel, hörte, was Amos sagte, ließ er König Jerobeam die Nachricht melden: »Amos zettelt im Volk Israel eine Verschwörung gegen dich an! Seine Worte werden das ganze Land in Aufruhr versetzen. Denn Amos sagt: ›Jerobeam wird schon bald umgebracht werden und das Volk Israel wird ins Exil gehen müssen, in ein Land fern von seiner Heimat.‹« Amazja sagte daraufhin zu Amos: »Geh weg von hier, du Seher! Flieh ins Land Juda und verdiene meinetwegen dort dein Brot mit deinen Prophetien! Aber belästige uns hier in Bethel nicht mit deinen Weissagungen, nicht hier, wo des Königs Heiligtum steht!«
> *Amos 7,10-13*

7. Alle können ihren Beitrag leisten.

In Gottes Reich kommt es nicht darauf an, wie viel Geld wir haben, sondern wie großzügig wir sind.

> Und nun, liebe Freunde, möchte ich euch berichten, was Gottes Gnade in den Gemeinden Mazedoniens bewirkt hat. Obwohl sie schwere Zeiten durchgemacht haben, sind sie voll Freude und haben trotz ihrer Armut viel gegeben. Denn ich kann bezeugen, dass sie nicht nur gegeben haben, was sie ohne Not entbehren konnten, sondern weit darüber hinaus, und dies aus freien Stücken. Immer wieder baten sie inständig um das große Vorrecht, sich an der Sammlung für die Gemeinde in Jerusalem beteiligen zu dürfen.
> *2. Korinther 8,1-4*

Wir hängen noch dem zähen Mythos an, dass Reichtum großzügig und Armut uns geizig macht. Das scheint allerdings mehr die Ausnahme als die Regel zu sein. Gott schaut jedenfalls eher darauf, wie groß unsere Liebe ist, als wie viel Geld wir geben. Oder anders ausgedrückt: Ihn interessiert nicht so sehr, was wir geben, sondern was noch übrig ist, wenn wir geschenkt haben:

> Jesus setzte sich in die Nähe des Opferkastens im Tempel und beobachtete, wie die Menschen Geld hineinwarfen. Viele reiche Leute legten große Beträge hinein. Dann kam eine arme Witwe und warf zwei kleine Münzen hinein. Da rief er seine Jünger zu sich und sagte: »Ich versichere euch: Diese arme Witwe hat mehr gegeben als alle anderen. Denn sie alle haben nur einen winzigen Bruchteil von ihrem Überfluss abgegeben, während diese Frau, so arm sie ist, alles gegeben hat, was sie besaß.«
> *Markus 12,41-44*

8. Nicht Reichtum, sondern Fürsorge.

Nach Gottes Perspektive bewertet, ist das Ziel im Umgang mit Geld nicht eigener Reichtum. Vielmehr geht es um die Fürsorge für andere und Gottes Ehre und Lob.

> Ihr werdet empfangen, damit ihr umso großzügiger geben könnt. Und wenn wir eure Gabe denen bringen, die sie nötig haben, werden sie Gott von Herzen danken. Auf diese Weise geschehen gleich zwei gute Dinge: Die Not der Gemeinde in Jerusalem wird gelindert, und sie werden Gott voller Freude danken.
> *2. Korinther 9,11-12*

In Psalm 97 preist der Psalmist Gott aus voller Kehle als König der Welt. Es heißt dort: »Feuer geht vor ihm her und verzehrt seine Gegner« (Vers 3) und »alle Götter müssen sich ihm unterwerfen« (Vers 8). Warum werden nicht auch die Götter verbrannt? Weil sie nicht wirklich Gottes Feinde sind. Sie sind eigentlich Geschöpfe Gottes, denen der Mensch Macht gegeben hat und die er nun für etwas anbetet, wofür sie nicht geschaffen sind. Sie sollen nicht zerstört, sondern entthront werden. Erst dann können sie ihren rechtmäßigen Platz in Gottes Schöpfung einnehmen. Sie sollen nicht angebetet werden, sondern anbeten. Nur Gott allein ist Anbetung wert. In der Anbetung der Güte Gottes findet alles seinen Platz, auch das Geld. In der Dankbarkeit gegenüber Gottes Güte erhält alles die richtigen Proportionen und Nutzen.

In der Dankbarkeit gegenüber Gottes Güte erhält alles die richtigen Proportionen und Nutzen.

Peter McVerry ist ein irischer Jesuit, der lange Jahre mit den schlimmsten Schurken in Dublin gearbeitet hat. Ihm wurde oft das wenige gestohlen, was er besaß, weil diese Typen es als Selbstverständlichkeit sahen, etwas mitgehen zu lassen, wenn sich ihnen die Gelegenheit bot. Eine auf den ersten Blick hoffnungslos undankbare Arbeit, als würde man Wasser mit einem Sieb schöpfen – man wird niemals fertig.

Warum machte er diese Arbeit? Er erzählt, dass seine Motivation nicht Angst vor einer Strafe war, sollte er die Aufgabe ablehnen. Er tat es auch nicht, um belohnt zu werden, weder auf Erden noch im Himmel. Warum also? Er antwortet mit einem einzigen Wort: Dankbarkeit.

Sein ganzes Leben und sein Dienst sind eine Antwort auf die Güte, der er in Jesus Christus begegnet ist und die im Gebet, im Wort, in der Messe und in der Begegnung mit all diesen Menschen die tragende Erfahrung seines Lebens geworden ist. Zu versuchen, diesen bettelarmen Typen ein erträglicheres Leben zu verschaffen, ist Peter McVerrys Art zu sagen: »Danke, Jesus, für alles, was du mir gegeben hast!«

Es begann im Wohnzimmer

Fünfzehn Jahre lang arbeitete ich als Redakteur für die christliche Zeitung *Nytt Liv* (Neues Leben). Mein Kollege Lennart Nordin und ich begannen wirklich mit einem Senfkorn: Die Abonnentenliste verwaltete er in seinem Schlafzimmer und die Zeitung schusterten wir in Lisas und meinem Wohnzimmer zusammen. Unser Budget entsprach zu Beginn ungefähr dem, was normale Zeitungen in ihrer Kaffeekasse haben. Doch der Betrieb und die Zahl der Abonnenten wuchs und uns wurde klar, dass wir uns eine Art Lohn zahlen mussten, um überleben zu können.

Wir hatten eine Anzahl Freiwilliger, die uns mit allem von Layout bis Kaffeekochen unterstützten, und es galt es unausgesprochene Regel, dass für Fotos und Texte kein Honorar gezahlt wurde. Hätten wir normale Honorare gezahlt, hätten wir die Zeitung nach einem halben Jahr einstampfen müssen.

Bald mussten wir mehr Leute fest anstellen, und überlegten, wie wir das machen sollten. Zu Beginn richtete sich unser System nach den Bedürfnissen. Jeder sagte, was er mindestens brauchte, um über die Runden zu kommen, und das bekam er dann. Das Problem dabei war nur, dass wir Menschen recht unterschiedlich ticken, wenn es darum geht, unsere Wünsche zu äußern. Das führte dazu, dass unser System bald nicht mehr passte.

Der nächste Schritt war also ein festes Lohnsystem. Wir (besonders der gute Lennart) erstellten eine einfache Tabelle, in der aufgelistet war, ob man verheiratet war, Kinder oder einen Studienkredit abzuzahlen hatte und was man an Miete zahlte. Diese Informationen bildeten die Grundlage für die Lohnauszahlungen. Es gab keinen Bezug zu Leistung, Geschlecht oder anderen bekannten Parametern. Das konnte bedeuten, dass wir Versandmitarbeiterinnen hatten, die mehr Lohn bekamen als fest angestellte Journalisten.

Kein wirtschaftliches System ist ohne Fehler und manchmal führte unser System dazu, dass die hauptsächliche Versorgungslast beim Partner bzw. der Partnerin lag. Aber im Großen und Ganzen funktionierte es 15 Jahre lang sehr gut. Wir hatten Umsätze von mehreren Millionen pro Jahr und zu Höchstzeiten eine Auflage von knapp 16 000 in ganz Skandinavien. Dazu kamen einige Bücher, die wir herausgaben.

Warum erzähle ich das? Um zu zeigen, wie radikal wir waren, damit andere, wirtschaftlicher denkende Gruppierungen beschämt den Kopf einziehen? Ich hoffe nicht. Die einzige Absicht, mit der ich diese Erfahrungen mit neuen Generationen teile, ist, um zu zeigen: Es geht auch anders. Es ist ein Mythos, dass Wirtschaft nur auf die eine Art funktionieren kann. Man ist nicht hochmütig oder verrückt, wenn man in kleinem Stil mit einer etwas biblischeren Wirtschaft experimentieren möchte. Es ist in Ordnung, zu scheitern und aus seinen Fehlern zu lernen. Und wir hatten auch einfach eine Menge Spaß bei dem, was wir taten.

Es ist ein Mythos, dass Wirtschaft nur auf die eine Art funktionieren kann.

Franziskus war gezwungen, in der zweiten Version seiner Regel etwas aufzunehmen, was er in der ersten Version nicht berücksichtigt hatte: Die Brüder durften in ihrer radikalen Armut die Reichen nicht verachten.[102] Der Mammon ist eine extrem invasive Art. Wenn er uns nicht in der Gier halten kann, versucht er, uns in die Verachtung und Verurteilung der Reichen zu ziehen. Aber sowohl Gier als auch Verachtung der Gierigen erfüllt nur die Ziele des Mammons: uns von anderen Menschen zu trennen und uns letztlich unserer Menschlichkeit zu berauben. Hier zeigt sich, wem der Mammon dient: dem *diabolos*, dem, der entzweit.

C.S. Lewis sagt an einer Stelle, dass es zwei Arten gibt, den Weg des Teufels zu gehen: seine Existenz zu verleugnen oder aber ständig mit ihm zusammenzuarbeiten. Das gilt für alle potenziell zerstörerischen Mächte. Nicht zuletzt den klassischen Dreiklang Geld, Sex, Macht.

Wie kommt es, dass Revolutionäre, die gegen Machtmissbrauch auf die Barrikaden gehen, beinahe ausnahmslos das gleiche Verhalten an den Tag legen, wenn sie selbst an die Macht kommen? Wie kommt es, dass so viele, die die Pornoindustrie aufdecken wollen, mit der Zeit ins Wanken geraten und nicht selten selbst als Konsumenten oder sogar Produzenten der Branche enden? Wie kommt es, dass die fanatischsten Lifestyle-Asketen so fixiert auf das Geld sind, das sie nicht haben wollen, und manchmal umfallen und das Verbotenste suchen?

Es gibt Gründe, warum Jesus sich in der Wüste nicht auf eine Diskussion mit dem Teufel einlässt. Seine Strategie ist wirklich furchtbar langweilig und unkreativ: Jedes Mal antwortet er: »Es steht geschrieben«, gefolgt von der entsprechenden Bibelstelle. Merkwürdig ist nur, dass es funktioniert.

Jede Form, sich mit Geld zu beschäftigen – Geld anzuhäufen oder es abzulehnen –, neigt dazu, sich auf die Seele auszuwirken. Psalm 34 bringt Jesu Strategie auf den Punkt: »Wendet euch ab vom Bösen und tut Gutes« (Psalm 34,15). Schenken Sie Geld so wenig Aufmerksamkeit wie möglich, nur so viel wie unbedingt notwendig. Widmen Sie dafür umso mehr Energie dem Wesentlichen, Guten und Lebensspendenden.

8

DAS GEHEIMNIS DES SAUERTEIGS – Die unsichtbare Schlagkraft des Glaubens

1978 war ich mit ein paar guten Freunden auf Recherchereise in Polen. Wir wollten die lebendige Kirche im Schatten der Sowjetherrschaft aufspüren. Wir waren in der unfassbar dürftigen Hauptstadt mit ihrer stalinistischen Architektur gewesen und hatten einen Eindruck von der Unterdrückung bekommen, der die polnische Bevölkerung ständig ausgesetzt war. Auch nach vielen Jahren kommen immer wieder noch bizarre Erinnerungen hoch.

Da war zum Beispiel die Frau, die vor den öffentlichen Toiletten saß und deren Job es war, uns eine passende Anzahl Toilettenpapierblätter auszuhändigen. Oder das seltsame Fischgericht (vielleicht auch gegrillte Schlange?), das ich gleich zu vergessen versuchte. Dieses: »Entschuldigung, ich mach nur schnell die Tür zu«, wenn das Gespräch etwas heikler wurde.

Und dann war da noch das Treffen mit der »Licht-Leben«-Bewegung in einem kleinen Bauerndorf in Südpolen. Dabei handelte es sich um eine Basisbewegung innerhalb der katholischen Kirche, die Tausenden Jugendlichen das Evangelium näherbrachte. Ich habe selten eine so deutliche Stimmungsveränderung gespürt wie damals, als meine Freunde und ich uns mit diesen Brüdern und Schwestern um den Kaffeetisch versammelten.

Schon bevor wir hörten, was sie zu erzählen hatten, war uns klar, dass hier ein anderer Geist wehte als in der Betonwüste. Wir erfuhren, dass in diesem Sommer gut dreißigtausend Jugendliche an Lagern der Bewegung mit Bibelstudien, Messfeiern und unzähligen Beichtgesprächen teilgenommen hatten. All das in einer kommunistischen Diktatur?

Einer der anderen Gäste sagte: »Es ist, als würde man im Wald Steine umdrehen und immer wieder aufs Neue überrascht sein, wie viel Leben sich unter jedem Stein findet.«

Oder wie Jesus sagt: »Wie kann ich das Reich Gottes noch beschreiben? Es ist wie Sauerteig, den eine Frau zum Brotbacken verwendet. Auch wenn sie eine große Menge Mehl benutzt, durchdringt der Sauerteig den ganzen Teig« (Lukas 13,20-21).

So ein Sauerteig ist sowohl für die liberale Marktwirtschaft als auch für eine kommunistische Diktatur eine wahre Herausforderung. Er fordert einige unserer gesellschaftlichen Prämissen heraus:

- **Er ist langsam.** Man muss einfach warten, dass er den Teig durchsäuert. Das braucht seine Zeit. Man kann den Prozess nicht beschleunigen, um ihn unserem Zeitplan anzupassen. Ein gutes Sauerteigbrot braucht zwölf Stunden Ruhezeit, damit alle Nährstoffe sich gut im Körper entfalten können. Backt man es früher, geht das Brot durch den Körper, ohne seine Schätze zu hinterlassen.
- **Er ist unsichtbar.** »Was man nicht sieht, gibt es nicht«, ist in der Werbebranche ein geflügeltes Wort. Und nicht nur da. »Ich tue alles, wenn ich nur gesehen werde«, ist das Mantra der Promikultur und der Schlüssel zu den Sozialen Medien.

Der Sauerteig ist da ganz anders: Hier passiert etwas Wichtiges, ohne dass man es sieht.

- **Er ist lebendig.** Im Unterschied zu Maschinen und Betrieben, die wir selbst konstruiert haben und denen ständig von außen Energie zugeführt werden muss, ist der Sauerteig ein lebendiger Organismus aus Milchsäurebakterien und Hefepilzen. Das heißt nicht, dass die Frau in Jesu Gleichnis nur passiv herumstehen und zuschauen würde – sie arbeitet den Sauerteig ins Mehl ein. Aber sie knetet nicht das Leben in den Sauerteig, und das macht den ganzen Unterschied.
- **Er breitet sich aus.** So wie das Senfkorn in einem anderen von Jesu Gleichnissen zum Baum wird, in dem die Vögel des Himmels sich niederlassen, hat der Sauerteig Einfluss über seine ursprünglichen Grenzen hinaus. In einer Kultur, in der scheinbar alles wie magnetisch von unserer Selbstgefälligkeit angezogen wird, hat der Sauerteig einen unwiderstehlichen Drang nach außen.

So schreibt auch Paulus: »Das alles ist zu eurem Besten. Und wenn Gottes Gnade immer mehr Menschen zu Christus führt, wird auch der Chor derer, die ihm danken, immer lauter, und Gott wird immer mehr Ehre erwiesen« (2. Korinther 4,15).

Und Ignatius sagt seinen Mitbrüdern: »Je universeller das Gute ist, desto göttlicher ist es. Deshalb sollte man den Personen und Orten den Vorzug geben, die, wenn sie Anteil am Guten erhalten haben, das Gute an jene verbreiten können, auf die sie Einfluss haben.«[103]

Wenn Gott im Schaufenster hockt

Manchmal fällt es uns leichter, Dinge deutlich zu sehen, wenn sie direkt neben ihrem Gegenteil stehen. Das Matthäusevangelium erzählt, wie Jesus seine Jünger warnt: »Nehmt euch in Acht vor dem Sauerteig der Pharisäer und der Sadduzäer« (Matthäus 16,6). Zwei völlig verschiedene religiöse Gruppen tragen Sauerteig in sich, der nicht gut ist. Wie soll man das verstehen? Das Markusevangelium erweitert die Warnung sogar auf Politiker: »Nehmt euch in Acht vor dem Sauerteig der Pharisäer und dem Sauerteig des Herodes« (Markus 8,15). Damit ist aber immer noch nicht klar, was dieser Sauerteig sein soll.

Die Erklärung findet sich bei Lukas:

> Hütet euch vor dem Sauerteig der Pharisäer – hütet euch vor ihrer Heuchelei. Es kommt die Zeit, da wird alles offenbar werden; alles, was jetzt noch geheim ist, wird dann öffentlich bekannt gemacht werden. Alles, was ihr im Dunkeln gesagt habt, wird im Hellen zu hören sein, und was ihr hinter verschlossenen Türen geflüstert habt, wird man von den Dächern rufen, sodass alle es hören!
>
> *Lukas 12,1-3*

Das Wort »Heuchelei« deutet an, dass sie bewusst versuchen, Menschen hinters Licht zu führen. Vielleicht kommen wir dem Kern näher, wenn wir uns auch den Rest von Jesu Rede anschauen. Er spricht davon, dass es unmöglich ist, unser Leben in private und öffentliche Bereiche zu trennen, und dass die Wahrheit über unser Leben früher oder später ans Licht kommen wird. Die Wirklichkeiten hängen zusammen und jeder Versuch unsererseits, sie zu trennen, ist zum Scheitern verurteilt.

Ist also der gefährliche Sauerteig jenes Zweiraumdenken in all seinen religiösen und politischen Formen? Die Vorstellung, dass wir Gott in einen kleinen privaten Raum einschließen und dann unser Leben leben können, als ob es ihn nicht gäbe? Oder umgekehrt: Gott in ein öffentliches Schaufenster zu sperren und dann ein Privatleben zu führen, als ob es ihn nicht gäbe (eine Art, die unter Leitern recht gängig ist)?

Vielleicht ist der Sauerteig unser grundlegendes Weltbild, unsere Sichtweise auf das Leben. Mit anderen Worten: unsere Mentalität. Er drückt unsere eigentlichen Werte aus, die unser Leben steuern und zeigen, was wir tatsächlich als wichtig erachten. Er breitet sich in unsere Umgebung als versteckter Sauerteig aus anstelle von offenen Überzeugungen. Lassen Sie mich einige Beispiele geben.

In einer christlichen Familie sind alle in irgendwelchen kirchlichen Gruppen aktiv. Beim Gespräch am Mittagstisch merken die Kinder, dass der Vater mit mehr Energie und Engagement von der Firma spricht als von der Gemeinde oder von Gott. Ohne dass es jemals ausgesprochen würde, lernen die Kinder das Zweiraumdenken: Das wirklich Wichtige ist die Arbeit und die Welt außerhalb der Kirche. Mit dem Glauben hat es nicht viel zu tun. Die Kirche ist etwas ganz anderes und ein weniger wichtiger Raum, in dem man sich mit Gott beschäftigt.

Eine christliche Psychologiestudentin sitzt am Institut in einem Gruppengespräch. Mittlerweile wissen alle, dass sie Christin ist, und der Lehrer lässt hin und wieder ihre Perspektive einfließen: »Was sagst du als Christin dazu?« Natürlich kann sie an einer akademischen Einrichtung keine Deutungshoheit haben. – »Was sagst du als Atheist?« Sie weiß, dass der Rahmen gesteckt und säkular ist. Wenn sie an Gott glauben will, ist das ihre Sache. Eine eigene Entscheidung derer, die so veranlagt sind. Wie soll sie verhindern können, dass dieses Zweiraumdenken ihren christlichen Glauben prägt?

In einer Gemeinde wird es als etwas peinlich angesehen, wenn sich einige völlig freiwillig ohne einen bestimmten Arbeitskreis zum Beten versammeln. Es werden bedeutungsvolle Blicke ausgetauscht, wenn jemand (und jeder weiß, wer) darüber spricht, wie wichtig es sei, Gott zu suchen. Dabei wird umso mehr Energie in die Diskussion über Budgets oder die Planung der Weihnachtsfeier gesteckt. Neuen Besuchern fällt es relativ schwer, in diese Gemeinde hineinzukommen, die sich schon lange in ihren festen Formen, gut abgegrenzt in Gruppierungen verschiedener Ansichten und Lebensarten, gefunden hat.

In einer Gemeinde herrscht ein stiller Konsens über das Wesentliche. Es wird nicht viel darüber gesprochen, aber Besucher erkennen demütiges Erwarten Gottes und freundliche Aufmerksamkeit füreinander. Es kommt niemandem komisch vor, wenn jemand seine Bibel im Gottesdienst dabeihat. Hier herrscht Offenheit gegenüber neuen Menschen und eine neugierige Willkommenskultur.

In keinem dieser vier Beispiele wird öffentlich darüber gesprochen, was wichtig ist. Es geht eher um Atmosphäre, um das, was man zwischen den Zeilen liest und was weit mehr beeinflusst als das, was öffentlich ausgetauscht wird. So etwas kann man in Entscheidungsgremien weder beschließen noch planen. Es ist außer Reichweite für Kompetenzdenken und Managementmethoden. Es wird von Menschen weitergetragen, die diese Denkweise verinnerlicht haben.

Ständige Diskussionen

Paulus nennt in mehreren seiner Briefe negative Beispiele des Sauerteigs, der sich durch Menschen mit destruktivem Einfluss in der Gemeinde ausbreitet. So warnt er auch Timotheus, in dessen Gemeinde ständige Diskussionen herrschen:

> Meide alles gottlose, dumme Geschwätz, das nur zu noch mehr Gottlosigkeit führt. Solches Geschwätz verbreitet sich wie ein Krebsgeschwür. Ein Beispiel dafür sind Hymenäus und Philetus. Sie haben den Weg der Wahrheit verlassen und behaupten, die Auferstehung von den Toten sei schon geschehen; auf diese Weise haben sie den Glauben mancher Menschen zerstört.
> *2. Timotheus 2,16-18*

Im Römerbrief gibt er jenen Menschen eine Reihe Ratschläge, die den guten Sauerteig verbreiten. Menschen, die auf ihre Umgebung einen heilenden, aufmunternden und einenden Einfluss haben:

> Ich empfehle euch unsere Schwester Phöbe … Unterstützt sie in allem, denn auch sie ist vielen eine Hilfe gewesen, mich eingeschlossen. Grüßt Priska und Aquila, die meine Mitarbeiter im Dienst für Christus Jesus gewesen sind. Sie haben sogar ihr Leben für mich aufs Spiel gesetzt. Und nicht nur ich bin ihnen dankbar, sondern auch alle Gemeinden. Bitte grüßt auch die Gemeinde, die sich in ihrem Haus trifft … Grüßt Maria, die sich so für euch eingesetzt hat … Grüßt Rufus, den der Herr sich erwählt hat, sowie seine Mutter, die auch mir eine Mutter gewesen ist.
> *Römer 16,1-16*

Darauf folgt eine Warnung vor dem schlechten Sauerteig, also jenen Menschen, die andere verletzen und die Gemeinde zerstreuen:

> Und nun möchte ich euch, liebe Brüder, noch einmal vor solchen Leuten warnen, die die Gemeinde spalten und den Glauben anderer erschüttern. Denn sie lehren euch etwas anderes als das, was ihr gelernt habt. Haltet euch von ihnen fern! Solche Leute dienen nicht Christus, unserem Herrn, sondern verfolgen nur ihre persönlichen Interessen. Mit beeindruckenden Reden und mitreißenden Worten betrügen sie ahnungslose Menschen.
> *Römer 16,17-18*

Nur ihre persönlichen Interessen zu verfolgen … das heißt, sich nur nach den eigenen Bedürfnissen zu richten, statt auf andere einzugehen. Es heißt, Bestätigung, Positionen, Macht zu suchen, weil der Selbstwert so gering ist, dass er ständig mit der Energie anderer aufgeladen werden muss. Es kann eine Weile dauern, bis wir merken, dass das Floß in die falsche Richtung steuert. Aber langfristig lässt es sich nicht verbergen. Und wie jeder gute Hirte sieht auch Paulus in erster Linie die Bedürfnisse der gesamten Gemeinde, statt nur die einiger Individuen. Die einfache Leitfrage lautet: Wer steht im Mittelpunkt? Jesus oder diese oder jene Person?

Dass der Sauerteig durch einzelne Menschen verbreitet wird, lässt jedoch auch Hoffnung auf Veränderung zu. Im Brief an die Gemeinde in Laodizea in Kleinasien wird eine Kirche beschrieben, die in einer ernsten Krise steckt. Die Säkularisierung ist in dieser Gemeinde bereits fortgeschritten und es ist lange her, dass jemand von der Liebe zu Gott entbrannt war:

> Ich weiß alles, was du tust und dass du weder heiß noch kalt bist. Ich wünschte, du wärest entweder das eine oder das andere! Aber da du wie lauwarmes Wasser bist, werde ich dich aus meinem Mund ausspucken! Du sagst: »Ich bin reich. Ich

habe alles, was ich will. Ich brauche nichts!« Und du merkst nicht, dass du erbärmlich und bemitleidenswert und arm und blind und nackt bist.

Offenbarung 3,15-17

Was soll man also tun? Einen Krisenstab aufstellen? Die Pastoren auf Fortbildungen schicken? Den Betrieb umstellen? Der Brief endet mit einem seltsamen Versprechen: »Siehe, ich stehe vor der Tür und klopfe an. Wenn jemand mich rufen hört und die Tür öffnet, werde ich eintreten, und wir werden miteinander essen« (Offenbarung 3,20).

Wenn jemand... Es ist erstaunlich, wie viel ein Mensch, der Jesus wirklich in sein Leben einlässt, für eine Gemeinde bewirken kann. Das muss mit diesem Sauerteig zu tun haben. Was braucht es also? Demut. Geduld. Vertrauen in den Heiligen Geist.

Zugemauerte Zugänge zum Himmel

Kürzlich las ich in einer Zeitschrift einen Hilferuf zum Thema Klimakrise. Ein junges Mädchen beschrieb, dass die Natur für sie immer ein Ort des Trostes gewesen war, an den sie sich hatte zurückziehen können, um sich zu erholen. Doch jetzt, da die Natur von globaler Verwüstung bedroht war, wusste sie nicht, wohin sie gehen sollte. Am gleichen Tag schrieb der Chef des Kulturteils, Björn Wiman, eine Kolumne zur Klimakrise. Sein Tenor war, dass wir uns angesichts dieser Notlage nur aneinander anlehnen können.

Ich bekam ganz plötzlich Platzangst. Unser westlicher Materialismus hat alle Eingänge zur größeren Welt so effektiv zugemauert und die Wege zum Himmel abgedichtet, dass unsere Sorge nun keine Heimat mehr findet. Wir sind in unserer selbst gebauten Untergangsmaschinerie gefangen und abgeschnitten von dem Größeren, das unserem Leben Bedeutung und Kraft für all die prophezeiten Umstellungen geben könnte. Aber alles Rufen verhallt an den gut isolierten Mauern.

Während ich dieses Buch schreibe, lese ich die Zeitung immer in meiner Kaffeepause. Jonas Anderson Schwartz, Dozent am Institut für Kultur und Lehre an der Södertörns-Hochschule, schreibt eine ganze Seite zur Psychologie der Klimakrise. Zunächst geht es um das Elend, doch dann wendet sich das Blatt:

> Die Klimakatastrophe ist, so paradox es auch klingen mag, gleichzeitig Quelle neuer Hoffnung. Sie schafft ein Fundament – einen absoluten, objektiven, wissenschaftlich basierten Parameter –, zu dem sich alle jetzt lebenden Menschen verhalten müssen. Sie beendet so gesehen den postmodernen, relativistischen Morast, in dem wir uns nach Ansicht vieler befinden. Wir leben in einer Welt, in der die Mittel für den Aufbau materiellen Wohlstands (Gewinn, Wachstum und Marktführung) die einzige Richtschnur sind.

Die radikale Umstellung kann man laut Andersson Schwarz nicht auf Emissionen und Energieproduktion beschränken:

> Als Mitbürger müssen wir vor allem unsere persönlichen Weltbilder, unsere Mentalität und unser grundsätzliches Verhalten zur Welt auf einen neuen Stand bringen. Das bedeutet nicht weniger als eine geistige Revolution, in der den meisten Menschen völlig andere Werte als jetzt wichtig werden und als erstrebenswert gelten. Das wird natürlich auch politische Effekte nach sich ziehen, da radikaler Konsumverzicht an dem

> Wirtschaftsgerüst sägt, auf dem unsere moderne Gesellschaft aufgebaut ist.

Diese Art absoluter Grenzen, die auf keinen Fall angetastet werden dürfen, werden in allen Kulturen als »heilig« definiert. Auch in unserer Kultur sind diese Grenzen nicht verschwunden, sondern haben lediglich die Form geändert:

> Das wirklich Heilige in unserer Zeit ist durch das Kapital ersetzt worden. Im Grunde genommen hat jede denkbare frühere Gesellschaft dem Raum gegeben, was Materialismus und Kommerz heute ausgleichen sollen. Das Heilige erfüllte in der Gesellschaft eine deutliche Funktion. Selbst in Schweden stand die Kirche in der Mitte des Dorfes. Vermutlich gab es diese kollektive Priorisierung, weil diese Dimension für ein sinnerfülltes Leben notwendig ist.
> Leider scheint uns dies in unserer Zeit systematisch vorenthalten zu bleiben. Im öffentlichen Raum ist jene sinnstiftende Dimension verblasst. Während meines Lebens wurde ihr immer weniger Raum gegeben. Sie wird in den privatmoralischen Raum verschoben und verschwindet Stück um Stück.[104]

Und was ist mit der Kirche, die früher mitten im Dorf stand? Auf der einen Seite haben wir die gut angepasste Kirche, die sich diskret der allgemeinen Säkularisierung anschließt und mehr und mehr zu einer weltlichen Einrichtung für Konzerte, Diskussionsforen und soziale Treffen wird. Doch scheinen Wort und Gebet die Welt außerhalb der Mauern nicht zu erreichen. Der Raum ist trotz der religiösen Sprache praktisch von der Umgebungskultur abgeschlossen.

Auf der anderen Seite gibt es die überspirituellen Gruppierungen, die in ihrem Eifer, sich nach dem Unsichtbaren zu strecken, oft den Kontakt zum Sichtbaren verlieren. Hier trennt sich die radikale Spiritualität vom Rest und wird zu einer Flucht vor dem Menschlichen und Irdischen, statt der natürliche Raum zu sein, der dem Menschlichen und Irdischen die richtigen Proportionen und Bedeutung verleiht.

In der säkularisierten Kirche kann man von der Klimakrise sprechen, fügt aber dem, was die übrige Gesellschaft sagt, eigentlich nichts hinzu. In der überspirituellen Kirche spricht man nicht von der Klimakrise, da man der sichtbaren Schöpfung den Rücken zugewandt hat, um sich unsichtbarer Geistlichkeit zuzuwenden. Beide verraten alle Menschen, die heute verzweifelt nach der Tür zwischen sichtbar und unsichtbar Welt, Erde und Himmel, Mensch und Gott suchen. Nie war es wichtiger, dass die Kirche ein *vollständiges* Evangelium verkündigt.

Die Kirche zeigt Gottes Absicht für die Welt

Im Epheserbrief setzt Paulus die Kirche in ihren kosmischen Zusammenhang. Die Mauern sind auf allen Seiten eingerissen und es wird erkennbar, dass die Kirche eine irdische Verdichtung von Sichtbarem und Unsichtbarem ist. Der Sauerteig von Gottes Reich durchsäuert *alles*, von der Schöpfung der Welt bis hin zu unseren persönlichen Beziehungen.

Paulus tastet sich sogar bis *vor* die Erschaffung der Welt vor, um nachhaltigen Halt für unsere Geschichte zu finden. Er schreibt über Gott, der uns »schon vor Erschaffung der Welt in Christus dazu bestimmt (hat), vor ihm heilig zu sein und befreit von Schuld«

(Epheser 1,4). Es geht um etwas unendlich viel Größeres als unsere eigene geistliche Selbstverwirklichung:

> So hat Gott uns nun seinen Willen erkennen lassen, der lange verborgen war, und uns seinen Plan mit Christus offenbart. Gott beschloss, wenn die Zeit dafür gekommen ist, alles im Himmel und auf der Erde der Vollmacht von Christus zu unterstellen.
> *Epheser 1,9-10*

Christus ist also kein kleines geistliches Reservat, in dem wir uns mit unseren privaten geistlichen Fragen beschäftigen, während der Rest der Welt unter der Herrschaft des Marktes schuftet. Er schrumpft in der Welt auch nicht zusammen, sodass alle Fragen in ihm auf Spiritualität begrenzt werden. In Christus erhält alles seine richtigen Proportionen. Das Politische, Wirtschaftliche, Psychologische und Geistliche trifft aufeinander und arbeitet zusammen, ohne dass das eine das andere aussticht.

In Christus erhält alles seine richtigen Proportionen: das Politische, Wirtschaftliche, Psychologische und Geistliche.

Zu Beginn des Briefes spricht Paulus ein Gebet für uns, als ob er genau gewusst hätte, wie exakt er unsere Bedürfnisse in dieser späten Zeit trifft:

> Ich bete ständig für euch und bitte den Gott unseres Herrn Jesus Christus, den Vater der Herrlichkeit, euch den Geist der Weisheit und Einsicht zu schenken, damit eure Erkenntnis von Gott immer größer wird. Und er gebe euch erleuchtete Augen des Herzens, damit ihr erkennt, zu welcher Hoffnung ihr

von ihm berufen seid, wie reich die Herrlichkeit seines Erbes für die Heiligen ist. Ich bete, dass ihr erkennen könnt, wie übermächtig groß seine Kraft ist, mit der er in uns, die wir an ihn glauben, wirkt. Es ist dieselbe gewaltige Kraft, die auch Christus von den Toten auferweckt und ihm den Ehrenplatz an Gottes rechter Seite im Himmel gegeben hat.

Epheser 1,17-20

Hoffnung? Wenn wir nur mit unseren physischen Augen sehen, entdecken wir davon kaum etwas in dem, was diese Welt geschaffen hat.

Gemeinschaft der Heiligen? So schwach und undeutlich, wie die Kirche in unserer Gesellschaft ist, lässt sich darauf kaum eine Zukunft aufbauen.

Kraft? So geschunden, wie wir nach all den geplatzten Illusionen und den hohen Anforderungen unseres alltäglichen Lebens sind, klingt das doch nach blankem Hohn.

Genau deshalb betet Paulus so, wie er es tut. Er weiß, dass die Veränderung aus ganz anderen Quellen als den sichtbaren kommen muss. In Nachrichten und Forschungsberichten werden wir keine Zeichen der Hoffnung finden. Sie müssen uns durch Gottes Geist vermittelt werden, der uns mit der unsichtbaren Wirklichkeit verbindet, die wir mit unseren physischen Sinnen nicht erreichen können. Wir können das mit unseren körperlichen Augen nicht sehen, wohl aber mit »den Augen unserer Herzen«, wie es im Grundtext heißt.

So oft ist diese Hoffnung in der Geschichte aufgeflammt, wenn die Leuchtfeuer der Kultur erloschen. So oft hat diese Gemeinschaft ihre Tragkraft bewiesen, wenn die Einrichtungen und Netzwerke der Gesellschaft auseinanderbrachen. So stark hat sich die Kraft der Auferstehung ein ums andere Mal gezeigt, wenn die Kirche sich neue Wege durch Ruinenlandschaften gebahnt hat, nachdem Kulturen es nicht mehr schafften, sich zu erneuern.

Hier deutet Paulus eine schwindelerregende Rolle der Kirche an. Wenn wir diese Worte lesen und uns gleichzeitig daran erinnern, dass die Bibel keinen deutlichen Unterschied zwischen »sichtbaren und unsichtbaren Mächten« macht, wird die Kirche aus den privaten Grenzen herausgehoben und als Zeichen von Gottes Absichten mit der ganzen Welt mitten in das Kraftfeld von allem gestellt, das um die Herrschaft über Gottes Schöpfung kämpft:

> Gottes Absicht war es, dass Mächte und Gewalten im Himmel durch seine Gemeinde den Reichtum seiner Weisheit erkennen. Das war sein unabänderlicher Plan, und nun wurde er durch Christus Jesus, unseren Herrn, erfüllt.
>
> *Epheser 3,10-11*

Was Gott mit der Kirche macht, zeigt seine Absicht für die Welt. Kann es deutlicher gesagt werden, dass die Kirche keine Hintertür aus der Welt heraus ist, sondern der Sauerteig des Reiches Gottes, der die ganze Welt durchsäuern soll?

Von Kontrolle zu Vertrauen

Genau an diesem Punkt hat die Kirche sich vielfach verlaufen. Ganz fürchterlich verlaufen. In ihrem Eifer, die Gesellschaft zu beeinflussen, ist sie oft der Versuchung erlegen, die Strategie des Sauerteigs hinter sich zu lassen und zu handfesteren Methoden zu greifen.

Drei Bestandteile des Alten Bundes werden im Neuen Bund durch Christus verwandelt. Sie haben jedoch die zähe Eigenschaft, in der Gemeinschaft der Kirche immer wieder aufzutauchen: Gesetz, Tempel und Theokratie.

- Das **Gesetz** wird im Neuen Testament von einem Regelsystem zur Jesusnachfolge. Die Jünger verändern sich durch die Gemeinschaft mit Jesus und tragen durch rechtschaffenes Leben die Früchte der Gnade. Paulus schreibt jedoch im Galaterbrief, dass das Gesetz es immer wieder schafft, neue Formen anzunehmen. Jedes Mal mit der Folge, dass der Fokus von Jesus abgewendet und darauf gerichtet wird, dass wir alles richtig machen.
- Der **Tempel** wird im Neuen Testament von einem Ort/Gebäude mit gewisser ritueller Bedeutung zu einem dynamischen Wechselspiel zwischen dem individuellen Leben aller Jünger und der Gemeinde, dem Leib Christi.[105] Hauptaufgabe der Kirche ist nicht der Bau und die Unterhaltung religiöser Orte und Umgebungen, sondern der Aufbau von Christi Leib, einer lebenden Gemeinschaft mit Jesus im Mittelpunkt im Alltagsleben. Aber genau wie das Gesetz hat auch »der Tempel« den Hang wiederzukehren, sodass wieder das Gebäude selbst zum Zentrum wird.
- Die **Theokratie** wird im Neuen Testament vom politischen System einer Nation unter Gott zum Einfluss von Gottes Volk auf die ganze Welt. Statt nur ein Teil des politischen Systems zu sein, ist das Volk Gottes frei und unabhängig von politischen und nationalen Systemen, eine globale Gemeinschaft »aus jedem Stamm und jeder Sprache und jedem Volk und jeder Nation« (Offenbarung 5,9). Aber auch hier hat sich die Versuchung, rückfällig zu werden, immer wieder gezeigt, wenn die Chance auf politische Macht die Kirche entgegen ihrem Auftrag, »den Unterdrückten Freiheit zu

geben« (Lukas 4,16-19), zur Unterdrückung von Menschen in Gottes Namen verführt hat.

Wenn diese drei Bestandteile auftreten, einzeln, meist aber gemeinsam, scheint der gemeinsame Nenner Kontrolle zu sein:

- Das Gesetz hilft mir, Kontrolle über mein Verhältnis zu Gott zu haben. Es wird messbar: Wie oft habe ich gebetet? Wie lange? Wie viel habe ich in der Bibel gelesen? Wie oft gehe ich in die Kirche? Wie viel habe ich dort erreicht? Und so weiter.
- Der Tempel hilft uns, Kontrolle über die Gemeinde zu behalten, in einer Umgebung, die dem *New Public Management* in all seinen Formen reichen Nährboden bietet und willig mit effektivem Rat zur Seite steht: Gottesdienststatistik. Zielsetzungen. Bauprojekte. Sichtbare Präsentationen in Gottesdiensten. Budgetberechnungen. Und so weiter.
- Die Theokratie bedient sich der Gesetzgebung, politischer Strukturen und schließlich auch der Waffenmacht, um zu kontrollieren, ob sich ein Land oder eine Gesellschaft an den biblischen Normen orientiert.

All das steht im Kontrast zu den drei Zügen des Alten Bundes, die im Neuen Bund bewahrt und vertieft werden: das größte Gebot, der Exodus und die Prophetie. Alle drei kennzeichnet, dass Kontrolle durch *Vertrauen* ersetzt wird:

- Das **größte Gebot**, Gott über alles zu lieben und unseren Nächsten wie uns selbst, fasst das Gesetz zusammen und vertieft es (Markus 12,28-34). Es ist das Wesen der Liebe, sich selbst zu geben. Sie kann nicht gemessen oder kontrolliert werden.

- Der **Exodus** ist die Befreiung des Volkes Gottes aus der Sklaverei. Die Kirche ist kein Gebäude mit bestimmten rituellen Abläufen, sondern ein pilgerndes Volk auf dem Weg in Gottes Reich.
- Die **Prophetie** ist Leben und Handeln der Kirche in der Welt, um Jesus zu bezeugen und auf Zeichen von Gottes Reich hinzuweisen. So wie die alttestamentlichen Propheten frei waren von der Loyalität gegenüber einem König oder einem Land, muss eine prophetische Kirche frei sein von den politischen und wirtschaftlichen Mächten, die diese Welt lenken.

Um ihre Seele zu bewahren, ist die prophetische Kirche immer wieder in die Wüste zurückgekehrt. Das öffentliche Leben ist ein Hochrisikogebiet für alle, denen etwas Wichtigeres auf dem Herzen liegt als ihr eigener Marktwert. Das wusste auch Ingmar Bergman, der einmal sagte: »Wenn ich auf Fårö bin, hat alles die richtige Proportion. Wenn ich schreie, fliegen auf dem Hügel ein paar Möwen auf.« Wenn er auf einer Pressekonferenz schrie, geriet die ganze Weltpresse in Aufruhr.

Die Spiegel, zu denen wir in der Öffentlichkeit Zugang haben, sind viel zu trüb und verzerrt von den Bedürfnissen und Erwartungen der Menschen, von ihren Wunden und Aggressionen, Projektionen und Machtgelüsten. Daher sind auch die Sozialen Medien als Spiegel und Positionsleuchten unbrauchbar. Dort werden unsere menschlichen Schwächen durch Algorithmen und auf Verkauf ausgerichtete Informationen technologisch verstärkt und tragen zu einer sauerstoffarmen Filterblase bei.

Die Kraft des Verborgenen

Wenn schon die Wüstenväter im 4. Jahrhundert aus den Städten mit ihren Versuchungen von Hierarchien, Macht und Reichtum flohen, um in der Stille der Wüste wieder zu Gott zu finden – wie viel größer muss dann das Bedürfnis nach verborgenen Orten erst heute sein, da unsere Zeit so besessen ist von Sichtbarkeit? Wie soll sich die Kirche gegen die Blicke korrumpierender Tyrannei wehren können, wenn sie ihre Wurzeln nicht weiter ins Verborgene ausstreckt? Wie kann sie es vermeiden, ein Spiegel der Welt zu werden, wenn sie sich nicht resolut einem anderen Gesicht zuwendet?

Dann kann aber das Verborgene nicht etwas Leeres sein, etwas Abstraktes, das in keinem Verhältnis steht. Diese Art von Spiritualität, die Spiritualität des leeren Hauses, führt eher dazu, dass sich die Proportionen noch mehr verzerren, indem alles nur um uns und unsere Probleme kreist.[106] Ich habe von Auszeiten gehört, die frei sein sollten von jedem religiösen Einschlag, die aber abgebrochen werden mussten, weil die Teilnehmer es nicht verkrafteten, niemanden zu haben, an den sie sich mit all dem wenden konnten, was in ihnen hochkam.

Bei Jesus kann das Verborgene zu einem Ort der Heilung werden.

Vor dem Angesicht von Jesus kann das Verborgene zu einem Ort der Heilung werden. Unter dem Kreuz verlieren die Mächte ihren Einfluss und die Wirklichkeit erhält ihre wahren Proportionen zurück. Dabei geht es nicht um eine therapeutische Technik für die, die in diesem Bereich nicht so viel draufhaben. Es geht darum, sich wirklich zu trauen, sich einer geistlichen Wirklichkeit auszusetzen, die wir nicht kontrollieren können. Wir sollen darauf vertrauen, dass Gott uns Gutes will.

Das setzt die Offenheit für einen Perspektivwechsel voraus und ein radikales Überdenken dessen, was im Leben wesentlich ist. Franziskus schreibt seinen Brüdern:

> Erinnert euch, dass in Gottes Augen manche Dinge höher und edler geschätzt werden, die in den Augen der Menschen unbedeutend und von geringem Wert sind. Andere Dinge, die glitzern und von den Menschen erhöht werden, betrachtet Gott als schlecht und wertlos.[107]

Sich dem Verborgenen zuzuwenden heißt auch, der ständigen Veränderung den Rücken zu kehren, der ständigen Angst vor dem Bekannten und der zwanghaften Jagd nach dem, was noch niemand gesagt hat, zu entfliehen. Die Frau in Jesu Gleichnis vom Sauerteig arbeitet den Sauerteig in das Mehl ein. Genauso muss die Wahrheit in unser Leben eingeknetet werden. Im Verborgenen erkennen wir früher oder später den Unterschied zwischen schludriger und lebensspendender Wiederholung. Was halten wir aus, mehrfach zu sagen? Wo werden wir nach einiger Zeit müde?

In der Bergpredigt gibt Jesus uns drei konkrete Übungen an die Hand, mithilfe derer wir uns von »der Tyrannei korrumpierender Blicke« freimachen können. Er nennt die klassischen geistlichen Disziplinen Almosen, Gebet und Fasten als Weg zur Freiheit von dem, was die Leute denken:

> Nehmt euch in Acht! Wenn ihr Gutes tut, dann tut es nicht öffentlich, nur damit ihr bewundert werdet. In diesem Fall dürft ihr nicht erwarten, von eurem Vater im Himmel belohnt zu werden.
> *Matthäus 6,1*

Haben Sie bemerkt, dass er hier der gleichen Logik folgt wie bei dem Beispiel mit dem Mammon? Es ist unmöglich, gleichermaßen bei Gott und den Menschen Bestätigung zu finden. Sie müssen selbst entscheiden, welcher dieser Mächte Sie die Deutungshoheit zugestehen, wenn es zum Konflikt kommt.

Almosen ist das, was wir geben: Arbeit, Zeit, Geld und so weiter. Fasten bezeichnet das, worauf wir verzichten: Bestätigung, Nachrichten, Internet, Essen und so weiter. Im Gebet geht es um Beziehung, nicht Darstellung. Für alles gilt die Regel: Tu es nicht öffentlich, sondern im Verborgenen, denn der Vater, der auch das Verborgene sieht, gibt dir, was du brauchst.

Das Begehren nach Bestätigung durch andere Menschen verschwindet nicht gleich beim ersten Mal. Vermutlich hat es sich auch nach dem fünfzigsten Mal noch nicht verflüchtigt. Vielleicht verschwindet es nie. Aber jedes Mal, wenn Sie sich im Verborgenen bewusst Gott zuwenden, setzen Sie ein deutliches Nein gegen die Mächte, die diese Welt in die falsche Richtung lenken. Und Sie werden ganz sacht den Windhauch der Freiheit spüren, die Sie zuvor nicht kannten.

●

Um den tragenden Punkt außerhalb des Systems zu finden, auf dem die Kirche ihre Freiheit zurückgewinnen und wieder wahrhaft Kirche sein kann, muss eine Schwerpunktverschiebung stattfinden. Im ersten Kapitel des Markusevangeliums begegnen wir im Grundtext sechsmal dem Wort *eremos*. Das bedeutet Wüste. Sie finden das Wort wieder in dem Ausdruck *Eremit*.

Zuerst bei Johannes dem Täufer:

> Er ist eine Stimme, die in der Wüste ruft: »Schafft Raum für das Kommen des Herrn! Ebnet ihm den Weg!« Dieser Bote war Johannes der Täufer. Er lebte in der Wüste und forderte die Menschen auf, sich taufen zu lassen als Zeichen dafür, dass sie sich von ihren Sünden abgekehrt und Gott zugewandt hatten, um Vergebung ihrer Sünden zu erhalten.
> *Markus 1,3-4*

Dann bei Jesus:

> Gleich darauf drängte der Heilige Geist Jesus, in die Wüste zu gehen. Vierzig Tage lang wurde er dort vom Satan versucht. Er lebte mitten unter den wilden Tieren, und Engel sorgten für ihn.
> *Markus 1,12-13*

Nach einem Abend, an dem er viele Menschen geheilt und befreit hatte, zog sich Jesus wieder zurück: »Ganz früh, es war noch Nacht, ging Jesus allein an einen einsamen Ort, um zu beten« (Markus 1,35).

Als ein Aussätziger geheilt worden war, gab es eine große Aufregung unter den Leuten, »sodass Jesus sich bald in keiner Stadt mehr öffentlich zeigen konnte und sich nur noch an abgeschiedenen Orten aufhielt. Aber auch dort strömten die Menschen von überall her zu ihm« (Markus 1,45).

Hier bekommen wir einen kleinen Vorgeschmack darauf, welche Bedeutung die Wüste haben kann. Oder mit anderen Worten: Von so entscheidender Rolle können abgeschiedene Orte für kirchliche Leiterinnen und Leiter sein. Für Johannes den Täufer war die Wüste der Ausgangspunkt seiner prophetischen Verkündigung. Er war dort frei von allen irdischen Machthabern.

Für Jesus war die Wüste zunächst Kampfplatz mit dem Feind, der Ort, an dem er die Grenzen jener Identität verteidigen musste, die kurz zuvor in seiner Taufe bestätigt worden war. Danach wurde die Wüste zum Ort des Gebets, wo er sich von den Erwartungen der Leute freimachte und auf den Willen des Vaters hörte: »Wir müssen auch in die anderen Städte gehen« (Markus 1,38). Zum Schluss wird die Wüste gar zu einem Zufluchtsort vor Gerüchten und sozialen Auseinandersetzungen.

Wenn die Kirche die Last der menschlichen Erwartungen tragen können soll, muss sie mindestens genauso sehr im Verborgenen leben wie im öffentlichen Raum. Die großen mittelalterlichen Kathedralen haben manchmal mehr Steine unter der Erde als darüber, um die gewaltigen Gewölbe zu tragen.

Es gibt Gründe, warum die Blätter des Löwenzahns grün sind, selbst wenn der Rasen braun ist. Im Sommer gelang es mir, einen ganzen Löwenzahn aus der Erde zu ziehen. Er erzählte mehr von dem Geheimnis des Lebens im Verborgenen als viele Bücher: 35 Zentimeter Wurzel steckten im Verborgenen und nur 10 Zentimeter wuchsen an die Oberfläche.

Das Knirschen der Sandkörner

Inzwischen habe ich dreißig Jahre lang Exerzitien und geistliche Begleitung für Gemeindemitarbeiter durchgeführt. Die ABC-Exerzitien haben vielen (mich eingeschlossen) geholfen, Ruheorte zu finden und tiefer in Gott zu wurzeln. Zu Beginn der Arbeit schrieb ich einen Text an das Bistum, in dem ich zu erklären versuchte, warum diese Exerzitien nicht nur wieder eine neue Methode der Personalfürsorge sein würden. Der Text hat bis heute nichts von seiner Aktualität eingebüßt, wie ich finde. Ich führe ihn deswegen hier an:

> Eine immer wiederkehrende Frage in der Arbeit mit Führungspersonal aus verschiedenen Bereichen betrifft das Spannungsfeld zwischen dem individuellen Bedürfnis nach innerer Ruhe und den Anforderungen des Betriebs, nach außen hin Einsatz zu zeigen. In gewisser Weise ist diese Spannung in der Kirche unvermeidbar und wird meist als das klassische Verhältnis zwischen kontemplativem und apostolischem Leben beschrieben. In der katholischen Kirche kommt diese Spannung unter anderem in dem Wirrwarr aus Orden und Kongregationen zum Ausdruck, die die Betonung von kontemplativem bzw. apostolischem Leben erst möglich machen. In dieser Hinsicht geht es um natürliche Funktionen im christlichen Kirchenleben. Mal ganz abgesehen davon, dass Spannungen nie schmerzfrei vonstattengehen.
> In unserer Zeit stoßen wir jedoch immer häufiger auf eine ganz andere Art der Spannung. Heutzutage geht es erschreckend häufig um wimmernde Notrufe von Führungspersonen in den unterschiedlichsten Diensten, Gemeinden und Vereinstraditionen. Das Problem ist nicht länger, das Gleichgewicht zwischen innerer Ruhe und dem nach außen gerichteten Dienst zu finden. Das Problem ist viel eher, dass es für die innere Ruhe kaum noch einen Ort gibt. Die erdrückende Fokussierung der Kirche auf Infrastruktur, Organisationsmodelle und Betriebsformen dominiert praktisch den gesamten Horizont.
> Gebete sind zwar immer noch irgendwie Teil von Gottesdiensten und Andachten. Aber äußerst selten begegnet man der Ansicht, dass das Gebet eigentlich das entscheidende

Element der Kirche ist. Grund und Quelle für alles andere, was wir tun. Vielleicht ist es noch ein theoretisches Glaubensbekenntnis. Aber letztendlich zeigen unsere gesetzten Prioritäten, woran wir eigentlich glauben. Um es mit Jesu bitterem Realismus zu sagen: »Wo dein Schatz ist, wird auch dein Herz sein.«

Die Folge dieses Dilemmas ist, dass viele Mitarbeitende in Gemeinden sich dem Konflikt ausgesetzt fühlen, zwischen der Sehnsucht nach Gott und den Jobanforderungen entscheiden zu müssen. Wenn die Kirche kein Ort mehr ist, an dem die Menschen an ihrer Beziehung zu Gott arbeiten können, wird die Gottessehnsucht der Menschen zunehmend wie ein Sandkorn im Getriebe: Es knirscht.

Man kann das Knirschen natürlich als individuelles Problem betrachten oder als Zeichen dafür, dass es manchen Menschen nicht gut geht und sie Hilfe brauchen. Dann führt das Knirschen nicht zu tieferem Nachdenken über das Wesen der Kirche. Dann wird man die Bemühungen eher auf die unterschiedlichen Formen der Mitarbeiterbetreuung ausrichten mit Gesprächen, Konfliktlösung, Therapie, Leitfäden und so weiter.

In so einer Situation ist es nicht ungewöhnlich, sich nach christlichen Exerzitien umzuschauen, um die übrige Mitarbeiterbetreuung mit »dem spirituellen Touch« zu vervollständigen. Das Gesamtpaket wäre genau das Richtige für das Führungspersonal und würde sie effektiver für die Kirche arbeiten lassen. Ein Ausdruck, den man in diesem Zusammenhang oft hört, ist »auffüllen« – man fährt auf Exerzitien, um seine Reserven aufzufüllen, um dann nach Hause zurückzukehren und neu durchzustarten. Natürlich können Exerzitien ein wunderbarer Ort für die Begegnung zwischen individuellen Bedürfnissen und Gottes Quellen sein. Ohne sie hätten viele ihren Dienst wohl nicht mehr erfüllen können.

Die Frage ist aber doch, ob wir mit dieser Sichtweise den Sinn von Exerzitien völlig erfassen. Denn es besteht die Gefahr, dass die Teilnehmenden Kraft tanken – um dann zu Hause genauso weiterzumachen wie zuvor. Was wäre denn, wenn »das Knirschen der Sandkörner« ein Zeichen dafür ist, dass nicht der individuelle Teilnehmende, sondern die Kirche selbst auf dem falschen Weg ist? Was wäre, wenn die Gottessehnsucht der einzelnen Gemeindemitarbeitenden viel tiefer geht als ihre eigene geistliche Selbstverwirklichung? Was wäre, wenn wir in genau diesem Hilferuf viel besser und verlässlicher erkennen können, »was der Geist den Gemeinden sagt«, als in jeder teuren und weitläufigen Meinungsforschung über die Rolle der Kirche in der Gesellschaft?

In diesem Fall darf sich unsere Reaktion nicht auf die Personalpflege begrenzen, so wichtig sie auch sein mag. Die langfristige Reaktion muss viel eher sein, für die Sehnsucht nach Gott aufmerksam zu sein, zuzuhören und allgemein anzuerkennen, dass sie in der Führung der Kirche Raum zur Entwicklung hat. Aus den persönlichen Erfahrungen der Führungspersonen kann sie dann zu einer Gott mehr zugewandten Gemeindearbeit gelangen.

Da begreifen wir plötzlich, dass es auf die Frage vieler Gemeinden im Land (»Wie können wir die Sehnsucht nach Gott bei den Leuten anfachen?«) eine verblüffend einfache Antwort gibt. Wir müssen unsere eigene Gottessehnsucht erreichen. Wie sollen wir sonst der von anderen begegnen? Womit?

Aus dieser Perspektive haben Exerzitien eine völlig andere Rolle als die früheren, etwas esoterisch angehauchten Auf-

bauexerzitien für schwächelnde und ausgebrannte Leute, die sich irgendwo am Rande der Kirche abspielten. Wenn wir aber gerade in der Gottessehnsucht des Individuums die Stimme des Geistes hören können, der zur Gemeinde spricht – dann sind Exerzitien nicht mehr länger die Peripherie, sondern das Zentrum der Kirche.
Dann geht es nicht länger darum, Leute mental wieder zusammenzuflicken und zurück an die Front zu schicken. Es geht vielmehr darum, die Front zu verändern, die Kirche *ecclesia militans*, die streitende Kirche, sein zu lassen, nach Gottes Bedingungen und nicht nach denen der Gesellschaft. Exerzitien müssen ein prophetisches Korrektiv werden, nicht nur für unsere privaten Prioritäten, sondern auch für unsere gemeinsamen Prioritäten als Kirche.

Beten – Vor dem Herrn, in Einfachheit und Treue

Wie geben wir dem Gebet in den lokalen Gemeinden Raum? Die Blockaden unterscheiden sich wieder einmal, je nachdem, ob wir uns im volkskirchlichen oder freikirchlichen Raum bewegen. In der Volkskirche geht es oft um »unsere verlegene Einstellung zum Gebet«, wie ein Priester es einmal formulierte. Außer den verlesenen Gebeten im Gottesdienst werden oft, auch in kleineren Versammlungen und bei Teamsitzungen, Gebete abgelesen. (Wenn in Letzteren überhaupt gebetet wird.) Normalerweise ist es doch so, dass der Priester ein Gebet liest und die anderen zuhören – danach *business as usual.*

Im freikirchlichen Bereich steckt das Gebet an ganz anderer Stelle fest: krampfhaft hervorgepresste »freie Gebete«, die jedes Mal von den gleichen Personen vorgetragen werden, in einer letztendlich recht voraussagbaren Liturgie, die allerdings schlimmer und weniger durchdacht ist als eine feste Liturgie. Diese Art Gebet mutiert oft zu einer Art der Betriebsamkeit: Man versucht, die Leute irgendwie zu überreden, sich an etwas zu beteiligen. Dabei wird der Fokus immer noch auf das Tun anstatt auf das Sein gelegt.

Gebete sind in diesem Zusammenhang oft identisch mit Fürbitten: Man betet für die Arbeit der Gemeinde, für Menschen mit Problemen, für die Mission und so weiter. Das Gebet wird nur zu einer anderen Form, Verantwortung zu übernehmen. Wir halsen uns also weiterhin das auf, womit wir uns sowieso schon die ganze Zeit beschäftigen, nur jetzt auf etwas spirituellere Art.

Gibt es keine Möglichkeit, das Gebet zu vereinfachen? Wie kann es unser Hamsterrad unterbrechen und uns vor Gottes Angesicht zur Ruhe kommen lassen, wo jeder sich gleich willkommen fühlen kann – ohne dass Priester in ihrer professionellen Geistlichkeit oder freikirchliche Profibetende mit ihren Wortkaskaden über allem strahlen?

Das Alte Testament zeigt uns zwei Bilder, die uns dem Geheimnis näherbringen. Das eine ist der siebenarmige Leuchter, der im Haus des Herrn stand. Das zweite ist das Priestergewand.

Der siebenarmige Leuchter wird in 3. Mose 24,1-4 beschrieben: »Der Herr sprach zu Mose: Befiehl den Israeliten, dir reines Öl von zerstoßenen Oliven für den Leuchter zu bringen, damit seine Lampen ständig brennen. Aaron soll ihn täglich im Zelt Gottes, außerhalb des Vorhangs vor der Bundeslade herrichten, damit seine Lampen vom Abend bis zum Morgen vor dem Herrn brennen. Diese Anordnung gilt für euch und eure Nachkommen für immer. Aaron soll dafür sorgen, dass die Lampen auf dem Leuchter aus reinem Gold ständig vor dem Herrn brennen.«

Das Buch zur großen Aktion für Kirchen und Gemeinden

Oskar König

Ostern neu erleben

Wir machen uns auf die Suche nach dem, was unser Leben wirklich wertvoll macht.

»Die Botschaft von Ostern ist absolut bahnbrechend und für unser ganzes Leben relevant. Ich freue mich, dass sie mit diesem Buch neu entdeckt werden kann.«

Dr. Johannes Hartl, Speaker und Autor

Klappenbroschur, 13,5 × 21,5 cm, ca. 160 S., 2-farbige Innengestaltung

Nr. 227.000.047, ISBN: 978-3-417-00047-4

Als Bild für das Gebet der Gemeinde finden wir hier mindestens drei wichtige Hinweise: Wir beten vor dem Herrn, in aller Einfachheit und treu.

1. Vor dem Herrn

Im Gegensatz zu unserer ständigen Selbstgefälligkeit, in der das Gebet sich ganz gut unserer ständigen Selbstbeschäftigung und unseren Bedürfnissen anpasst, findet hier ein Perspektivwechsel zu einer ganz anderen Ansicht statt. Dass Gebete so oft zur Fürbitte mutieren, liegt oft an unserer Unbeholfenheit, eine wirkliche Beziehung zu Gott aufzubauen. Wir wissen einfach nicht, was wir sagen sollen, und dann scheint es einfacher, ein paar bekannte Probleme hervorzuholen. Ungefähr so wie in anderen leicht angestrengten Beziehungen: Wir quatschen weiter, um der peinlichen Stille zu entgehen.

Die Lampen brennen vor Gott. Das Gebet ist auf Gott gerichtet, nicht auf uns selbst oder unsere oder anderer Leute Probleme. Nicht, um vor uns selbst zu einer Geistlichkeit weit weg von dem Menschlichen zu fliehen. Nein, wir wenden uns mit unserer ganzen Menschlichkeit jemand anderem als uns selbst zu. Johannes vom Kreuz sagt: »Gebet ist liebevolle Aufmerksamkeit.«

2. Einfachheit

Wenn das Gebet für mehr Leute als nur die geistliche und theologisch geübte Elite erfahrbar sein soll, muss es sehr einfach sein. Wenn das Gebet das Fundament der Gemeinde sein soll, auf dem man aufbauen und an dem man sich reiben kann, muss es sehr einfach sein. Wenn das Gebet unser Hamsterrad durchbrechen soll, statt es nur geistlich weiter anzutreiben, muss es sehr einfach sein. Die Lampen am Leuchten halten.

Das bedeutet, dass wir uns von den theologisch fein geschliffenen Gebeten genauso verabschieden müssen wie von den charismatischen hochtrabenden Gebeten. Zumindest, wenn die Gemeinden sich über längere Zeit am Gebet beteiligen können sollen. Natürlich sollen geschriebene und gut formulierte Gebete weiterhin ihren Platz haben. Sowohl solche aus der Schatzkammer der Kirchengeschichte wie auch neu geschriebene Gebete.

Natürlich haben freie und spontane Gebete auch ihr Gutes. Aber die Gebetsform, die zu allen Zeiten das verlässliche Fundament der Kirche war, ist das stille Gebet:

- Es ist **demokratisch**: Alle können mitmachen, ohne ihren Glauben, ihr Ausdrucksvermögen oder theologische Finessen unter Beweis stellen zu müssen.
- Es ist **widerstandsfähig**: Wir können in der Stille beten, selbst wenn es uns nicht gut geht und wir kein Wort hervorbringen.
- Es ist **offen**: Die Stille schafft in und zwischen uns einen offenen Raum, wo Gott sich frei bewegen kann und seine Nähe zwischen greifbarer Berührung und Stille erfahrbar wird. Damit die Offenheit nicht mit Leere verwechselt wird, empfiehlt es sich, das Gebet mit einem Wort aus der Schrift zu beginnen und zu beenden.

Wichtige Anmerkung an dieser Stelle: Stilles Gebet bedeutet nicht wortloses Gebet. Wir haben mitunter die Vorstellung, dass Gott »jenseits der Worte« wäre. Die Sprache wäre dann im besten Fall nur ein primitiver Beginn des Gebets, das in seiner reiferen Form immer wortlos und deshalb inniger wäre. Im schlimmsten Fall wären Worte und Gedanken reiner Störfaktor, den wir schnell beseitigen müssten, weil Gott jenseits dieses Rauschens liegt.

In der Bibel gibt es für beides keine Grundlage. Wenn Christus »das Wort« genannt wird, das im Anfang war, sollte deutlich werden, dass die Sprache in der Kommunikation zwischen Gott und uns Menschen fundamental wichtig ist. Gesetzt den Fall, das wortlose Gebet wäre das Ideal: Warum gibt es dann die Psalmen mit der ganzen Palette an Gefühlen und Gedanken vor Gott? Warum hat Jesus uns dann das Vaterunser mit den Worten gegeben: »Wenn ihr betet, dann sprecht ... « (Lukas 11,2)? Warum haben Mose und Elia dann auf dem Berg der Verklärung ein Gespräch geführt und der Vater in verständlichen Worten gesprochen (Lukas 9,28-36)? Und warum hat der Heilige Geist am Pfingsttag in den jeweiligen Sprachen der Anwesenden gesprochen?

Das stille Gebet verlangt nicht, dass wir vor Gefühlen und Gedanken weglaufen und uns in die Leere einer abstrakten Einöde flüchten. Es bedeutet eher, dass wir uns aus dem öffentlichen Zurschaustellen und Vergleichen in den schützenden Raum der Stille zurückziehen. Dort können wir in aller Ruhe, frei von der Bewertung durch andere, auf Gott und unser eigenes Herz hören.

Wie in jeder Kommunikation bauen sowohl Worte als auch Stille auf Zuhören auf. In der Stille erhält das Wort sein verlorenes Gewicht zurück. Erst wenn wir ausgesprochen haben, was uns auf dem Herzen liegt, können wir in einer Stille lauschen, die nicht Leere, sondern Offenheit ist.

3. Treue

Die Lampen brennen Tag und Nacht vor dem Herrn, etwas, das »für euch« und »eure Nachkommen« gilt. Diese Form des Gebets ist nicht konjunkturabhängig, weder von Trends in Gemeinden noch davon, wie es uns selbst geht. Sie ist ganz einfach eine Art, in der wir ständig leben, für die wir einfache Formen finden, genauso wie wir selbstverständlich schlafen oder essen, ohne es infrage zu stellen. Wir beten nicht »dafür, dass« bestimmte Dinge in der Gemeinde passieren, wir Gott in unseren Gefühlen näherkommen mögen oder Lösungen für Probleme finden. Diese Art zu beten markiert nur wieder die Instrumentalisierung, in der alles und jeder zum Mittel zu einem Zweck wird.

Wir beten ganz einfach, weil Gott Gott ist und weil wir Menschen sind. Vor seinem Angesicht kann die Landschaft der Realität langsam wieder zu ihren wahren Farben und Proportionen zurückkehren.

Das Priestergewand – Wie eine Erinnerung

Das zweite Bild aus dem Alten Testament ist das Priestergewand. Wenn Aaron und seine Söhne vor den Herrn traten, sollten sie bestimmte Gewänder tragen, an denen unter anderem zwei Onyxsteine befestigt sein sollten. In die Edelsteine waren die Namen der zwölf Stämme Israels eingeritzt: »Graviere die Namen der Söhne Israels in Steinschneidearbeit in die Steine, so wie es die Siegelstecher tun.« Diese Steine wurden auf den Schulterstücken der Gewänder befestigt, »als Steine des Gedenkens an die Israeliten. Aaron soll diese Namen auf seinen Schultern tragen, damit ich, der Herr, mich an sie erinnere« (2. Mose 28,9-12).

So einfach kann Fürbitte sein: einfach die Namen vor Gott tragen, »damit er sich an sie erinnert«. Wir neigen dazu, uns in Fürbitten fast krampfhaft Verantwortung aufzubürden, die unmerklich aus dem Gebet irgendetwas Magisches macht. Magie in dem Sinn, dass wir mit unseren Taten, Worten und Vorstellungen bestimmte Dinge bewirken könnten. Am Ende erwarten wir gar nichts mehr von Gott – es hängt alles nur von unserem Bitten ab. Eine Frau sagte einmal: »Gott kann gar nichts tun, wenn wir nicht beten.« Kein Wunder, dass die Leute müde werden und schließlich aus der Kirche austreten. Wer hat schon Freude an einem so kleinen Gott?

Trotzdem ermahnt uns Jesus zu beten! Vielleicht kann Aarons Priestergewand uns helfen: auf der einen Seite vor Gott Verantwortung für die Not zu übernehmen, auf der anderen Seite die Fürbitte aber auch so einfach zu gestalten, dass das Zutrauen gewahrt bleibt, dass Gott den Unterschied macht – nicht unser Bitten.

Füreinander zu beten kann in einer kleineren Gruppe beispielsweise folgendermaßen funktionieren: Nehmen Sie einen einfachen Kerzenständer, den sie jedes Mal benutzen. Zuerst nennt jemand die Namen derjenigen, die aus welchem Grund auch immer nicht dabei sein können, und dann beten Sie in der Gruppe für diese Personen in Stille. Für eine nach der anderen, vielleicht eine Minute für jede. Dann reichen Sie den Kerzenständer in der Gruppe herum und verfahren auf die gleiche Weise. Wer den Kerzenständer vor sich hat, darf ihn so lange dort stehen lassen, wie es ihm oder ihr gefällt, und schiebt ihn anschließend an den Nachbarn oder die Nachbarin weiter und sagt dabei laut seinen oder ihren Namen. Wenn für alle gebetet worden ist, können Sie mit einem festen Gebet abschließen, das laut von einem allein oder von allen gemeinsam gebetet wird.

Wenn einem Raum in der Kirche der Vorzug gegeben werden sollte, dann der Kapelle. So wie in einem benediktinischen Kloster soll das »Oratorium« das sein, wie es in der Ordensregel beschrieben ist: »1. Das Oratorium sei, was sein Name besagt, Haus des Gebetes. Nichts anderes werde dort getan oder aufbewahrt«[108] (*orare:* beten). Einen Raum in der Kirche für das stille Gebet zu reservieren, ist ein einfaches und deutliches Signal, was am wesentlichsten, ja heiligsten ist.

Am besten richtet man diesen Raum so ein, dass er zur Gemeinde passt. Ikonen, wo sie gewollt sind, ansonsten ein Kreuz oder Kruzifix. Ein Teppich auf dem Boden, Gebetshocker für die, die es wollen, Stühle für die anderen. Ein einfaches Stundengebet. Der Raum sollte offen sein, sodass Menschen kommen und gehen können.

Zeichen und Wunder

Wie kommen wir nun von der Stille und dem Verborgenen zu dem Auftrag der Kirche, mithilfe der Geistesgaben sichtbare Zeichen von Gottes Reich mitten unter uns zu bewirken?

Der Baum muss im Verborgenen wurzeln, wenn er sichtbar Früchte tragen soll.

Die persönliche Erfahrung mit dem Heiligen Geist hat ja schon oft zu Heilserfahrungen geführt. Von der Heilung von Krankheiten und seelischen Verletzungen über prophetischen Zuspruch über die Grenzen menschlichen Wissens hinaus bis hin zu anderen Zeichen dafür, dass die unsichtbare Welt doch in unseren Alltag hineinstrahlen kann. Sollten wir nicht eher danach suchen, als uns in die Stille zurückzuziehen?

Die einfache Antwort lautet: Der Baum muss im Verborgenen wurzeln, wenn er sichtbar Früchte tragen soll. »Wer in mir bleibt und ich in ihm, wird viel Frucht bringen. Denn getrennt von mir könnt ihr nichts tun«, sagt Jesus (Johannes 15,5).

Die ausführlichere Antwort schaut auf den Auftrag der Gemeinden in der Welt (siehe Kapitel »Frei, arm und dienstbereit« in *In Freiheit dienen*). Unser Auftrag ist es, uns mit Jesus Christus und seinen Interessen in der Welt zu vereinen. Der dreistufige Dienst der Apostel lebt in der Kirche weiter:

- Stufe 1: Umkehr verkünden.
- Stufe 2: Heilung vermitteln.
- Stufe 3: Menschen von dem befreien, was sie fesselt.

Wenn Sünden, Wunden und Fesseln von den Menschen abfallen, können sie in Freiheit auf den Ruf von Jesus: »Folge mir nach« auch antworten. So erfüllt sich auch der Missionsbefehl: »Geht zu allen Völkern und macht sie zu Jüngern« (Matthäus 28,16-20).

Aus dieser Perspektive lässt sich auch nachvollziehen, warum Zeichen und Wunder allein bei Jesus keinen Wert haben. Sie sind kein Zeichen für anerkannte Spiritualität oder ein Beweis dafür, dass ein Mensch oder eine Gemeinde ein gewisses Stadium geistlicher Reife erlangt hat. Wenn das Ziel von Jesu Lehre ist, ihm nachzufolgen, dann haben Zeichen und Wunder, die nicht dazu führen, ihre Wirkung verfehlt:

> Danach begann Jesus die Städte anzuklagen, in denen er die meisten seiner Wunder vollbracht hatte. Ihre Einwohner waren dennoch nicht zu Gott umgekehrt. »Welche Schrecken erwarten euch, Chorazin und Betsaida! Denn wenn ich die Wunder, die ich bei euch getan habe, in den gottlosen Städten Tyrus und Sidon getan hätte, hätten ihre Einwohner schon längst ihre Schuld bekannt und sich zum Zeichen ihrer Reue in Säcke gehüllt und Asche auf ihre Häupter gestreut. Ich versichere euch: Am Tag des Gerichts werden Tyrus und Sidon besser dastehen als ihr! Und ihr Bewohner von Kapernaum, ob ihr wohl einst in den Himmel gehoben werdet? Ganz sicher nicht. Ihr werdet vielmehr hinunter ins Reich der Toten

geworfen. Denn wenn ich die Wunder, die ich bei euch getan habe, in Sodom getan hätte, würde die Stadt heute noch stehen. Seid versichert: Sodom wird am Tag des Gerichts besser dastehen als ihr!«
Matthäus 11,20-24

Zeichen und Wunder haben also keinen spirituellen Eigenwert. Wenn sie nicht zur Umkehr führen, also keinen Lebenswandel bewirken, sind sie eher eine Belastung, weil sie zu noch strengeren Urteilen führen. Die Worte von Jesus antworten recht unerwartet auf ein Argument, dem wir ständig begegnen, wenn es darum geht, verschiedenen Bewegungen oder Predigern in unseren Kirchen Raum zu geben: »Aber es geschehen dort doch wirklich Zeichen und Wunder!« Ja, genau das ist das Problem! Wir sehen keine Zeichen für radikale Veränderung in der Lebensweise der Menschen. Sie sind genauso vom Mammon und dem Materialismus gefangen wie alle anderen in der Gesellschaft auch.

In einer Situation, in der Jesus keinen Willen erkennt, das Leben anders gestalten zu wollen, sondern nur Sensationslust, macht er noch einmal deutlich, dass Zeichen und Wunder keinen Eigenwert haben:

Eines Tages kamen einige Schriftgelehrte und Pharisäer zu Jesus und sagten: »Meister, bitte zeige uns ein Wunder, als Beweis dafür, dass du von Gott kommst.« Doch Jesus erwiderte: »Nur schlechte, treulose Menschen würden ein Wunder verlangen. Das einzige Zeichen, das ich ihnen geben will, ist das, was mit dem Propheten Jona geschah. So wie Jona drei Tage und drei Nächte im Bauch des großen Fisches verbracht hat, so wird der Menschensohn drei Tage und drei Nächte im Herzen der Erde sein. Die Einwohner Ninives wer-

den sich am Tag des Gerichts gegen euch erheben und euch verurteilen, denn sie haben Reue gezeigt, nachdem sie Jonas Predigt gehört hatten. Und nun ist einer bei euch, der weit größer ist als Jona – aber ihr weigert euch zu bereuen. Auch die Königin von Saba wird sich am Tag des Gerichts gegen euch erheben und euch verurteilen, denn sie kam aus einem fremden Land, um die Weisheiten König Salomos zu hören. Und nun ist einer bei euch, der weit größer ist als Salomo – und ihr wollt ihm nicht zuhören.«
Matthäus 12,38-42

»… sie haben *Reue* gezeigt … sie kam, um zu *hören* …« Wenn die Offenheit fehlt, sind Zeichen und Wunder bedeutungslos. Sie stellen unsere ganze Auffassung von der Wirklichkeit auf den Kopf: Gibt es etwas Wichtigeres, als von Krankheiten geheilt zu werden? Zielt das Leben auf etwas ganz anderes als Wohlergehen ab?

Jesus formuliert es in der Bergpredigt sehr präzise:

Nicht alle Menschen, die sich fromm gebärden, glauben an Gott. Auch wenn sie »Herr« zu mir sagen, heißt das noch lange nicht, dass sie ins Himmelreich kommen. Entscheidend ist, ob sie meinem Vater im Himmel gehorchen. Am Tag des Gerichts werden viele zu mir kommen und sagen: »Herr, Herr, wir haben in deinem Namen prophezeit und in deinem Namen Dämonen ausgetrieben und viele Wunder vollbracht.« Doch ich werde ihnen antworten: »Ich habe euch nie gekannt. Fort mit euch. Ihr lebt nicht nach Gottes Gebot.«
Matthäus 7,21-23

Selbst Mose wusste schon, dass nicht nur gute Mächte Zeichen und Wunder vollbringen können. Dass übernatürliche Dinge geschehen, sagt buchstäblich nichts darüber aus, wer dahintersteckt. Das Kriterium liegt nicht im eigentlichen Phänomen, sondern darin, im Namen welches Gottes verkündet wird:

> Angenommen, ein Prophet tritt unter euch auf oder jemand, der prophetische Träume hat, und kündigt euch Zeichen und Wunder an, die auch tatsächlich eintreffen. Wenn ein solcher Prophet euch dann aber auffordert: »Kommt, lasst uns anderen Göttern nachfolgen, Göttern, die ihr noch nicht kennt, und sie verehren«, sollt ihr nicht auf die Worte dieses Propheten oder Träumers hören. Der Herr, euer Gott, stellt euch damit auf die Probe, um zu sehen, ob ihr ihn aufrichtig und mit aller Kraft liebt.
>
> *5. Mose 13,2-4*

Bei Bedarf

Die Berichte von Antonius und den anderen Wüstenvätern lassen die meisten Berichte aus charismatischen Gemeinden ziemlich blass dastehen. In der Stille der Wüste und durch eine unerträglich langsame geistliche Erziehung wurde die harte Erde der Seele zum fruchtbaren Acker für die Gaben des Geistes gepflügt. Einige wurden von diesen Gaben geblendet und in die Irre geführt. Für andere waren sie Trost und Heilung.

Cassian gibt in einer seiner Reisereportagen über die Wüstenmönche Ägyptens zu Beginn des 5. Jahrhunderts ein Gespräch mit Abba Nistheros über die Geistesgaben wieder. Zuerst spricht er von drei Arten der Geistesgaben:

1. Die Gabe der Heilung, die der Heiligkeit des Menschen entspringt. Hier nennt er die Apostel.
2. Die Heilung, die von Sündern und anderen unwürdigen Menschen vermittelt wird, weil der Bedarf so groß ist.
3. Die Heilung, die auf einem irreführenden Trick der Dämonen beruht: Ein Mann, der offensichtlich falsch lebt, wird aufgrund der Wunder, die er tut, bewundert. Er hat den Ruf, ein heiliger Mann und Diener Gottes zu sein, und wird wegen der bösen Geister zur Inspirationsquelle für andere, sogar in seinem falschen Lebensstil. Skandalen stehen Tür und Tor offen und selbst die Gottesfurcht wird geschwärzt. Man kann gewiss sein, dass dieser Mann, wenn er Anspruch auf die Gabe der Heilung erhebt, wegen des Hochmuts in seinem Herzen umso brutaler zu Boden geworfen wird.[109]

Erfahrungen dieser Art haben bei den Vätern zu einer sehr nüchternen und sachlichen Einstellung gegenüber den Geistesgaben geführt. Man hat auf die harte Tour gelernt, worauf man schauen musste, um einen spirituellen Führer beurteilen zu können:

> Daher dürfen wir nie zu Bewunderern derer werden, die Anspruch auf solche Dinge außerhalb ihrer Tugenden erheben. Wir müssen stattdessen darauf schauen, wie sie so vollkommen wurden, dass sie ihre eigenen Sünden hinter sich gelassen und ihr Leben verbessert haben. Das ist mit Sicherheit nichts, was wegen des Glaubens eines anderen oder aufgrund von Dingen, die wir nicht sehen, geschieht. Es geschieht, weil der Mensch danach eifert und die göttliche Gnade ihren Beitrag leistet.[110]

Die Gaben waren vorhanden, aber die Mönche waren äußerst zurückhaltend, was ihre Anwendung betraf, denn sie sahen, wie leicht sie Menschen blenden und zu allerlei Verrücktheiten verführen konnten:

> Darum sehen wir die Väter nie in diese Wunderwerke vertieft. Durch die Gnade des Heiligen Geistes hatten sie diese Kräfte, aber sie wollten sie nie einsetzen, wenn sie nicht durch äußerste und nicht abwendbare Notwendigkeit dazu gezwungen waren.[111]

Als der Abba von einem aufsehenerregenden Wunder erzählt hat, zieht er den Schluss:

> Diese Kraft und diese Gnade wären vermutlich immer verborgen verblieben, wenn nicht der akute Bedarf eines ganzen gefährdeten Landstrichs und seine eigene überbordende Hingabe für Christus und seine aufrichtige Liebe ihn dazu getrieben hätten, dieses Wunder zu vollbringen. Er vollbrachte es nicht aus dem eitlen Bedürfnis, etwas zur Schau stellen zu können. Was ihn dazu trieb, war seine Liebe zu Christus und die Bedürfnisse des ganzen Volkes.[112]

Wenn wir Jesus folgen, ist das entscheidende Kriterium nicht, welche Zeichen und Wunder geschehen, sondern welches Leben wir leben. Abba Nistheros fasst zusammen:

> Wenn also jemand in unserer Gegenwart eines dieser Wunder wirkt, sollte er von uns dafür gepriesen werden. Nicht weil wir über sein Wunder staunen, sondern wegen der Güte in seinem Leben. Wir sollten uns nicht fragen, inwieweit die

Dämonen vor ihm zurückweichen, sondern ob ihm die Liebe innewohnt, welche die Apostel beschreiben. Es ist nämlich ein viel größeres Wunder, den Zunder der Völlerei bei den Wurzeln zu packen und aus unserem eigenen Fleisch zu ziehen, als einen unreinen Geist aus den Körpern anderer zu vertreiben.[113]

9

ALS WIR GLAUBTEN, ALLES WÄRE ZU ENDE – Das geistliche Prinzip von Tod und Auferstehung

Eine der wichtigsten und am häufigsten übersehenen Aufgaben einer geistlichen Führungsperson ist, Menschen einen Raum zu bieten, in dem sie betrauern können, was gestorben oder nicht länger apostolisch relevant ist. Wenn man die Realität des Verlustes akzeptiert hat, mit all ihrem Schmerz und Zorn, und sie loslässt, dann hat das Neue einen Raum bekommen und kann eintreten. Wenn wir Verluste nicht anerkennen, bleiben sie an uns hängen und werden die Lebenden heimsuchen, die unbewusst in der Vergangenheit festhängen.[114]

Das schreibt der katholische Priester und Kulturanthropologe Gerald Arbuckle in seinem Buch *Refounding the Church*. Er beschreibt ein Beispiel aus seinem Umfeld, das in unseren kirchlichen und freikirchlichen Bereichen nicht sonderlich abwegig erscheint, selbst wenn wir heute dazu neigen, Dinge in größere Einheiten zusammenzufügen, statt sie in kleine aufzuteilen:

Rom beschloss, ein traditionsreiches Bistum in drei kleinere Bistümer aufzuteilen. Der Erzbischof teilte den Beschluss per

Brief mit, der in den Sonntagsmessen verlesen wurde. Quasi im Nebensatz sagte er, dass der unerwartete Beschluss Roms »von allen als Segen für die örtliche Gemeinde« betrachtet werden solle. Zu seiner Überraschung führte der Beschluss zu einer Flut wütender Anrufe und Briefe an die Lokalzeitungen. Das Aggressionsniveau in diesen spontanen Reaktionen verwunderte ihn. Er veröffentlichte also einen weiteren Brief an die Gemeindemitglieder, in dem er aufzeigte, dass der Beschluss aus Rom zu erwarten gewesen war, weil er sich nicht länger um ein so großes Bistum kümmern konnte. Dieses Mal fielen die Reaktionen noch heftiger aus.

Das Beispiel ist, wie gesagt, nicht völlig unbekannt. Wenn in der Kirche plötzlich Dinge verändert werden, werden starke Gefühle aufgewühlt und offenbaren oft mangelnde Führungsqualitäten. Arbuckle schreibt weiter:

> Was hat der Erzbischof falsch gemacht? Er hatte es auf zweierlei Art versäumt, mit den Menschen zu kommunizieren. Zum einen hatte Rom einen Beschluss gefasst, der das Leben der Menschen betraf, ohne dass sie vorher gefragt worden waren. Ihr Zorn war daher Zeichen ihrer Trauer darüber, dass sie nicht die Chance erhalten hatten, an einem wichtigen pastoralen Entschluss teilzuhaben.
> Zum anderen wurde ihnen der Beschluss, an dem sie nicht beteiligt worden waren, rational und ungeschickt vorgelegt, ohne dass man auf die Verluste einging, die die Aufteilung für die Menschen bedeuten würde. Über Generationen hinweg hatten Familien Verbindungen zum Erzbistum aufgebaut und mussten nun plötzlich feststellen, dass das Band abgeschnitten worden war.

> Letzten Endes sah der Erzbischof den Schmerz und seine Ursachen ein und schrieb einen dritten Brief an die Gemeinden, in dem er um Entschuldigung für seine Bräsigkeit bat. Dieser Brief war praktisch eine Art öffentliche Trauerarbeit, die die Leute ein bisschen mehr mit dem Beschluss versöhnte.[115]

Ein Verlust kann jedoch auch weiterführen, über die Trauer und die letztliche Akzeptanz hinaus. Das Schlimmstmögliche führt nicht selten zu unerwarteten Veränderungen, wie Arbuckle in der Erzählung von einem anderen Bischof zeigt:

> In den ersten Jahren meiner Amtszeit genoss ich das Ansehen und die Bequemlichkeiten des Amtes. Mir kam nie der Gedanke, dass mich die Armen in dem reichen Stadtteil, in dem ich wohnte, niemals besuchen würden. Wenn ich die Slums besuchte, dann immer in meinem Auto mit Chauffeur und allen bischöflichen Machtzeichen.
> Eines Tages wurde einer meiner Priester, die im Slum arbeiteten, ermordet. Es war ein Auftragsmord von mächtigen Politikern, die seine zunehmende Kritik an ihrer Korruption fürchteten. Da sah ich sein ärmliches Haus und die Tränen der Armen, die seinen Tod betrauerten. Würden diese Leute um mich, ihren Bischof, weinen, wenn ich starb? Was hatte ich jemals für sie getan? Ich begriff, wie weit entfernt ich von den Ausgestoßenen gelebt hatte, den Lieblingen des Herrn! Ich zögerte, meine Statussymbole zurückzulassen … Ich betete um Stärke, um mich in das Unbekannte zu wagen. Es war so schwer loszulassen.
> Dann zog ich selbst in den Slum, wo der ermordete Priester gelebt hatte. Kein Auto mit Chauffeur! Keine Symbole mehr, die mich vor dem Leid der Armen versteckten! Jetzt können

die Armen mich jederzeit besuchen und über ihren Schmerz, ihre Freude und ihre Liebe zu Maria und den Heiligen sprechen. Zum ersten Mal in meinem Leben begreife ich, was es heißt, im Glauben zu leben. Und der Herr belohnt mich, weil ich nun ihn selbst in den Armen erkenne. Was kann ich mehr von ihm verlangen!
Ich bin jetzt von den meisten meiner Mitbischöfe ausgestoßen. Vielleicht sehen sie in mir, was sie selbst werden sollten ... Ich bete für sie. Endlich glaube ich zu sehen, was die Rolle des Priesters sein muss: die Kirche ermahnen, Christi Angesicht für die Armen zu sein.[116]

Die Kirche ist organisch

Dieses einführende Beispiel zeigt, wie anders die christliche Kirche im Vergleich zur Unternehmenswelt gestrickt ist, auch wenn Letztere in so vielem als Vorbild für unsere Gemeindearbeit dient. Das geradlinige Erfolgsdenken und das Festhalten an Ergebnissen, Kürzungen und Effektivitätsmodellen lässt sich genauso gut mit dem Gemeindeleben verbinden wie Öl mit Wasser. Hier stoßen zwei völlig unterschiedliche Konzepte aufeinander und viel zu oft müssen die Gemeindemitarbeitenden dies auffangen. Die Rechnung zeigt sich in Form von Burn-out, Krankschreibungen, Glaubenskrisen und Kündigungen.

Wenn Jesus vom geistlichen Leben spricht, bedient er sich vor allem organischer Bilder: Saat, Pflanze, Ernte, Beschneidung und Fruchttragen. Das lässt sich nicht einfach nur damit erklären, dass er in einer landwirtschaftlichen Kultur lebte. Wenn er gewollt hätte, hätte er auch auf wirtschaftliche Bilder zurückgreifen können. Märkte und Händler gab es auch damals zuhauf. Sie waren jedoch keine allzu guten Vorbilder für das Reich Gottes und das geistliche Volk, das mit ihm einen entscheidenden Wendepunkt nahm.

Das folgende Bild zeigt vielleicht am deutlichsten, dass sein Reich »nicht von dieser Welt« (Johannes 18,36) ist: »Ich versichere euch: Ein Weizenkorn muss in die Erde ausgesät werden. Wenn es dort nicht stirbt, wird es allein bleiben – ein einzelnes Samenkorn. Sein Tod aber wird viele neue Samenkörner hervorbringen – eine reiche Ernte neuen Lebens« (Johannes 12,24).

Unsere Welt verehrt die ungebrochene Wachstumskurve. Ob es nun die Quartalsberichte des Unternehmens oder unsere persönlichen Karrieren im Hinblick auf Gesundheit, materiellen Wohlstand und perfekte Erfolge in allen Lebensbereichen sind. Widerstand, Verlust und Tod fürchten wir am meisten. Wir würden alles dafür tun, um möglichst mit nichts von diesen Dingen in Berührung zu kommen, und wenn sie uns trotz allem treffen, tun wir alles, um sie zu verstecken oder die Auswirkungen auf uns zu minimieren. Die gleichen Ideale gelten selbstredend auch für die Gemeinde, in der perfekte Gottesdienste und ungebrochene Wachstumsstatistiken uns überzeugen sollen, dass alles immer besser wird.

Der Tod ist für ein Weizenkorn keine Katastrophe, die es um jeden Preis zu vermeiden gilt.

Aber wenn das Weizenkorn nicht stirbt, bleibt es allein. Tod und Verlust sind für das Weizenkorn keine Katastrophe, die es um jeden Preis zu vermeiden gilt. Sie sind auch keine Formkrise in einer ansonsten positiven Wachstumskurve. Gerade durch Verlust und Tod kann das Weizenkorn sein volles Lebenspotenzial ausschöpfen. Wird das Weizenkorn an diesem Zerfall gehindert, bleibt die Ernte aus.

Wie viele haben Gott und die Kirche verlassen, weil sich das Leben als Christ schwieriger gestaltete als gedacht? Wie viele von ihnen waren dem Glauben aufgesessen, dass das Leben als Christ eine ständige Steigerung der Flitterwochen mit Gott wäre? Warum hat ihnen niemand das Offensichtliche erklärt, als sie zum Glauben kamen: Jesus zu folgen heißt, ihm zu folgen. Das heißt nichts anderes, als den gleichen Weg wie er zu gehen. Wie können Tod und Verlust uns dann überraschen?

Nach seiner dramatischen Umkehr auf dem Weg nach Damaskus bekommt Paulus im Gespräch mit seinem geistlichen Mentor als Erstes zu hören, wie der Herr zu Ananias sagt: »Ich werde ihm zeigen, wie sehr er für meinen Namen leiden muss« (Apostelgeschichte 9,16). Diese Lektion hat Paulus nie vergessen. Als er Jahre später an die Gemeinde in Thessaloniki schreibt, an deren Gründung er beteiligt war, erklärt er ihnen, warum er Timotheus zu ihnen schickt:

> Wir schickten ihn zu euch, um euch zu stärken und im Glauben zu ermutigen und euch davor zu bewahren, durch die Schwierigkeiten, die ihr durchmachen musstet, verunsichert zu werden. Aber ihr wusstet natürlich, dass wir vor solche Hindernisse gestellt werden. Schon als wir noch bei euch waren, haben wir euch gewarnt, dass bald Schwierigkeiten kommen würden – und so geschah es dann auch, wie ihr ja wisst.
>
> *1. Thessalonicher 3,2-4*

Durch die Schwierigkeiten … Sie werden nicht als unerwartete kalte Dusche dargestellt, sondern als Normalzustand für einen Christen, und Paulus hatte die Gemeinde darüber eingehend informiert. Wenn wir »die erste Liebe« als ständige Verliebtheit in Gott interpretieren, werden wir früher oder später unsanft aus diesem Traum erwachen.

C.S. Lewis legt einem seiner Charaktere in dem Roman *The Pilgrim's Regress* folgende Worte in den Mund:

> Weißt du nicht, wie es mit der Liebe ist? Zuerst kommt das Liebliche, dann der Schmerz, dann die Frucht. Und dann überkommt die Frucht die Freude, aber sie ist von anderer Art als die anfängliche Lieblichkeit. Schwer Verliebte dürfen nicht versuchen in diesem ersten Schritt zu verharren. Denn die anhaltende Leidenschaft ist der Traum der Dirne, aus dem man immer verzweifelt aufwacht. Versuche nicht, an der Verzückung festzuhalten: Sie hat ihre Wirkung getan. Gelagertes Manna ist voller Maden.[117]

Und Arbuckle ergänzt: »Wenn Verlust befreiend auf unser Leben wirken und Früchte tragen soll, müssen wir uns aktiv mit der Enttäuschung versöhnen.« Oder mit den Worten von C.G. Jung: »Nur was ich annehme, kann ich verändern.« Erst wenn wir den Verlust annehmen, akzeptieren und in Gebet und Seelsorge bearbeiten, kann er Leben spenden. Wenn wir nur versuchen, alles in uns zu verschließen, und behaupten, »das habe ich alles hinter mir gelassen«, wird der Verlust uns leise und unerbittlich Kraft rauben. Die Freude wird erstickt, die Liebe gefriert: Wir können bei Gott keinen Trost finden, wenn wir immer noch glauben, dass er uns verraten hat.

Kalte Trauer

So wie Verlust und Trauer auf die Persönlichkeit des Menschen einwirken, wirken sie auch auf unsere gesellschaftlichen Zusammenhänge. Wie das Beispiel zu Beginn des Kapitels zeigt, behindert Zorn den natürlichen Trauerprozess, wenn Veränderungen in der Kirche von oben aufgezwungen werden. Das gilt sowohl für Veränderungen in der Theologie und Liturgie als auch in der

Organisation. Wenn lokale Führungspersonen nicht in Entscheidungsprozesse mit einbezogen werden, keinen Raum zum öffentlichen Trauern bekommen und vielleicht nicht einmal öffentlich eine andere Meinung zum Thema zum Ausdruck bringen dürfen – dann gefriert der geschluckte Frust zu kalter Trauer. Man könnte auch sagen: Man wird depressiv.

Wie viel dieser verpassten Trauerarbeit lähmt heute unsere Gemeindemitarbeitenden, die irgendwann das Evangelium nicht mehr freimütig verkünden können?

Trauer muss sich in Wort und Tat ausdrücken dürfen. Arbuckle gibt dazu konkrete Vorschläge, wie Trauer in einer Gemeinde Ausdruck finden kann, wenn etwas Wichtiges zu Ende gegangen ist – sei es die Umwidmung eines Kirchengebäudes, das Ende einer Initiative oder die Auflösung einer Gemeinschaft. Ausgehend von seinen Erfahrungen könnte ein solcher Trauergottesdienst sich ungefähr so gestalten:[118]

Die Teilnehmer kommen in den abgedunkelten Kirchenraum und erhalten an der Tür eine brennende Kerze. Sie versammeln sich in kleineren Gruppen in der Kirche, wo in der Mitte die Osterkerze brennt. Während des Eingangs kann ruhige Musik gespielt werden. Dann werden Bibeltexte zu den Themen Tod und Auferstehung gelesen. »Alle sind eingeladen, in das Dunkel des Grabes einzutreten, damit sie das Neue der Auferstehung entdecken können«, sagt Arbuckle.

Die Gottesdienstleitung lädt alle ein, eine Weile darüber nachzudenken, was sie durch diese Veränderung verloren haben und was sie vermissen werden. Nach einer kurzen Stille können alle, die möchten, laut aussprechen, worüber sie trauern, ohne dass es von den anderen kommentiert wird. Wer sich geäußert hat, löscht seine Kerze. Wenn alle Kerzen erloschen sind, bleibt man eine Weile in Stille beieinander.

Dann liest jemand einen Bibeltext darüber, wie der Gott der Auferstehung aus Tod Leben schafft. Wieder folgt eine kurze Stille. Anschließend fordert die Leitung die Teilnehmer auf, von einer freudigen Erfahrung in ihrem Leben oder in der Gemeinde zu erzählen. Wer etwas erzählt hat, geht zur Osterkerze und zündet seine oder ihre Kerze wieder an. Wenn alle Kerzen wieder brennen, verharrt die Gemeinde wieder eine Weile in der Stille. Danach liest wieder jemand einen Bibeltext (Arbuckle schlägt Offenbarung 21,1-7 vor). Man gibt einander ein Zeichen des Friedens und der Gottesdienst wird mit einem Auferstehungslied beendet.

Arbuckle benutzt in seinem Buch oft den Ausdruck »Restaurationismus«. Damit beschreibt er die konservativen Reaktionen auf die katholische Erneuerung, die dem Zweiten Vatikanischen Konzil in den 1960er-Jahren folgten. Er erklärt das Phänomen so: »Ein sorgfältig orchestrierter Versuch, die Kirche wieder in das kulturelle Getto oder die Widerstand-gegen-die-Welt-Mentalität zu versetzen, die vor dem Konzil herrschte ..., als Reaktion auf den Stress, der durch die theologische und kulturelle Unsicherheit ausgelöst wurde, die auf die Veränderungen im Konzil und der Umwelt folgte.«

Also die Konsequenz einer unterlassenen Trauerarbeit, die wir aus vielen Bereichen kennen, angefangen in unserem persönlichen Leben über Krisen in der Gemeinde bis hin zum Neokonservatismus im politischen Rechtspopulismus. Hier können wir eine Menge aus Arbuckles Argumentation lernen, nicht zuletzt über die Gruppe, die er als potenziell bahnbrechend ansieht:

> In der Kirche ist der Restaurationismus ein Symptom für die Unfähigkeit zu trauen, mit anderen Worten: die Weigerung, das loszulassen, was nicht länger relevant ist, und das apostolisch Neue zuzulassen. Ordensleute haben durch ihre Be-

rufung einen besonderen Auftrag, Profis darin zu sein, das Alte loszulassen, um das »unmögliche Neue« hervortreten zu lassen. Deshalb müssen sie die Kirche prophetisch herausfordern, konstruktiv in die Trauerarbeit einzusteigen.[119]

Das Problem ist bloß, dass in vielen Orden genau das gleiche Problem besteht:

> Indem sie die säkulare Gesellschaft spiegeln, in der Verlust geleugnet wird, ist auch in vielen Ordensgemeinschaften das pathologische Problem chronischer Leugnung tief verwurzelt. Das hindert diese Gemeinschaften daran, auf pastoraler Ebene kreativ zu sein. Gemeindevorstehende können andere nicht durch die Trauer hindurch zum »unmöglichen Neuen« führen, wenn ihnen selbst die Erfahrung fehlt, im Gebet gemeinsam mit dem Herrn durch das Dunkel hin zu Glaube, Hoffnung und Liebe zu reisen.[120]

Mit dem Tod leben ist natürlich

Was können wir von Mönchen über Tod und Verlust lernen? Tatsächlich eine ganze Menge. Das geht schon los bei dem klassischen ersten Versprechen beim Eintritt in ein Benediktinerkloster: *stabilitas loci*. Da Todesangst und die Furcht vor dem Tod offenbar die stärksten Antriebskräfte unserer Rastlosigkeit und unseres Fluchtverhaltens sind, bedeutet das Versprechen, bis zum letzten Atemzug in diesem Kloster zu bleiben, vom ersten Tag an eine radikale Konfrontation mit dem Tod. Die Fluchtwege sind verstellt, alles, dem wir zu entfliehen versuchen, kommt näher. Stattdessen steht die Tür zum Tod nun weit offen – und sie muss auch offen bleiben, wenn man sich wirklich mit der eigenen Menschlichkeit versöhnen und »bei sich selbst wohnen« können soll, wie es bei Benedikt heißt.

Beim näheren Hinsehen zeigt sich, dass die Benediktinerklöster ein sehr durchdachtes pädagogisches Programm haben, um den Mönchen dabei zu helfen, mit ihrer Sterblichkeit zu leben und dadurch das Leben in all seiner Schönheit und Zerbrechlichkeit anzunehmen.

In manchen Klöstern erhalten die Mönche, nachdem sie ihre abschließenden Gelübde abgelegt haben, ihren Grabstein, auf dem Name und Geburtsdatum stehen und der Platz für das Sterbedatum vorgemerkt ist. Mancherorts wird der Stein sogar in der eigenen Zelle verwahrt.

Die beiden großen Lebenszyklen, denen alle Kirchen folgen, werden in der Klostergemeinschaft noch dichter miteinander verflochten: die Jahreszeiten und das liturgische Kirchenjahr. Hier treffen Saat und Ernte, Tod und Leben in ständiger Wiederholung des Gesetzes des Weizenkorns aufeinander – sowohl in den Gottesdiensten in der Kapelle als auch bei der Arbeit auf dem Feld.

Der Friedhof liegt neben dem Kloster. In der Klosterkirche in Nydala gibt es zum Beispiel noch die *porta mortuorum*, die Pforte der Toten, im Chorraum. Durch sie wurden die verstorbenen Mönche zu ihrer letzten Ruhestätte getragen. Was machte das mit den Mönchen, die sieben Mal am Tag ihr Stundengebet genau vor dieser Tür beteten?

Wenn im Mittelalter ein Kloster gegründet wurde, galt es nicht eher als vollendet, bis der erste Bruder zum Herrn heimgegangen war. Erst dann hatte man auch einen Bruder auf der anderen Seite und es war eine Brücke geschlagen zwischen der »triumphierenden« Kirche im Himmel und der »kämpfenden« Kirche auf Erden. Die Gemeinschaft der Heiligen wird durch den Tod nicht gebrochen, sondern verbunden.

Unter den Steinen des Kapitelsaals, wo die Mönche ihre täglichen Zusammentreffen hatten und sich sowohl mit den Kapiteln der Ordensregel als auch den praktischen Aufgaben beschäftigten, lagen oft die Gräber einiger Äbte des Klosters. Rein physisch hatte man auf diese Weise »Bodenkontakt« mit denen, die schon vorausgegangen waren.

Die Gemeinschaft der Heiligen wird durch den Tod nicht gebrochen, sondern verbunden.

Während der Mahlzeiten ist es üblich, dass jemand laut aus einem Buch vorliest und die Mönche still zuhören. Wie Bruder Albert in seinem Buch *Downtown Monks* berichtet, kann es auch passieren, dass jemand laut an den Todestag eines Bruders erinnert: »Heute erinnern wir uns an Bruder Leonard, der vor elf Jahren zum Herrn heimgegangen ist. Wir gedenken mit Freude und Dankbarkeit seines ansteckenden Humors und seiner großen Liebe zu den Rosen im Garten, um die er sich liebevoll kümmerte …«

Während des täglichen großen Mahls, der Messe, werden der Tod und die Auferstehung in ihrer unmittelbaren Verbindung gefeiert. »In der Nacht, da er verraten wurde, nahm er das Brot, brach es … Christi Leib, für dich gegeben … Ihr habt Jesus Christus empfangen. Er bewahre euch zum ewigen Leben.«

Das letzte Stundengebet des Tages, das Komplet, ist die Vorbereitung auf den »kleinen Tod«, den jedes Einschlafen für uns Menschen bedeutet. Jeden Abend übt man sich darin, sich vollständig dem Herrn zu überlassen, und betet: »In deine Hände, Herr, gebe ich meinen Geist.«

In der *Vigil* halten die Mönche während der Nacht oder kurz vor Morgengrauen Wache. Die *Vigil* ist ein eschatologisches Zeichen, mit Christus zu wachen und auf ihn zu warten, während die Welt schläft. Ein bisschen loszulassen und darüber zu meditieren, dass dieses Zeitalter, das das Neue Testament »die Nacht« nennt, seinem Ende entgegengeht und »der Tag« nahe ist (Römer 13,11-14).

Das Ziel des klösterlichen Lebens ist, so sagt der amerikanische Zisterziensermönch Charles Cumming, »die liebevolle Vereinigung mit Gott im ständigen Gebet«[121]. Keine völlig abwegige Formulierung für uns Christen. Sie macht bewusst, dass der Tod nicht das Ende des Lebens, sondern dessen Ziel ist. Dann werden wir endlich Jesu Angesicht schauen.

Nur wer stirbt, kann auferstehen

Paulus spricht davon, dass der Tod mitten im Leben gegenwärtig ist: »Durch das Leiden erfahren wir am eigenen Leib ständig den Tod von Christus, damit auch sein Leben an unserem Körper sichtbar wird. Es ist wahr: Weil wir Jesus dienen, leben wir in ständiger Todesgefahr, damit sein Leben an unserem sterblichen Körper sichtbar wird« (2. Korinther 4,10-11).

Wie gerne hätten wir oft nur das Leben ohne den Tod! Doch es ist ein Paradox: Wir schließen im übertragenen Sinne reflexmäßig die Tür zum Leben, wenn wir den Tod in all seinen Formen leugnen – sei es der Verlust von Elementen in der Kirche oder unser eigener physischer Tod. Wir hindern dann die Kraft der Auferstehung daran, Dinge zu wirken, die wir nie für möglich gehalten hätten.

Nur wer stirbt, kann auferstehen. Erst, wenn wir das Leben loslassen … kann es uns in einer intensiveren Form, die wir uns nicht vorstellen können, wieder geschenkt werden.

Die amerikanische Lyrikern Mary Oliver schreibt in ihrem Gedicht *In Blackwater Woods* von der Freiheit, das Leben geschenkt zu bekommen – und es loszulassen. Das Gedicht beschreibt, wie die

Bäume zum Herbst hin all ihren Reichtum in den vorbeifließenden Fluss werfen. Es endet mit den Zeilen:[122]

> To live in this world
>
> you must be able
> to do three things:
> to love what is mortal;
> to hold it
>
> against your bones knowing
> your own life depends on it;
> and, when the time comes to let it go,
> to let it go.

Die Kirche hat seit jeher in den Verlusten an der Seite der Menschen gestanden. In meiner Kindheit hörte ich in unzähligen Radiogottesdiensten die Formulierung: »Eine weitere Erinnerung unserer Sterblichkeit hat uns heute verlassen ...« Bei der Heilsarmee, die ich mit meinen Eltern besuchte, habe ich das nie gehört. Heute sind in den wenigsten Gottesdiensten noch Hinweise auf unsere Sterblichkeit zu finden. Wir neigen dazu, uns der Gesellschaft anzuschießen, die den Tod generell lieber verdrängt – sowohl in liberalen Wohlfühlgottesdiensten als auch in charismatischen Gemeinden mit forciert fröhlichem Lobpreis. Das lässt den Menschen mit seiner Trauer allein, wenn der Verlust dann doch zuschlägt. Dieser Verrat könnte vermieden werden. Doch er beginnt, wie so oft, bereits in der Theologie.

»Ich begreife Gott nicht!« Das ist eine natürliche Reaktion, wenn Unfassbares geschieht. Es ist eine Krise, eine Verwirrung zwischen Glauben und erlebter Realität. Und in so einer Situation braucht es klare geistliche Wegbegleitung. Das Gefühl, dass die ganze Welt zerbricht und alle sicheren Mauern einstürzen, kann und sollte niemals mit theologischen Argumenten wegdiskutiert werden. Aber wenn es nicht nur ein verzweifeltes Gefühl des freien Falls ist, sondern tatsächlicher Ausdruck aufrichtiger Verwunderung darüber, dass man Gott nicht mehr versteht – dann gibt es Grund zur Annahme, dass in der theologischen Lehre der Gemeinde etwas falsch läuft.

Wie klein haben wir Gott gemacht? Wie sehr haben wir uns selbst aufgeplustert? Haben wir den fundamentalsten Unterschied unserer Existenz, den zwischen Schöpfer und Schöpfung, aus dem Blick verloren?

Vielleicht sehen wir hier wieder ein Beispiel dafür, wie sehr sich liberale und konservative Auslegungen letztendlich in ihren Mustern doch gleichen. Die liberale Denkweise neigt dazu, groß vom Menschen zu glauben und allen Gottesbildern entgegenzuarbeiten, die den Menschen zu bedrohen scheinen. Die konservative Denkweise, besonders in ihren charismatischen Zügen, neigt dazu, den Menschen ins Zentrum der göttlichen Autorität zu stellen, bis die Grenze zwischen Gott und Mensch nicht mehr erkennbar ist. In beiden Fällen läuft der Mensch Gefahr, in Schockstarre zu verfallen, wenn Dinge im Leben passieren, die diese Kumpelbeziehung infrage stellen.

»Wer bist du?«, fragt Gott Hiob als Erstes, als er nach den langen Anklagen Hiobs und seiner Freunde endliche sein Schweigen bricht (Hiob 38,1-2). Der englische Literaturprofessor Terry Eagleton schlägt in seinem Buch *On Evil* sogar eine noch brutalere Formulierung vor: »*Who the hell do you think you are?* – Für wen, verdammt noch mal, hältst du dich?« Diese Frage müssen wir erst einmal beantworten, ehe wir über Gott sprechen und darüber, was er möglicherweise denkt.

Das Problem ist nicht, dass wir Gott nicht verstehen. Das Problem ist, dass wir Gott nicht verstehen können. Wie sollten wir auch? Was glauben wir denn, wer wir sind? Wie sollte das Geschöpf den Schöpfer verstehen? C. S. Lewis vergleicht es mit dem Hund, der zu unseren Füßen liegt und verstehen soll, was wir in unserem Buch lesen. Es kann ja eine tiefe Beziehung zwischen Hund und Mensch bestehen. Ich habe langjährige Erfahrung damit, wie gut Hunde darin sind, die Körpersprache des Menschen zu deuten. Aber niemand sollte auf die Idee kommen, dass Hunde unsere Gedanken lesen könnten.

Wenn wir das einsehen, können wir getrost eine Menge Fragen im Hinblick auf Trauer unbeantwortet lassen. Es reicht, dass Gott weiß, was er tut. Wir selbst haben genug damit zu tun, den Verlust zu betrauern.

> Das Problem ist nicht, dass wir Gott nicht verstehen. Das Problem ist, dass wir Gott nicht verstehen können.

Paulus bricht im Römerbrief in einen Jubel aus, der das Haus von allen gut aufgeräumten Gottesbildern reinigt. Damit beseitigt er auch gleich die Grundlage für eine ganze Menge unnötigen Seelenschmerzes:

> Wie wunderbar ist doch Gott! Wie unermesslich sind seine Reichtümer, wie tief seine Weisheit und seine Erkenntnis! Unmöglich ist es uns, seine Entscheidungen und Wege zu begreifen! Denn wer kann wissen, was der Herr denkt? Wer kann sein Ratgeber sein? Und wer hat Gott jemals so viel gegeben, dass Gott ihm etwas zurückerstatten müsste?
> *Römer 11,33-35*

An dieser Stelle räumt Paulus mit drei »ketzerischen Meinungen«, wie ich es nennen möchte, auf. Uns dürften sie bekannt vorkommen:

- **Wir können Gott verstehen.** Können wir nämlich nicht. Nicht, weil wir theologisch nicht kompetent wären oder weil wir in unserer geistlichen Entwicklung noch nicht so weit wären. Sondern ganz einfach deshalb, weil wir Geschöpfe sind und Gott der Schöpfer. Gott hat einen völlig anderen Horizont und Zugang zu viel tieferem Wissen, das vermutlich unsere Köpfe sprengen würde, wenn wir es mit unserem begrenzten Verstand erfassen müssten.
- **Wir können Gott lenken.** Und schon wieder landen wir im Bereich der Magie, also der Vorstellung, dass der Mensch mit der rechten Denk- oder Handlungsweise spirituelle Dinge bewirken könnte. Als Mose Gott am brennenden Dornbusch fragt, von wem er dem Volk berichten soll, bekommt er als Antwort: »Ich bin, der ich immer bin« (2. Mose 3,14). Das sollte eigentlich deutlich machen, wie eitel der Gedanke ist, Gott dorthin zu lenken, wo wir ihn gern hätten.
- **Gott ist es uns schuldig, so oder so zu handeln.** Manchmal haben wir Gedanken wie diesen: Wenn wir auf eine bestimmte Art glauben, auf eine bestimmte Art preisen oder unser Bekenntnis auf eine bestimmte Weise verkünden, ist Gott uns dieses oder jenes schuldig. Wieder einmal eine magische Vorstellung, die einen allmächtigen Gott auf ein gehorsames Werkzeug für die menschliche Spiritualität reduziert. Gott ist den Menschen absolut nichts schuldig.

Allerdings ist der Mensch seinem Schöpfer eine Antwort schuldig. Paulus beschreibt dies in folgenden Versen:

> Weil Gott so barmherzig ist, fordere ich euch nun auf, liebe Brüder, euch mit eurem ganzen Leben für Gott einzusetzen. Es soll ein lebendiges und heiliges Opfer sein – ein Opfer,

> an dem Gott Freude hat. Das ist ein Gottesdienst, wie er sein soll. Deshalb orientiert euch nicht am Verhalten und an den Gewohnheiten dieser Welt, sondern lasst euch von Gott durch Veränderung eurer Denkweise in neue Menschen verwandeln. Dann werdet ihr wissen, was Gott von euch will: Es ist das, was gut ist und ihn freut und seinem Willen vollkommen entspricht.
> *Römer 12,1-2*

Sinn und Zweck ist nicht, dass Gott tut, was wir wollen. Sinn und Zweck ist, dass wir tun, was Gott will. Der Weg dorthin ist indes kein fest geplanter kognitiver Prozess, bei dem wir bestimmte christliche Prinzipien und Werte lernen. Paulus zieht das Bild des Opfers im Tempel zurate: Wir sollen uns auf den Altar legen, alles, was wir sind, bedingungslos Gott geben. Nicht, weil er so streng wäre. Im Gegenteil, weil Gott so barmherzig ist.

Eiskalt erwischt

Die Vertrautheit mit Tod und Verlust in unserem Privatleben ist nicht loszulösen von unseren gemeinsamen Lebenserfahrungen in der Gemeinde. Im Gegenteil: Vor allem die Leitenden in der Gemeinde müssen mit dem Prinzip des Weizenkorns vertraut sein und ohne Furcht die Wahrheit mit offenen Augen sehen. Nur wer einmal von der Kraft des Weizenkorns gekostet hat, kann das loslassen, was andere vielleicht noch ängstlich meinen, bewahren zu müssen.

Unsere Begrenztheit bezieht sich aber nicht nur auf unsere Sterblichkeit. Laut der Bibel ist der Tod noch mit etwas anderem verbunden, das mindestens genauso stark geleugnet wird: Sünde. Genauso wie wir versuchen, in der modernen westlichen Welt alles zu verdrängen, was mit dem Tod zu tun hat, ist sogar die Kirche ständig darum bemüht, mit der Vorstellung aufzuräumen, dass der Mensch ein Sünder wäre. Das Leben soll ohne Tod sein und der Mensch ohne Sünde – und schon ist alles, wie es sein sollte.

Aber so weit sind wir noch nicht. Während unseres Lebens hier auf der Erde gehören sowohl Tod als auch Sünde zu den Bedingungen des menschlichen Daseins. Genauso wie uns eines Tages der Tod eiskalt erwischen wird, genauso erschüttert werden wir früher oder später von der Sünde sein. Sowohl in unserem Privatleben als auch in den Krisen der Kirche.

Auch hier scheinen konservative und liberale Ansichten einander auf merkwürdige Weise zu spiegeln. Von liberaler Seite wird behauptet, man müsse mit dem alten Sündenbegriff aufräumen. Der Mensch sei von Grund auf gut und wenn er nur die richtigen Startbedingungen im Leben habe, würde er sein Leben lang gute Entscheidungen treffen. Unser Problem ist jedoch nicht die Sünde selbst, sondern das Sündenverständnis, das uns durch schlechte christliche Lehre anhaftet.

Zwischen 1960 und 1980 bildete sich in den USA eine Bewegung, die den Anspruch verfolgte, das Gute und Authentische im Menschen herauszuarbeiten, indem sie ihn nicht den einschränkenden Auflagen der Umgebung aussetzte. Eine der zentrale Figuren dieser Bewegung war Carl Rogers, der mit »bedingungsloser positiver Aufmerksamkeit« das unzerstörte Ich der Gläubigen herauszuhören versuchte, das seiner Meinung nach unter den hemmenden Regeln und unterdrückenden Normen der Umwelt verborgen war. Der englische Journalist Will Storr berichtet in seinem Buch *Selfie*[123] detailliert über diese Bewegung.

Storr spricht nicht darüber, wie viele sexuelle Übergriffe oder Selbstmorde genau in Zusammenhang mit dieser Bewegung stehen. Aber die Fakten, die er liefert, reichen, um eine Ahnung davon zu bekommen, dass irgendetwas mit der Vorstellung vom guten Menschen, der nur darauf wartet, aus den ihm aufgezwungen Grenzen auszubrechen, nicht stimmen kann.

Im gleichen Atemzug berichtet Storr auch von der Selbstsucht-Priesterin Ayn Rand, die voll Freude alles und jeden für ihre eigenen Wünsche opfert. Auch Alan Greenspan, der fast dreißig Jahre lang als Chef der US-Notenbank wie ein globaler Architekt des Neoliberalismus fungieren sollte, wuchs in diesem Geist auf. Im Grunde die gleiche Idee, nur angewendet auf die Wirtschaft: Nimm alle unterdrückenden Regeln weg und lass dem guten Markt freien Lauf.

Heute, wo sogar die globalen Gewinner in Davos nach einer anderen wirtschaftlichen Weltordnung suchen, müssen wir wohl oder übel feststellen, dass das Ergebnis dieser globalen Deregulierung dramatische Gräben zwischen einer kleinen reichen Elite und vielen Verlierern in allen Ländern ist – die direkte Konsequenz sind mehr oder weniger braune Bewegungen, die die Demokratie bedrohen.

Hinzu kommt noch die IT. Mitten in diesem kalifornischen Ideenpool entstand das Silicon Valley. Auch hier die gleiche rettende Botschaft: Lasst uns alle Grenzen einreißen und eine Technologie schaffen, mit der wir mit allen Menschen kommunizieren können, alles kaufen, alles wissen und alle Filme runterladen können – tagein, tagaus und überall. Die gleiche Vision von einer besseren Welt ohne all ihre einschränkenden Grenzen. Mit welchem Ergebnis?

Was wir nicht sehen wollen

Aus konservativ christlicher Perspektive, häufig auch wieder mit charismatischem Beigeschmack, wird der Glaube an den sündenfreien Menschen anders kommuniziert. Anstelle der Schöpfung (der Mensch ist gut geboren) stellt man hier die Rettung in den Mittelpunkt: In Christus sei der Mensch gerettet und habe die Sünde hinter sich gelassen.

Wir müssen uns nicht erst ansehen, was in einigen Gemeinden hinter verschlossenen Türen geschieht, um Beweise dafür zu finden, dass diese These der Praxis nicht standhält. Attitüden und Verhaltensweisen fallen auch in ganz normalen Gemeinden nicht unbedingt unter das, was man »gut« nennen würde. Leider kann man recht lange Gemeindemitglied sein, ohne dass es einem auffällt… Mir geht es auch so. Auf uns selbst schauen wir immer als Letztes.

»Wer von euch ohne Sünde ist, der soll den ersten Stein auf sie werfen!«, sagt Jesus während des inoffiziellen Prozesses gegen die Ehebrecherin. Langsam verkrümeln sich alle, »einer nach dem anderen, die Ältesten zuerst« (Johannes 8,1-11). Irgendetwas lernt man wohl doch, wenn man älter wird.

Ist der Mensch also gut oder schlecht? Die Bibel geht auf diese Frage gar nicht erst ein und gibt uns eine etwas realistischere Antwort: Seit dem Sündenfall befindet sich der Mensch in dem Dilemma, zwiegespalten zu sein. Wir tragen ein unendliches Potenzial zur Güte in uns und ein ebenso unendliches Potenzial für das Böse. Paulus bietet uns ein klassisches Beispiel für diese Zerrissenheit. Seine Selbstanalyse widerlegt sowohl die naive Vorstellung, dass der Mensch durch und durch gut sei, wie auch die ebenso irreführende Vorstellung, dass er durch und durch schlecht wäre. Immer wieder schärft er uns ein, dass die Sünde und das Ich nicht dasselbe sind:

> Ich begreife mich selbst nicht, denn ich möchte von ganzem Herzen tun, was gut ist, und tue es doch nicht. Stattdessen tue ich das, was ich eigentlich hasse. Ich weiß, dass mein Handeln falsch ist, und gebe damit zu, dass das Gesetz gut

ist. Aber ich kann mir selbst nicht helfen, weil die Sünde in mir mich zum Bösen verleitet. Ich weiß, dass ich durch und durch verdorben bin, soweit es meine menschliche Natur betrifft. Denn immer wieder nehme ich mir das Gute vor, aber es gelingt mir nicht, es zu verwirklichen. Wenn ich Gutes tun will, tue ich es nicht. Und wenn ich versuche, das Böse zu vermeiden, tue ich es doch. Aber wenn ich tue, was ich nicht will, dann tue nicht ich es, sondern die Sünde in mir.
Römer 7,15-20

Natürlich können wir die Sünde aus unserer Verkündigung ausklammern. Da die Sünde aber nicht in der Verkündigung, sondern in uns Menschen steckt, wäre das nur eine Veränderung auf dem Papier. Genau wie eine Lehre, die den Tod ausklammert, führt diese Verkündigung nur dazu, dass der Mensch in seinem Dilemma von der Kirche genau dann sich selbst überlassen wird, wenn er völlig entblößt und hilfsbedürftig ist.

Wir brauchen Hilfe, um das zu sehen, was wir nicht sehen wollen: Wir sind sterblich und wir sind Sünder.

Machen wir uns nichts vor. Wir brauchen Hilfe, um das zu sehen, was wir nicht sehen wollen: Wir sind sterblich und wir sind Sünder. Die gleiche scheinbare »Sicherheit«, wenn wir das leugnen, die gleiche Erfahrung, dass das, was nicht sein darf, uns so viel mehr beeinflusst. Wir bedürfen Gottes Gnade, um den offenen Blick auf das zu wagen, was nicht auszuhalten ist. Erst dann können wir sehen, was uns vorher verschlossen blieb. Paulus schreibt: »Wach auf, du Schläfer, steh von den Toten auf, dann wird Christus dir aufleuchten« (Epheser 5,14).

Im Chaos navigieren

Die beiden Parameter Tod und Sünde können wir in der Gemeindearbeit nicht ignorieren. Den Tod nicht, weil alles Lebendige irgendwann stirbt. Dazu gehören auch Unternehmen und Gemeinschaften. Und die Sünde nicht, weil unsere Absichten, Beschlüsse und Methoden nicht immer rational und selbstlos sind.

Allerdings passen weder Tod noch Sünde zu der geradlinigen Denkweise der Managementkultur. Wenn überhaupt, passt die Sünde, weil die primäre Antriebskraft der Marktwirtschaft der eigene Gewinn ist. Das bestätigt wiederum deutlich: Christliche Führung muss ihre Leitlinien aus anderen Quellen als der Unternehmenswelt gewinnen. Nicht nur, weil die Welt und Gottes Reich miteinander im Konflikt stehen, sondern weil wir sonst letztendlich die Fähigkeit verlieren, die Gemeinde zu navigieren, wenn wir nicht aktiv mit Tod und Sünde rechnen.

Das Gesetz des Weizenkorns ist der Schlüssel zu so vielen kreativen Prozessen.

Mit dem Tod müssen wir rechnen, weil das Gesetz des Weizenkorns der Schlüssel zu so vielen kreativen Prozessen ist. Mit der Sünde müssen wir rechnen, weil die Gemeinde eine Gemeinschaft von Sündern ist, denen vergeben wurde.

Arbuckle schreibt:

> In der Sprache der Bibel ist Chaos etwas sehr Positives, vorausgesetzt, der Mensch erkennt dessen Anwesenheit und seine eigene nicht endende Abhängigkeit von Gottes Gnade. Denken Sie nur einmal an den Archetyp des Chaos für die frühen Israeliten: die Wüste, »die große, furchterregende Wüste mit Giftschlangen und Skorpionen, ein verbranntes Land ohne Wasser«.

> Als sie mit dem Chaos der Wüste konfrontiert wurden, mussten die Israeliten nach schwerem Leiden endlich einsehen und zugeben, wie oberflächlich ihr Glaube einerseits gewesen war und wie kreativ und barmherzig andererseits Jahwes Kraft ist. Damit das Chaos jedoch zu einem positiven Erlebnis werden konnte, mussten sie seine Existenz und ihre totale Abhängigkeit von Gott anerkennen. Erst als das geschehen war, wurde das Unmögliche möglich und durch Jahwes Barmherzigkeit öffneten sich ihnen neue Horizonte.[124]

Das offenbart vor allem die Herausforderung, eine Gemeinde in dem Sinne zu leiten, wie …

> … Christus sich hingab – »Vater, in deine Hände lege ich meinen Geist« –, um die Freiheit und Kreativität des auferstandenen Herrn zu erleben. Für das Ich und für alles, was menschlich gesehen bequem und sicher ist, bedeutet das den Tod … Für Gemeinschaften, die aufrichtig nach Erneuerung suchen, ist aber nicht das Gewinnen neuer Mitglieder oder das Altern der Gemeinde entscheidend. Entscheidend ist vor allem, zu wissen, was Gott für sie will, und entsprechend zu handeln. Erneuerung kann tatsächlich auch bedeuten, dass eine Gemeinschaft sich auflöst, aber dann ist der Tod eine Erlösung, weil die Gemeinschaft durch die Trennung dorthin gelangt ist, wozu der Herr sie bestimmt hat. Das Ergebnis ist tiefer Seelenfrieden und die Freisetzung pastoraler Kreativität.[125]

Wie gesagt, spielt die Art der Führung eine entscheidende Rolle dafür, ob eine Gemeinschaft sich aus einem lähmenden Status quo, der die Wirklichkeit leugnet, befreien kann. Der Schriftsteller Stephen Covey drückt es so aus: »Management macht die Dinge richtig. Führung macht die richtigen Dinge. Management bedeutet, auf der Erfolgsleiter effektiv nach oben zu klettern. Führung bedeutet', festzustellen, ob die Leiter an der richtigen Wand lehnt.«[126]

Drei Fragen

Was würde passieren, wenn wir Leben, Tod und Auferstehung von Jesus als konkretes Beispiel für unsere Gemeindearbeit nehmen würden? Petrus hat uns in seiner Predigt vom Pfingsttag eine kurze Zusammenfassung dazu gegeben:

> Ihr alle wisst, dass Gott durch Jesus von Nazareth große Taten, Wunder und Zeichen wirkte und ihn dadurch vor euch allen bestätigte. Ihr aber habt ihn mit der Hilfe von Menschen, die das Gesetz Gottes nicht kennen, ans Kreuz nageln und ermorden lassen. Damit erfüllte sich, was bei Gott lang zuvor beschlossen war. Doch Gott hat ihn aus den Schrecken des Todes befreit und wieder zum Leben auferweckt, denn der Tod konnte ihn nicht festhalten.
> *Apostelgeschichte 2,22-24*

Davon ausgehend, können wir drei Fragen für die Gemeindearbeit formulieren:

- **Was muss geheilt werden?** Welche Beziehungen, Gruppen und Arbeitskreise brauchen dringend Gottes heilende Kraft? Was ist in der Gemeinde schwach, aber unentbehrlich, und müsste deshalb gestärkt werden? Welche Beziehungen bedürfen der Versöhnung?

- **Was muss sterben?** Was trägt keine Früchte mehr und dümpelt ohnehin schon lange nur noch vor sich hin? Was zehrt an den Kräften und ist vielleicht sowieso nur Fassade? Was könnte die Gemeinde spalten? Was treibt die Gemeinde in die falsche Richtung?
- **Was muss auferstehen?** Was fehlt in der Gemeinde, was es eigentlich geben müsste? Gibt es etwas, das eingestampft wurde und wieder zum Leben erweckt werden sollte? Was muss dringend aufgebaut werden, um auf echte Bedürfnisse einzugehen? Gibt es eine Sehnsucht, die viele Leute schon lange mit sich herumtragen (in Abgrenzung zu spontanen Impulsen und Ideen)?

Wenn Sie sich diese drei Fragen anschauen, verstehen Sie sicher, wie gefährlich es sein kann, sie durcheinanderzubringen. Um jeden Preis etwas am Laufen zu halten, was schon längst hätte eingestampft werden sollen, ist nicht gut. Etwas zu beenden, was nur Heilung und Stärkung gebraucht hätte, genauso wenig, weil es lebendig ist und großes Potenzial hätte, Früchte zu tragen. Lassen Sie sich nicht von dem Sichtbaren und Aufmerksamkeitserregenden ablenken, das den wirklich wichtigen Dingen Energie entzieht. Versuchen Sie auch nicht, sich mit Leuten zu versöhnen, die in der Gemeinde wegen ihrer destruktiven Einflüsse keinen Einfluss nehmen sollten.

Wieder einmal kommen wir zum Kernthema von Führung: Urteilsvermögen (siehe Kapitel »Das Problem mit dem blinden Augenarzt« in *In Freiheit dienen*). Es geht jedoch nicht nur darum, den Weg zu erkennen. Es geht auch um den Mut, ihn zu gehen. Besonders dann, wenn er in eine andere Richtung führt als jene, die allgemein als richtig betrachtet wird.

Der Schriftsteller Hans Magnus Enzensberger schrieb im Zusammenhang mit dem Fall des Sowjetreichs einen Artikel über die

Helden des Rückzugs. Er stellte fest, dass die erobernden Helden in unserer Zeit durch »Helden eines neuen Schlags (ersetzt wurden), die nicht für Sieg, Eroberung und Triumph standen, sondern für Abwicklung, Demontierung und Verschrottung. Wir haben alle Grund genug, uns mit diesen Spezialisten der Negation zu befassen, denn auf sie wird unser Kontinent verwiesen, wenn er überleben soll. Clausewitz, der Vordenker des strategischen Denkens, zeigte, dass Rückzug die schwerste Operation ist. Das gilt auch in der Politik. Die Krone der Kunst der Möglichkeiten besteht darin, eine unhaltbare Position zu räumen.«[127]

Wenn das Feuer erloschen ist

Legen wir das Weizenkorn also in die Erde. Alles, wofür wir gekämpft haben, was so vielen so viel bedeutet hat. All unsere Träume und Visionen, die uns in Bewegung gesetzt und mit Kreativität und Arbeitsfreude erfüllt haben. Aber es lief nicht so, wie wir es uns erhofft hatten. Der Durchbruch blieb aus, uns ging die Kraft aus. Erst als es zu spät war, haben wir bemerkt, dass wir vom Erschaffen zum Verwalten übergegangen waren. Zum Schluss standen wir mit dem Rücken zur Wand. Das Feuer war erloschen.

> Plötzlich gab es ein starkes Erdbeben, weil ein Engel des Herrn vom Himmel herabkam, den Stein beiseiterollte und sich darauf niederließ. Sein Gesicht leuchtete wie ein Blitz, und sein Gewand war weiß wie Schnee. Die Wachen zitterten vor Angst, als sie ihn sahen, fielen zu Boden und blieben wie tot liegen. Der Engel sprach die Frauen an. »Habt keine Angst!«, sagte er. »Ich weiß, ihr sucht Jesus, der gekreuzigt wurde. Er ist nicht hier! Er ist von den Toten auferstanden,

> wie er gesagt hat. Kommt und seht, wo sein Leichnam gelegen hat. Und nun geht und sagt seinen Jüngern, dass er von den Toten auferstanden ist und ihnen nach Galiläa vorausgeht. Dort werdet ihr ihn sehen. Merkt euch, was ich euch gesagt habe.«
>
> *Matthäus 28,2-7*

Die Auferstehung trifft uns in äußerster Ausweglosigkeit, als »es hoffnungslos schien« (Römer 4,18). Wir können sie nicht dadurch erreichen, dass wir unsere Muskeln strecken, unsere Stimmen erheben oder uns einreden, dass wir das schon schaffen. Sie täuscht unsere Analysen und Zielsetzungen, aber überrascht uns an dem Punkt, wo wir glauben, alles wäre vorbei. Die Auferstehung ist kein Bonus zu unseren eigenen Anstrengungen, sondern der völlig unerwartete Durchbruch, wenn wir loslassen.

Was ist es also, was daraus erwachsen soll? Wie sieht die Zukunft der Kirche aus? Paulus antwortet darauf:

> Welch eine unsinnige Frage! Wenn ihr ein Samenkorn in die Erde legt, wächst es nicht zu einer Pflanze heran, bevor es nicht gestorben ist. Was ihr in die Erde legt, ist nicht die Pflanze, die wachsen wird, sondern ein bloßes Weizenkorn oder was ihr sonst pflanzen wollt. Dann gibt Gott ihm einen neuen Leib, wie es ihm gefällt. Aus jedem Samen wächst eine andere Pflanze.
>
> *1. Korinther 15,36-38*

Es ist schon auffällig, wie schwer es den Jüngern fällt, Jesus nach der Auferstehung wiederzuerkennen. Immer wieder ist er ihnen in ihrer Trauer begegnet und jedes Mal braucht es Zeit, bis sie begreifen, dass er es ist. Die Trauer blockiert ihr Urteilsvermögen.

Manchmal scheint auch ihre Freude ihnen im Weg zu stehen: »Das ist zu schön, um wahr zu sein!« Ihre Reaktionen können Hinweise für uns sein, wie schwer es uns fallen kann, das Neue zu erkennen, weil wir uns so oft von der Trauer um das Alte betäuben lassen.[128]

Lassen Sie die Bilder von dem, was gewesen ist, hinter sich. Lassen Sie auch die Bilder von dem hinter sich, was noch werden soll. Lassen Sie uns gemeinsam auf das zugehen, was »kein Auge hat je gesehen, kein Ohr je gehört und kein Verstand je erdacht, was Gott für diejenigen bereithält, die ihn lieben« (1. Korinther 2,9). Wie die Jünger von Emmaus werden wir ihn erst hinterher erkennen. Dann können wir das Muster deuten: *So* hatte Gott sich das gedacht!

10

DIE RUHIGE STIMME – Für Krisen aus der Offenbarung lernen

Während der Zeit des Kalten Krieges besuchte Daniel Berrigan eine Kirche im Süden der USA. Der amerikanische Jesuit, Dichter, Friedensaktivist und Exerzitienleiter hielt einen Vortrag über die Nachfolge von Jesus im Schatten des Wettrüstens. Seine Botschaft wühlte die Gefühle auf und eine Frau rief schließlich: »Aber Mr. Berrigan, wenn wir tun, was Sie sagen, werden die Russen kommen und unser Land einnehmen!«

Darauf antwortete Berrigan in seiner ruhigen, zurückhaltenden Art: »Der Herr hat nie versprochen, dass wir immer in einer Demokratie leben würden, aber er hat uns aufgetragen, immer als Christen zu leben.«

Dieser Wortwechsel verrät uns viel über unsere heutige Situation. Die größte Bedrohung geht heute nicht von den Russen, Muslimen, Chinesen oder irgendeiner anderen Gruppe aus. Unser gefährlichster Feind ist unsere eigene Angst. Sie lässt uns Schutz in Waffen suchen, die die Welt nur noch gefährlicher machen. Sie führt uns dazu, Überzeugungen anzunehmen, denen wir in ruhigen Zeiten keinen Platz in unserem Leben einräumen würden. Sie lässt uns Politiker wählen, deren Vorstellungen von Richtig und Falsch recht schwammig, aber irgendwie realistisch klingen.

Unsere Art zu leben sollte nicht die Antwort auf das sein, was die Russen oder sonst jemand tun. Sie ist eine Antwort auf Jesus Christus. Berrigan sagt: Ungeachtet der äußeren Umstände sollen wir Christus folgen. Die wegweisende Frage der Kirche sollte also nicht sein: »Wie werden wir mehr?«, oder: »Wie sollen wir unsere Grenzen abstecken?«, oder: »Wie können wir eine relevantere Rolle im gesellschaftlichen Diskurs spielen?« Die wegweisenden Fragen müssen lauten: »Wie sollen wir Jesus nachfolgen? Wie können wir ihm ähnlicher werden? Wie können wir in dieser Welt eins mit seinen Interessen werden?« Die Antwort auf diese Fragen entscheidet die Richtung für alle anderen Fragen. Selbst wenn wir noch keine fertigen Antworten haben.

Unser gefährlichster Feind ist unsere eigene Angst.

Eine andere Anekdote aus Berrigans langem Leben (er starb 2016 im Alter von 94 Jahren) zeigt einen Hauch der Freiheit in dieser Nachfolge. Einmal nahm er an einer Fernsehshow teil, bei der der Moderator immer frustrierter über seinen Studiogast wurde. Schließlich fragte der Moderator mit schlecht verborgener Wut: »Aber worüber sind sie denn so verzweifelt?«

Darauf antwortete Berrigan wieder einmal ruhig: »Ich bin über gar nichts verzweifelt. Ich engagiere mich nur stillschweigend für ein paar Dinge.«

Jesus nachzufolgen ist das Gegenteil der fiebrigen Ruhelosigkeit und des krampfhaften Festhaltens, zu denen uns die Angst verleitet. Es bedeutet, vom Thron als Herr des Daseins zu steigen und die Kontrolle dem zu überlassen, der wirklich Herr des Daseins ist. Wir müssen folgen und nicht versuchen, mit klugen geistlichen

Kniffen Jesus dazu zu bringen, uns auf unseren Wegen zu folgen. Was bleibt, ist eine überraschend kurze To-do-Liste.

Im dramatischen Chaos der Mächte und Konfrontationen in der Offenbarung findet sich eine kleine, versteckte Szene, die für uns große Bedeutung hat:

> Und ich sah die Seelen derer, die getötet worden waren, weil sie Jesus bezeugt und das Wort Gottes verkündet hatten. Sie hatten das Tier und sein Standbild nicht angebetet und sein Zeichen nicht auf ihrer Stirn und auf ihrer Hand getragen.
> *Offenbarung 20,4*

Was zeichnet diese Märtyrer aus? Welche Heldentaten haben sie vollbracht? Wir finden kein Wort darüber, wie viele Gemeinden sie gegründet haben, wie viele Leute sie zum Glauben geführt haben, wie viele Wunder sie vollbracht haben, wie effektiv sie in ihrer Sozialarbeit waren, welchen Erfolg sie in ihrer Politik oder Umweltarbeit hatten. Hier werden durchgehend Dinge beschrieben, die sie nicht getan haben: Sie haben die böse Macht und ihre Abbilder *nicht* angebet. Sie haben ihr Zeichen *nicht* auf dem Körper getragen. »Das Zeichen zu tragen« bedeutet hier vielleicht, dass es plötzlich wie ein verlockendes Angebot auftauchte, eine Möglichkeit, das Leben zu vereinfachen, vielleicht eine Chance auf Erfolg und Sicherheit.

Genau wie Jesus den Teufel nicht durch das besiegte, was er tat, sondern durch das, wovon er sich fernhielt. Es begann schon während der vierzig Tage in der Wüste, in denen das große *Ja* des Vaters, das er seinem Sohn in der Taufe gegeben hatte, ein deutliches *Nein*

Jesu gegenüber den Versuchungen des Teufels wurde. Der endgültige Durchbruch war der Tod am Kreuz, wo der gleichen Versuchung, die Mächte für eigene Zwecke zu missbrauchen, mit Schweigen begegnet wurde.

Ja zu Jesus zu sagen, heißt auch, Nein zu seinem Gegentepol zu sagen.

Ja zu Jesus zu sagen, heißt auch, Nein zu seinem Gegenpol zu sagen. Sich nicht mundtot machen oder verängstigen zu lassen, nicht hart zu werden, sich nicht säkularisieren oder betäuben zu lassen, nicht angepasst, zynisch oder bitter zu werden. Die Lebendigkeit und Offenheit des Herzens gegenüber Gott und anderen Menschen zu bewahren heißt auch, das Herz vor allem zu verschließen, was unsere Beziehungen betäuben oder zerstören will.

Es ist unsere Verantwortung, Nein zum Teufel zu sagen. Es ist die Verantwortung von Jesus, ihn zu besiegen. So sagt auch Johannes Chrysostomos: Der Hirte schützt uns, solange wir Schafe sind. Wenn wir selbst zu Wildtieren werden, gibt der Hirte uns auf.

Das unbestimmte Grollen

Thomas Merton hat in einem seiner Bücher eine Weihnachtsmeditation verfasst, die gleichzeitig eine Meditation über die Endzeit ist.[129] Der Schlüsselsatz ist: »In der Herberge war kein Platz für sie.« Wenn die Macht des Reiches der Welt ihren Druck auf unser Leben erhöht, bleibt zum Schluss kein Platz mehr. Weder für Gott noch den Menschen oder die Natur. Mertons möchte mit diesem Text wie die biblischen Texte über das Ende der Zeit nicht unsere Spekulationen über Endzeitberechnungen ankurbeln, sondern uns helfen, den Weg der Nachfolge zu erkennen.

> Wenn das Ende nahe ist, beginnt eine Zeit der Eile und Betriebsamkeit die Länder der Welt zu erschüttern. Das Ende der Zeit ist die Zeit für große Armeen, »Kampfgetöse und Kriegsrufe«, große Menschenmassen, die sich hierhin und dorthin bewegen, Menschen, die »vor Angst vergehen«, brennende Städte und sinkende Flotten, verbrannte Erde, Techniken, die großflächig alles zerstören.
> Das Ende der Zeit ist die Zeit der Masse. Die eschatologische Botschaft dringt in eine Welt, in der sie durch das gewaltige Wirrwarr aus Armeen und turbulenten Volksmassen nur schwer gehört wird ... Warum war die Herberge überfüllt? Wegen der Steuerlisten, der eschatologischen Zusammenführung der »ganzen Welt« in Zentren, in der sie registriert, gezählt und mit den Machtstrukturen des Reiches identifiziert werden konnte.

Diese Massenkultur ist das Gegenteil der Absichten, die Gott mit den Menschen hat:

> Es war daher unmöglich, dass sich das Wort selbst verlieren konnte, indem es in der formlosen und passiven Masse geboren wurde. Er hatte sich wahrhaft entäußert und die Gestalt eines Gottesdieners angenommen, die Gestalt eines Menschen. Aber er entäußerte sich nicht, um ein Massenmensch, ein Mensch ohne Gesicht, zu werden. Daher war es richtig, dass es für ihn keinen Raum gab in einer Masse, die als eschatologisches Zeichen zusammengerufen worden war. Dass er außerhalb der Masse geboren wurde, ist ein noch größeres Zeichen. Dass es für ihn keinen Raum gab, ist ein Zeichen für das Ende ...

Es fällt nicht schwer, sich in Mertons Beschreibung von vor sechzig Jahren, Jahrzehnte vor dem Internet, wiederzufinden:

> In der Volksmenge gibt es immer neue Nachrichten von Freude und Katastrophen. Dort, wo jeder neue Bericht der krasseste ist, wo jede tägliche Katastrophe ohne Vergleich ist, jede Gefahr das größte Opfer verlangt – da werden alle Nachrichten und alle Bewertungen auf null reduziert. Die Nachrichten sind nur ein weiteres Rauschen im Kopf und ersetzen für eine kurze Zeit das vorhergehende Rauschen, bis es vom nachfolgenden Rauschen abgelöst wird. Alles vermischt sich letztendlich im gleichen monotonen und bedeutungslosen Ruf. Nachrichten? Es gibt so viele Nachrichten, dass es keinen Platz mehr für die wahre Botschaft gibt, die Gute Nachricht, die Große Freude.
> Deshalb wird die Große Freude schließlich in Stille, Einsamkeit und Dunkelheit den Hirten, »die bei Nacht ihre Herden hüteten«, überbracht. Draußen auf dem Land, scheinbar unberührt von den Rufen der Menschenmenge.

Dort irgendwo, in den Außenbezirken der Seele, wo es kein Netz gibt und die noch nicht von Google Maps erfasst sind, können wir neben der allgemeinen Panik vor dem Ende aller Dinge noch eine andere Botschaft hören:

> Das wahre eschatologische Zusammenrufen gilt nicht den Armeen, die zur Schlacht gerufen werden, sondern dem Ruf zu der Großen Freude, dem Ruf der Befreiung: »Kommt fort von ihr, mein Volk. Beteiligt euch nicht an ihren Sünden, sonst werdet ihr mit ihr bestraft« (Offenbarung 18,4).

Merton spricht von der Gefahr, der dämonischen Versuchung anheim zu fallen, die Große Freude zum Ende der Zeit ganz einfach mit der Erleichterung zu verwechseln, endlich alles los zu sein:

> Denn Eschatologie ist nicht *finis* und Bestrafung. Man zieht keinen Schlussstrich und klappt die Bücher zu. Es ist der letzte Beginn, die definitive Geburt zu einer neuen Schöpfung. Nicht das letzte Keuchen erschöpfter Möglichkeiten, sondern der erste Geschmack von allem, was jenseits unserer Vorstellungskraft der Wirklichkeit liegt.[130]

Der Countdown läuft

Vor zweitausend Jahren schrieb der Apostel Johannes, dass das Ende der Welt nah sei: »Liebe Kinder, die letzte Stunde ist angebrochen. Ihr habt gehört, dass der Antichrist kommt, und es sind schon viele solche Antichristen aufgetreten. Daher wissen wir, dass das Ende der Welt gekommen ist« (1. Johannes 2,18).

Seitdem läuft der Countdown für jede neue Generation weiter. Der Unterschied ist, dass der Countdown heute nicht mehr von Propheten am Rande der Gesellschaft als Botschaft vom Tag des Jüngsten Gerichts verbreitet wird. Er wird mit größter wissenschaftlicher Präzision in Messstationen überall auf der Welt ermittelt.

Doch nicht nur die Warnrufe aus der Geschichte kommen uns bekannt vor. Auch den Hang, lieber den falschen Propheten zuzuhören, die ständig versichern: »Alles ist gut, alles ist gut«[131], kennen wir gut. Damals wie heute verhalten sich ihr Erfolg und ihre Popularität proportional dazu, wie viel wir zu verlieren haben, wenn wir unser Leben ändern. Damals waren es die Könige, die den falschen

Propheten eine Bühne gaben. Heute scheint der Leugnungsfaktor genau wie damals daran gekoppelt zu sein, wie groß die Interessen verschiedener Unternehmen, Parteien oder Gruppen sind, den Status quo zu bewahren.

•

Das griechische Wort *apokalypsis* bedeutet Enthüllung, den Schleier von etwas nehmen, damit es sichtbar wird. Im Lateinischen gibt es dafür den Begriff *revelatio*, der noch heute in dem englischen Wort für »Offenbarung« enthalten ist: *revelation*.

Das letzte Buch der Bibel trägt den Namen eines ganzen literarischen Genres, das sich durch die Bibel zieht. Dazu gehören unter anderem die Bücher Daniel und Hesekiel im Alten Testament. All diese Bücher wurden zu Zeiten größter politischer und religiöser Krisen verfasst. Gottes Volk wurde verfolgt und musste immer wieder neu feststellen, was es bedeutet, in einer Welt, die anderen Göttern folgt, den lebendigen Gott anzubeten.

Wie die Geschichte deutlich zeigt, ist es leicht, sich in den düsteren und oft widersprüchlichen apokalyptischen Texten zu verirren, weshalb viele sie überspringen, weil man sie anscheinend nicht verstehen kann. Durch dieses Verhalten entgeht uns aber in schweren Zeiten eine Anleitung von unschätzbarem Wert. Ich möchte vier Punkte nennen, die einen Hinweis darauf geben, was wir aus der apokalyptischen Perspektive gewinnen können:

- **Enthüllung**: Dieser Kernbegriff zeigt, dass wir in solchen Zeiten ein tieferes und stärkeres Bewusstsein über die Nähe der geistlichen Welt erlangen als in ruhigeren Zeiten, zu denen wir scheinbar alles unter Kontrolle haben und das Leben seinen gewohnten Gang geht. Wenn diese Welt in ihren

Grundfesten erbebt, sei es auf persönlicher oder globaler Ebene, stürzen unsere sicheren Kulissen in sich zusammen. Wir sind mehr oder weniger gezwungen, einzusehen, dass die Wirklichkeit bedeutend größer und komplexer ist, als wir in der Schule gelernt haben. Die Mächte lassen ihre Masken fallen und offenbaren ihr wahres Gesicht.

- **Polarisierung:** Die Dunkelheit und die Kraft des Lichts werden deutlicher und die Unterschiede werden erkennbar. Zur Polarisierung gehört auch, dass wir völlig unterschiedlicher Meinung darüber sein können, was Licht und was Dunkel ist. Der Traum der einen ist der Albtraum der anderen. Von der Weltpolitik über das Gemeindeleben bis hin zu Diskussionen (oder Schweigen) bei Familientreffen zieht sich das Gefühl: »Wie in aller Welt kann ein normal denkender Mensch so eine Meinung vertreten?« Die Kluft verläuft jedoch nicht nur zwischen Ansichten und Meinungen. Auch die wirtschaftlichen Gräben wachsen überall, mit allen Konsequenzen, die das mit sich bringt.
- **Loyalitätsprüfung:** Johannes, der das Buch der Offenbarung schrieb, saß wegen seines Glaubens während der ersten großen Christenverfolgung unter Kaiser Domitian um das Jahr 90 n. Chr. im Gefängnis. Wenn es etwas kostet, sich zu Christus zu bekennen, zeigt sich, wo unsere wahre Loyalität liegt. Auch in dieser Hinsicht ist die Apokalypse eine Enthüllung. Schon damals versuchten manche, diesen Konflikt zu lösen, indem sie sich in das Zweiraumdenken flüchteten: Christsein im Privaten, in der Öffentlichkeit dem Kaiser dienen. Abgesehen von der Scham und der Zerrissenheit, die dieses Verhalten für den Einzelnen bedeutete, führte diese doppelte Buchführung zur Spaltung der christlichen Kirche. Besonders in Nordafrika. Was lernen wir heute daraus?

- **Hoffnung**: Wenn die irdischen Hoffnungen eine nach der anderen wegbrechen, bleibt uns schließlich die uralte Frage des Psalms: »Worauf kann ich jetzt noch hoffen, Herr?« Nur wer demütig zugibt, dass die alten Götter nicht standhielten, kann in den zweiten Teil des Verses einstimmen: »Meine einzige Hoffnung bist du« (Psalm 39,8).

Die vielleicht stärksten Texte der Bibel über Hoffnung entstanden in den Situationen, da alle Hoffnung verloren war. So war es, als die Babylonier den Tempel zerstört und das Volk verschleppt hatten und der Prophet Hesekiel in einem fremden Land gefangen war. Dort sieht er, wer die eigentliche Macht hat (Hesekiel 1). So war es, als Johannes während der Schreckensherrschaft des Römischen Reichs im Exil war, als Domitian Anspruch auf den göttlichen Titel *Dominus, Herr*, erhob. *Dort* sah Johannes, wer in Wirklichkeit der Herr ist (Offenbarung 1).

Kein Wort über Ergebnisse

Was bedeutet es, in apokalyptischer Zeit Gemeinde zu sein? Zu Beginn des Buches der Offenbarung gibt es sieben Briefe, in denen sich Jesus direkt an Ortsgemeinden wendet, die sich auf dem heutigen Gebiet der muslimisch dominierten Türkei befinden. Die Briefe schildern, was in Gottes Augen in den Gemeinden problematisch und was nach seinen Maßstäben viel wert ist. Das Bild, das dabei hervortritt, unterscheidet sich wesentlich von dem, was wir uns unter einer gut funktionierenden Gemeinde vorstellen.

Kein Wort über Ergebnisse, sei es über Gottesdienststatistiken, Gemeindezuwachs oder effektive Evangelisation. Nichts über spannende oder abwechslungsreiche Gottesdienste oder darüber, welcher Liturgie man folgt. Keine Rede von theologischen Kompetenzen unter den Leitenden oder darüber, ob heilende oder andere charismatische Kräfte walten. Und auch nichts über die Relevanz in gesellschaftlichen Debatten oder inwieweit die Gemeinde für Jugendliche und andere Gruppen attraktiv ist.

Stattdessen die immer wiederkehrende Formulierung: »Ich weiß alles, was du tust.« Nicht: »Ich kenne deine Gemeindevorschriften« oder »deine Visionen« oder »deine Glaubenssätze«. Genau wie in den Evangelien konzentriert sich Jesus konsequent darauf, wie wir leben, und nicht, wie wir gerne leben würden oder wie unsere theoretischen Glaubensbekenntnisse aussehen.

In der Waagschale der praktischen Lebensführung zeigt sich, was die Liebe wert ist. Von der Gemeinde in Ephesus, die ihre erste Liebe aufgegeben hat, fordert Jesus nicht das stürmische Gefühl erster Verliebtheit. Das soll und kann nicht zurückgerufen werden, wie C. S. Lewis zeigte. Liebe ist mehr das, was wir tun, als das, was wir fühlen: »Erkenne doch, wie weit du dich von deiner ersten Liebe entfernt hast! Kehre wieder zu mir zurück und bemühe dich so, wie du es am Anfang getan hast« (Offenbarung 2,5). Eine praktische Übung: Wie fing für Sie alles an? Was wollten Sie mit Ihrem Leben erreichen? Wie können Sie das Wesentliche und Beständige in Ihren Erfahrungen erkennen und dorthin zurückkehren?

In der Waagschale der praktischen Lebensführung zeigt sich, was die Liebe wert ist.

Ein verwandtes Problem ist die Lauheit: »Ich weiß alles, was du tust und dass du weder heiß noch kalt bist. Ich wünschte, du wärest entweder das eine oder das andere! Aber da du wie lauwarmes Wasser bist, werde ich dich aus meinem Mund ausspucken!« (Offenbarung 3,15-16). Gott ist also scheinbar eine kalte Gemeinde lieber als eine lauwarme! Eine kalte Gemeinde kann immer neu zum Leben erweckt werden. Aber wie beeinflusst man eine lauwarme Gemeinde? Um es mit den Worten des dänischen Schriftstellers Carsten Jensen zu sagen: »die ruhige Einigkeit, die man immer schwerer von Resignation unterscheiden kann«.

Eine lauwarme Gemeinde kann den Anschein von Erfolg vermitteln: »Du sagst: Ich bin reich. Ich habe alles, was ich will. Ich brauche nichts! Und du merkst nicht, dass du erbärmlich und bemitleidenswert und arm und blind und nackt bist (Offenbarung 3,17).

Der Anschein einer glücklichen Gemeinde kann sogar in die Umgebung ausstrahlen: »Du hast den Ruf, lebendig zu sein – aber du bist tot« (Offenbarung 3,1). War das nicht genau die Kritik, die Jesus an den Pharisäern und Schriftgelehrten übte? Das, was in der scharfen Sprache der Bibel »Heuchelei« genannt wird und was wir vielleicht als Zweiraumdenken beschreiben würden: »Ich lebe privat auf die eine Weise und öffentlich auf eine andere.«

Ein anderes wiederkehrendes Problem in den Gemeinden ist der Mangel an Urteilsvermögen.[132] Vielleicht ist sie ein Auswuchs der Lauheit, diese wohlmeinende Toleranz, die wen und was auch immer in die Gemeinde lässt, nur um Konflikten aus dem Weg zu gehen. Das Problem ist aber, dass man damit den Konflikt nur vor sich herschiebt und dass es vermutlich viel schlimmer wird, wenn die ganze Gemeinde in einen Strudel aus destruktiver Theologie und Spiritualität gezogen wird.

Wenn das zusammengefasst die Probleme sind, die in den Briefen an die Gemeinden festgehalten sind, ist tragkräftige Qualität logischerweise das Pendant: aufrichtig und ohne großes Getue Christus weiter nachzufolgen. Und ja:

> Du bist nicht stark, aber hast an meinem Wort festgehalten und meinen Namen nicht verleugnet … Ich weiß alles, was du tust. Ich habe dein Bemühen und dein geduldiges Warten

gesehen … Ich weiß von deinen Leiden und von deiner Armut … Bleibe treu bis zum Tod, dann will ich dir den Siegeskranz des ewigen Lebens geben … Ich weiß, dass du in der Stadt lebst, in der sich der große Thron des Satans befindet; und doch bist du meinem Namen treu geblieben. Du hast dich geweigert, den Glauben an mich zu verleugnen … Ich weiß alles, was du tust – ich kenne deine Liebe, deinen Glauben, deinen Dienst und deine Geduld … Ich werde nichts weiter von euch verlangen, ihr sollt nur festhalten, was ihr habt, bis ich komme!

Offenbarung 3,8; 2,2.9-10.13.19.24-25

Es scheint also nicht die wahnsinnig erfolgreiche Gemeinde zu sein, die den Stürmen der Apokalypse trotzt, sondern die, die sich treu zu Jesus bekennt und ihm folgt. In seiner Nähe weicht die Angst, die uns in die falsche Polarisierung der Welt zwischen »wir« und »die« zieht – und die uns dadurch blind macht für die eigentliche Polarisierung von Wahrheit und Lüge, Liebe und Hass, Licht und Dunkelheit, Leben und Tod.

Besonders das Johannesevangelium und die Johannesbriefe haben uns viel zu diesem Thema zu sagen. Sie helfen uns, zu erkennen, was wirklich passiert, Schlagzeilen und Schlagwörter zu durchschauen und die wahren Grenzen zu erkennen, die im Rauschen der Filterblasen und Verschwörungstheorien effektiv verschleiert und verwischt werden.

In der dunkelsten aller Nächte

Es ist nicht gesagt, dass die ruhigen Zeiten uns am besten helfen, Gott kennenzulernen. Der englische Schriftsteller Graham Greene nimmt einen unerwarteten Perspektivwechsel vor, wenn er in einem seiner Essays über eine gewisse Stadt schreibt:

> … die nordische Stadt, die eine der schönsten in Europa ist, deren Turmspitzen sich in plätscherndem Wasser spiegeln … wo es das perfekteste Sozialsystem Europas gibt … wo das Christentum so gut wie ausgestorben, aber das Essen gut ist … wo man nichts anderes als Gleichgültigkeit fühlt – wo es keinen Platz für Hoffnung gibt, weil die Zukunft schon da ist.

Nicht, dass wir leiden und uns ins Elend stürzen müssten. Aber wenn der Kampf härter wird, kann es nicht schlecht sein, sich Greenes nüchternen Kommentar noch einmal genauer anzusehen:

> Der Christ lebt im Grenzland zwischen Gut und Böse. In dieser Gegend herrschen Räuber … Wo Gott am nächsten ist, sind auch seine Feinde. Wo es keinen Feind gibt, ist es manchmal unmöglich, Gott zu finden … In der glücklichen Stadt im friedlichen Land, weit weg von den Kriegsfronten, finden wir den Teufel ebenso wenig wie Gott. Wir wissen, dass Gott bei den Kämpfenden ist, wo der Kampf am heißesten tobt.[133]

»In der Nacht, da er verraten wurde«, errang Jesus seinen entscheidenden Sieg. Dort finden auch wir festen Boden für ein Leben im Schatten der Apokalypse. Wo alle anderen nach einem Schwert tasten, um sich vor Tücke zu schützen, reicht Jesus das gebrochene Brot – sogar dem, der ihn verrät (Lukas 22,19).

In der dunkelsten aller Nächte zeichnen sich die Konturen zu einem Leben in der Nachfolge ab. Hier zeigen sich aber auch die Konturen christlicher Führung:

1. Er nahm ein Brot.

Das Abendmahlbrot heißt auf Latein *hostia*. Das gleiche Wort finden wir in der lateinischen Übersetzung des Paulusbriefs an die Römer: »Weil Gott so barmherzig ist, fordere ich euch nun auf, liebe Brüder, euch mit eurem ganzen Leben für Gott einzusetzen. Es soll ein lebendiges und heiliges Opfer *(hostia)* sein – ein Opfer, »an dem Gott Freude hat« (Römer 12,1). Jesus gibt uns alles, was er ist. In der Nachfolge geben wir ihm alles, was wir sind. Dass es nicht nur um den inneren Glauben geht, macht der Grundtext deutlich, indem er davon spricht, dass wir unser Körper vor Gott bringen sollen. Jesus gibt seinen Leib für mich, ich gebe meinen Leib dem zurück, der mich geschaffen hat.

In dieser vorbehaltlosen Hingabe geben wir auch die Kontrolle über unser geistliches Leben ab. All die Pläne, wie wir leben und wie sich die Gemeinde entwickeln soll, werden zur Seite gelegt, da sie ohnehin von Entwicklungen umgeworfen werden, die wir nicht voraussehen können. Was sich im Augenblick wie der freie Fall anmutet, ist in Wirklichkeit die Hingabe meiner Schwere in die Hand dessen, der die Welt erschaffen hat. Wogegen wir uns verzweifelt gewehrt haben, als wäre es die Bedrohung unserer Freiheit, ist letztendlich die Freiheit, die wir die ganze Zeit gesucht haben: »Wer versucht, sein Leben zu retten, wird es verlieren. Aber wer sein Leben für mich aufgibt, wird es retten« (Lukas 9, 24).

2. Er dankte Gott.

Die Wurzel des Sündenfalls war nicht Ungehorsam, sondern Undankbarkeit: »Obwohl sie von Gott wussten, wollten sie ihn nicht als Gott verehren oder ihm danken. Stattdessen fingen sie an, sich unsinnige Vorstellungen von Gott zu machen, und ihr Verstand verfinsterte sich und wurde verwirrt«, schreibt Paulus (Römer 1,21). Als der Mensch nicht mehr sah, was er hatte, sondern blind nach dem suchte, was ihm fehlte, bekam die Leere Macht über ihn und öffnete den falschen Sicherheiten der Welt Tür und Tor.

Gott zu danken, heißt, den Sündenfall zurückzudrehen. Die Augen für Gottes Güte in all ihren Formen um uns herum zu öffnen. Nachhaltige Nachfolge kann niemals vom Mangel angetrieben werden, ob es nun Mängel im eigenen Leben oder in unserer Umwelt sind. Was vom Mangel angetrieben wird, trägt schließlich mangelhafte Früchte. Dankbarkeit ist die einzig nachhaltige Antriebskraft. Zu sehen, was Gott gibt, sodass ich, wie Ignatius sagt, zu tiefer Dankbarkeit berührt, »in allem seine göttliche Majestät lieben und ihr dienen kann.«[134]

3. Er brach das Brot.

In den Händen von Jesus zu ruhen und sich brechen zu lassen, wann er es für richtig hält, auf seine Weise und zu seiner Ehre. Sein Leben, Tod und Auferstehung zeigen uns einen anderen Weg als das geradlinige Erfolgsmärchen. Hier sind Krisen und Verluste keine Bedrohung, die wir um jeden Preis vermeiden wollen. Nicht selten tritt die Gnade ausgerechnet in Defiziten und Brüchen zutage. Wir brauchen uns nicht zu wundern, wenn wir durch Verluste größeren Reichtum entdecken. Das Weizenkorn lehrt uns, dass bestimmte Dinge sterben müssen, damit reicheres Leben entstehen kann.

In apokalyptischer Zeit, wo *Prepping* uns dabei helfen soll, allein klarzukommen, und wo alle Gesellschaftsprobleme mit härterer Hand und höheren Mauern gelöst werden sollen, zeigt Jesus einen anderen Weg. Er kam nicht, »um sich dienen zu lassen, sondern um anderen zu dienen und sein Leben als Lösegeld für viele Menschen hinzugeben« (Markus 10,45). Wollen wir mit ihm zu tun haben, treffen wir uns auf diesem Weg.

4. Und er reichte ihnen das Brot.

Sich hinzugeben, ist etwas anderes als gut geplante Wohltätigkeit. Das kann nur passieren, wenn wir loslassen. Und verglichen mit all den übermenschlichen Anforderungen, für alle auszureichen, ist es eine große Erleichterung. Nun liegt es in Gottes Händen, uns zur richtigen Zeit an den richtigen Ort zu den richtigen Menschen zu senden. Anstatt ständig unseren Heiligenschein putzen zu müssen, werden wir denen Brot gegeben, die uns brauchen.

Wir brauchen auch keine Angst zu haben, in der Erfüllung unserer Aufgabe einen Burn-out zu erleiden. Der Sklaventreiber, der uns die ganze Zeit über unsere Grenzen hinaus antreibt, sitzt in uns und darf nicht mit Gott verwechselt werden, der unsere Grenzen kennt, weil er uns geschaffen hat. David sagt in einem ganz anderen Kontext: »Doch lieber möchte ich in die Hände des Herrn fallen, denn seine Barmherzigkeit ist groß. Lass mich nur nicht in die Hände von Menschen fallen!« (2. Samuel 24,14).

Einander suchen

»Wir alle essen von einem Laib Brot und zeigen damit, dass wir alle zusammen ein Leib sind« (1. Korinther 10,17). Die Einsetzungsworte beim Abendmahl sagen, dass das *gebrochene* Brot Teilhabe schafft. Das Ungebrochene und Perfekte schafft Distanz, Kälte, Einsamkeit und Isolation. Solange wir noch in der Illusion unserer eigenen Stärke und Selbstgenügsamkeit leben, bewegen wir uns immer weiter voneinander weg. Erst wenn wir einsehen, wie schwach, verletzt, einseitig und begrenzt wir sind, werden wir ernsthaft einander suchen.

Die Kirche lebt im Spannungsfeld zwischen zwei politischen Systemen. Im Liberalismus ist das Individuum allem übergeordnet, was zu merklicher Nervosität gegenüber allen größeren Loyalitäten führt, die den einzigen übergreifenden Zusammenhalt bedrohen könnten: den Markt.

Das gebrochene Brot schafft Teilhabe. Das Ungebrochene schafft Distanz.

Im Rechtsnationalismus ist das Volk über- und das Individuum untergeordnet. Von der breiten Skala der konsequenten Blutsgermanen des Dritten Reichs bis hin zu neueren nationalen Identitäten ist das Muster im Prinzip das gleiche. Unsere Identität wird vom Kollektiv bestimmt und grenzt sich mehr oder weniger von anderen Kollektiven ab.

Die Kirche ist *communio sanctorum*, die Gemeinschaft der Heiligen, die sich über alle Grenzen erstreckt: zwischen Himmel und Erde, zwischen Nationen und ethnischen Gruppen, zwischen Geschichte, Gegenwart und Zukunft. Sie huldigt nicht dem autonomen Individuum, da der Mensch für Beziehungen geschaffen wurde. Sie löscht das Individuum aber auch nicht aus, weil der Mensch erst in Gemeinschaft zu seinem Recht kommt. Und sie weigert sich, sich vor anderen Loyalitäten als Gott zu beugen, seien es Nationen oder der Weltmarkt. Das hat sie seit dem Römischen Reich vor Konflikte gestellt.

Die falsche und irreführende Wahl zwischen Individuum und Gemeinschaft ist auch in den protestantischen Kirchen immer wieder aufgetaucht. Als die Verbindung mit der katholischen Kirche brach, schien es keine Instanz zu geben, die vorgeben konnte, was der christliche Glaube bedeutete. Also ließ man manchmal den

Staat entscheiden, was die richtige Lehre war, manchmal überließ man es dem Individuum, seine eigene Deutung zu finden. Ein sehr schmerzhaftes Hin und Her.

Langfristig ist das nicht nachhaltig. Davon steht auch nichts in der Bibel. Das ist das beste Rezept für eine Kirche, die sich von der Umwelt und ihren Signalen zurückzieht, ob es nun die Politik oder die dominierende Wertvorstellung der Kultur ist.

Den Ausdruck *sensus fidelium* könnte man mit »Sensor des Gläubigen« oder »Feingefühl des Gläubigen« übersetzen. Er wurde im 5. Jahrhundert von dem französischen Mönch Vinzenz von Lérins geprägt, der ihn so beschrieb: »das, was überall immer und von allen geglaubt wurde«.

Der Glaube der Kirche ist also etwas viel Größeres und Festeres als die vom Staat anerkannte Lehre oder von einzelnen Theologen präsentierten Deutungen. Der Glaube der Kirche ist das, was sie in ihrer gemeinsamen Erfahrung als wahr erkannt hat.

Jetzt kann man natürlich argumentieren, dass es immer schon mehrere Deutungen und Lehren gegeben hat und dass es noch nie einen einzigen gemeinsamen Glauben der Kirche gab. Manchmal wird das sogar als revolutionäre Neuigkeit präsentiert, als ob Christen von Geschichte keine Ahnung hätten. Die Quintessenz ist dann ein relativierendes Bekenntnis im wahren Geist der Postmoderne: Es bleibt jedem einzelnen Menschen selbst überlassen, was er oder sie glauben will und was man als verpflichtende christliche Ethik versteht.

Der Glaube der Kirche ist das, was sie in ihrer gemeinsamen Erfahrung als wahr erkannt hat.

Aber bei *sensus fidelium* geht es nicht darum, was gesagt wurde. In der Geschichte der Kirche wurden viele Dinge gesagt. Es geht darum, was geglaubt wurde, also darum, was die Kirche als Gemeinschaft als wahr und wegweisend für ihre Nachfolge begriffen hat. Hier dürfen wir nicht die Perspektive des Ideenhistorikers einnehmen, denn für ihn sind alle Objekte in der Forschung gleichberechtigt. Der Schlüssel liegt in der Perspektive der Jünger, oder wie Jesus es ausdrückt: Wenn jemand den Willen des Vaters tun will, muss er verstehen, »ob meine Lehre von Gott kommt oder ob ich aus mir selbst heraus rede« (Johannes 7,17).

Schafe folgen dem Hirten

An anderer Stelle spricht er von der Autorität der Schafe, was das Erkennen des Hirten anbelangt: »Wenn er seine Herde versammelt hat, geht er vor ihnen her, und die Schafe folgen ihm, weil sie seine Stimme kennen. Einem Fremden aber folgen sie nicht, sondern laufen vor ihm weg, weil sie seine Stimme nicht kennen« (Johannes 10,4-5).

Johannes fügt dem einen Kommentar hinzu: »Jesus nutzte dieses Gleichnis, als er zu ihnen sprach, aber sie verstanden nicht, was er meinte.« Wir scheinen die Tragweite darin immer noch nicht zu verstehen! Lassen Sie uns ein anderes Bild nehmen: Eine Herde Schafe steht auf einem Feld. Um sie herum stehen Menschen, die alle nach ihnen rufen, als ob jeder von ihnen der wahre Hirte wäre und jedes Recht für ihre volle Aufmerksamkeit hätte. Wenn wir frisch zu dieser Szene hinzukommen, haben wir keine Chance zu erkennen, wer der wahre Hirte ist. Sie klingen alle gleich glaubwürdig.

Die einzige Gruppe, die den wahren Hirten erkennen kann, sind die Schafe. Sie haben den »Sensor«, einen *sensus fidelium*, der ausmachen kann, die Stimme wiedererkennen, der sie vertrauen können. Diesem Hirten werden sie folgen und keinem anderen.

Das Entscheidende ist also nicht, ob es nur eine Lehre gibt, denn die gibt es nicht. Das Entscheidende ist, welche Perspektive wir haben, wenn wir zuhören. Als wer höre ich zu? Als Akademiker oder als Jünger? Warum höre ich zu? Um zu analysieren oder um folgen zu können?

Sowohl Individuen als auch größere Gruppen haben sich in der Kirche schon verirrt, weil sie falschen Hirten gefolgt sind. Aber früher oder später erkennt man normalerweise seinen Fehler und kehrt zur Herde zurück. Der Zoologe Staffan Ulfstrand zieht einen Vergleich zu Vögeln:

> Im Schwarm aufzutreten, hat viele Vorteile. Die Jungen können von den Erfahrungen und dem Wissen der Älteren profitieren. Viele Augen sehen einen angreifenden Raubvogel eher, und in einem Schwarm aus Tausenden von Vögeln muss ein bestimmtes Individuum schon ziemliches Pech haben, zur Beute des Raubvogels zu werden. Der Kompass eines jeden Einzelnen geht immer ein bisschen falsch, aber der Mittelwert des Schwarms stimmt.[135]

Raubtiere suchen sich immer das Individuum heraus, das sich zu weit von der Herde entfernt hat. Das ist immer die leichtere Beute. Hier können wir eine Parallele zu Jesus ziehen, der in seiner Rede über das Ende der Zeit vor einzelnen Propheten warnt, die uns von der Gemeinschaft der Kirche weglocken wollen:

> Wenn irgendjemand zu euch sagt: »Schaut her, hier ist der Christus« oder »Da ist er«, beachtet ihn nicht. Denn falsche Erlöser und falsche Propheten werden überall auftauchen und große Zeichen und Wunder vollbringen, um selbst die von Gott Auserwählten zu verführen. Ich habe euch gewarnt! Wenn euch also jemand erzählt: »Der Christus ist draußen in der Wüste«, macht euch nicht die Mühe hinzugehen und

nachzusehen. Oder wenn einer sagt: »Da und da hält er sich verborgen« – glaubt es nicht! Denn wenn der Menschensohn kommt, wird es sein wie ein Blitz, der den ganzen Himmel erhellt. So wie ein Schwarm Geier ein Hinweis darauf ist, dass in der Nähe ein Tierkadaver liegt, sind diese Zeichen der Beweis, dass das Ende nahe ist.

Matthäus 24,23-28

»Esoterisch« nennen wir oft geheime Lehren, die nur bestimmten Auserwählten mitgeteilt werden oder zumindest Individuen mit ausreichend schwachem Selbstwert, die sich auserwählt fühlen, wenn sie etwas anderes glauben als die Mehrheit. Jesu Lehre vom Ende der Zeit durchzieht hingegen die Botschaft, dass Gott so kommuniziert, dass es von allen gesehen werden kann: Blitze, Geier, die am Himmel kreisen, Sonne, Mond, Sterne, Feigenbaum. Die gemeinsamen Wahrheiten sind es, die uns in die richtige Richtung führen.

Im Unterschied dazu steht die »Gesetzlosigkeit«, wenn es keine gemeinsame Wahrheit mehr gibt und die Liebe erkaltet, weil jeder sich in sich selbst zurückzieht.[136] Erfahrene Segler wissen, dass man nicht nach aufleuchtenden Kometen navigieren kann. Man muss den Kurs nach den Sternen ausrichten, um ans Ziel zu kommen.

Sich nicht ängstigen lassen

Dag Hammarskjöld hatte in mehrfacher Hinsicht den undankbarsten Job der Welt. Sein »Pastorat« war die ganze Welt, seine »Gemeinde« war der Stab der Vereinten Nationen. Natürlich ist der Vergleich zur Gemeindearbeit weit hergeholt. Dennoch fallen erschreckend viele Ähnlichkeiten ins Auge, wenn man seine

Texte liest: Die übermenschliche Aufgabe in einer Welt, die auf Konkurrenz und Konflikt ausgelegt zu sein scheint, für Frieden und Versöhnung zu arbeiten. Das geduldige Streben danach, so verschiedene Menschen und Kulturen miteinander ins Gespräch zu führen. Das ausdauernde Festhalten an einem gemeinsamen Ziel, wenn alle scheinbar mit ihren eigenen Problemen beschäftigt sind. Der Kampf, den Wert des einzelnen Menschen gegen Geld und politische Mächte zu behaupten. Die trotzige Weigerung, die Hoffnung auf eine bessere Welt aufzugeben, wenn alles in die entgegengesetzte Richtung weist.

Immer und immer wieder betont Hammarskjöld die Notwendigkeit, diese Arbeit realistisch anzupacken:

> Ich habe schon oft einen Ausdruck gebraucht, den Paul Valéry geprägt hat: »die, die lieber ertrinken, als in dem Wasser zu schwimmen, wie es ist.«
> Das beschreibt die einfache Wahrheit, dass wir, wenn wir die Welt verändern wollen, sie so nehmen müssen, wie sie ist. Wer nicht bereit ist, die grundlegenden Fakten internationaler Abhängigkeit so anzunehmen, wie sie sind, ist verloren. Wer Widerstand verhindern will, um ihn zum Ausgangspunkt des strengen Nationalismus zurückzudrängen, ist verloren. Wer sich von Niederlagen so einschüchtern lässt, dass er darüber verzweifelt, ist verloren.
> Für all diejenigen mögen die düsteren Weissagungen berechtigt sein. Nicht aber für die, die sich nicht abschrecken lassen, und nicht für die Organisation, die ihnen als Werkzeug im Kampf zur Seite steht – ein Werkzeug, das zerstört werden kann, das aber, sollte das passieren, immer wieder neu erschaffen werden muss und wird …[137]

In einer seiner Reden zitiert er einen chinesischen Historiker über den Philosophen Sunzi und seine Anhänger um 350 v. Chr. Mit ausgesuchtem Understatement konstatiert Hammarskjöld, dass das Zitat »einen wohlbekannten Klang« für jene habe, die für die Vereinten Nationen arbeiten:

> Obwohl sie ständig abgewiesen wurden, waren sie nicht mutlos und setzten ihren Weg von Staat zu Staat fort und halfen den Leuten, ihre Zwistigkeiten beizulegen. Sie argumentierten gegen ungehemmte Angriffe und plädierten für die Abschaffung von Waffen, sodass der ständige Kriegszustand, in dem sie lebten, gebrochen und besser werden konnte. Für dieses Ziel sprachen sie mit Fürsten und lehrten den gemeinen Mann, ohne jemals größere Erfolge zu ernten. Dennoch beharrten sie fleißig auf ihrer Aufgabe, bis sowohl Könige als auch Nichtadelige ihnen nicht mehr zuhören wollten. Trotzdem blieben sie unverdrossen ihrer Aufgabe treu, sich der Aufmerksamkeit der Leute aufzuzwingen.[138]

Sowohl in der Politik als auch in der Gemeindearbeit müssen immer zwei Gräben überwunden werden. Zum einen der unrealistische Optimismus, der ständig zu neuen Enttäuschungen und schließlich zur Resignation führt. Und zum anderen der lähmende Pessimismus, der uns daran hindert, überhaupt zu probieren, ob Veränderung nicht doch möglich ist. Ausgangspunkt muss die ganze Zeit der Anspruch sein, den Bedürfnissen der Menschen zu begegnen. Und zwar mit »sympathischem Verständnis, weder geprägt von dem Gefühl falscher Überlegenheit noch von unfruchtbarem Pessimismus oder leichtfertigem Optimismus. Gefordert sind Realismus und Verständnis, vereint zu etwas, das diesen Führern und Völkern wirklich hilft«[139].

Mit seiner Arbeit anzugeben sei ebenso destruktiv wie ihren Wert zu leugnen, meint Hammarskjöld:

> Es wäre falscher Stolz, sich von der Welt aufgrund der eigenen Arbeit hofieren zu lassen. Aber es wäre auch falsche Scheu, die am Ende des Tages genauso schädlich ist, nicht zu erkennen – und dankbar anzuerkennen –, dass die eigene Arbeit Sinn macht. Lassen Sie uns letzteren Irrtum ebenso vermeiden wie den ersten.[140]

Für Hammarskjöld ist die Arbeit für Frieden und Gerechtigkeit genauso wie für Daniel Berrigan und Thomas Merton sinnvoll, unabhängig davon, ob sie zu sichtbaren Ergebnissen führt. Natürlich steht dies für alle drei in direktem Zusammenhang mit ihrer christlichen Überzeugung: Das Leben ist Antwort auf Gott, nicht auf äußere Umstände. Das Wurzelsystem bietet einmalige Voraussetzungen für Beharrlichkeit, selbst auf apokalyptischem Terrain:

> Mit diesen Grundsätzen als Leitstern den Vereinten Nationen zu dienen, ist deshalb bedeutend – unabhängig davon, ob die Arbeit unmittelbar Früchte trägt oder nicht. Wenn sie auch nur einen Zoll des Weges vor uns ebnet, ist das Belohnung genug. Das gilt auch bei Rückschlägen. Wenn eine Bergwand einmal erklommen wurde, bedeuten spätere misslungene Aufstiege nicht, dass der Berg nicht erklommen werden kann. In dieser Hinsicht geht jeder Schritt auf dem bahnbrechenden Terrain dieser Organisation im Kampf für Frieden nach vorne.[141]

Wenn wir eines Tages vor dem Gericht stehen, wird es wichtigere Dinge als Ergebnisse geben, meint Dag Hammarskjöld: »Kommende Generationen mögen vielleicht von uns sagen, dass wir unsere Ziele nie erreicht haben. Mögen sie niemals mit Recht behaupten können, dass wir gescheitert sind, weil wir den Glauben verloren oder puren Egoismus unsere Anstrengungen entstellen ließen.«[142]

ABSCHLUSS

Lebendig bleiben

Mein Buch *In Freiheit dienen* endete mit dem Bild eines Baumes. So will ich es auch in diesem Buch halten. Jesus sagt:

> Ich bin der wahre Weinstock und mein Vater ist der Weingärtner. Er schneidet jede Rebe ab, die keine Frucht bringt, und beschneidet auch die Reben, die bereits Früchte tragen, damit sie noch mehr Frucht bringen. Ihr seid schon durch die Botschaft, die ich euch gegeben habe, beschnitten. Bleibt in mir, und ich werde in euch bleiben. Denn eine Rebe kann keine Frucht tragen, wenn sie vom Weinstock abgetrennt wird, und auch ihr könnt nicht, wenn ihr von mir getrennt seid, Frucht hervorbringen. Ich bin der Weinstock; ihr seid die Reben. Wer in mir bleibt und ich in ihm, wird viel Frucht bringen. Denn getrennt von mir könnt ihr nichts tun.
> *Johannes 15,1-5*

Jesus macht sehr deutlich, was unser Teil ist und welcher Gott zufällt. Vermutlich, weil ihm bewusst ist, dass wir leicht in Versuchung geraten, das durcheinanderzubringen – gerade wir, die wir geistliche Leitungsaufgaben übernehmen.

- **Die Versuchung, zu glauben, dass wir selbst der Weinstock sind.** Dieses ganze Hamsterrad-Syndrom, in dem wir uns die Verantwortung für alles aufbürden, was in der

Gemeinde passiert. Unsere Spiritualität ist die Quelle für unseren Dienst, unsere Kompetenz ist entscheidend für die Qualität, unser Sozialvermögen ist der Kleber, der die Gemeinschaft zusammenhält. Das kann ja nur zur Misere und Verzweiflung führen. Von dieser hoffnungslosen Verwechslung zwischen Gott und Mensch müssen wir uns so schnell wie möglich befreien.

- **Die Versuchung, zu glauben, dass wir der Weingärtner sind.** Die subtile Versuchung, unseren Hunger und Durst mit den Früchten zu stillen, aus unseren Arbeitserfolgen zu leben. Auch das kann nur zu Problemen führen: Missmut und Depression, wenn der Erfolg ausbleibt. Hochmut und Selbstgefälligkeit, wenn Erfolg sich einstellt. Der Zweig soll nicht von der Traube leben, sondern vom Weinstock. Die Frucht gehört nicht dem Weinstock, sondern dem Weingärtner. Der Weingärtner sind aber nicht wir, sondern der Vater. Alle Ehre und Früchte gehören ihm. Nur in dieser Freiheit können wir lebendig bleiben und weiterhin gute Früchte tragen.
- **Die Versuchung, Beschneidung als Problem anzusehen, als Beweis dafür, dass wir einen Fehler gemacht haben.** Beschneidung oder Begrenzung ist indes kein Rückschlag oder Misserfolg für den Weinstock, sondern Lebensbedingung, Voraussetzung dafür, dass er Früchte trägt. Unbegrenztes Wachstum ist ein unnatürlicher Zustand, ein Zeichen für einen vernachlässigten Baum, eine misslungene Zucht. Erst wenn wir wissen, was wir nicht tun sollen, können wir uns frei dem widmen, was wir tun sollen.
- **Die Versuchung, unseren Platz in Christus zu verlassen und nur für uns selbst zu leben.** Das ging schon im Garten Eden los, als die Schlange sehr überzeugend erklärte, dass

> Gott eigentlich das Potenzial des Menschen zurückhalte und der Mensch seinen Horizont erweitern müsse, indem er sich in die andere Richtung streckt.

Es dauerte nicht lange, bis sich die Heimatlosigkeit wie ein Fluch im Menschen einnistete. Kain erhält das bekannte Urteil, nachdem er seinen Bruder ermordet hat: »Von jetzt an sollst du ein Flüchtling sein, der heimatlos von Ort zu Ort irrt« (1. Mose 4,12). Als der Teufel kommt, um Hiob auf die Probe zu stellen, fragt Gott, wo er gewesen ist. Die Antwort lässt uns die Quelle der Rastlosigkeit und Heimatlosigkeit erahnen: »Ich bin auf der ganzen Erde herumgezogen« (Hiob 1,7).

Deshalb die ständigen Verlockungen der letzten Zeit, ständig hierhin und dorthin zu eilen, um die beste Spiritualität, die sensationellsten Zeichen, die neueste Theologie zu finden.

Deshalb die ruhige Stimme, die uns ruft, zu dem einzigen Platz zurückzukehren, wo wir heil werden können. Wo wir unsere verlorene Menschlichkeit zurückerhalten, wo wir in einen lebendigen Zusammenhalt mit allem Geschaffenen eingesetzt werden: »Bleib in mir.«

ANHANG

Herzenshaltung für Evangelisation

1637 schrieb der französische Jesuit Jean de Brébeuf eine Anleitung für seine Mitbrüder, die zu der gleichen Volksgruppe wie er entsendet werden sollten: den Huronen-Indianern in Südkanada. Er selbst hatte viele Jahre dort gelebt und auf die harte Tour gelernt, worauf es ankam, wenn man von diesen Menschen ernst genommen werden wollte.

Jean de Brébeuf (1593–1649) starb als Märtyrer unter den Huronen und wurde später von der Kirche heiliggesprochen.

Die äußeren Umstände sind wohl zu exotisch und zu weit weg, um daraus Lehren für die Gemeindearbeit in unserer Kultur heute zu ziehen. Aber wenn wir auf das achten, was zwischen den Zeilen rüberkommt, werden wir feststellen: Die radikale christliche Inkulturation, die er beschreibt, lässt sich auch auf jeden x-beliebigen modernen Vorort anwenden.

Was würde passieren, wenn wir seinen Ratschlägen in unserer Gemeindearbeit heute folgen würden? Wie würde sich unsere Arbeitsweise verändern? Wie würde sich die Nachfolge dann auf unsere Beziehungen zu den Menschen, denen wir begegnen, auswirken?

Der Text wurde, wie gesagt, 1637 geschrieben und bedient sich natürlich nicht der politisch korrekten Formulierungen, die wir heute nutzen würden. Können wir uns dennoch darauf einlassen?

> **Anleitung für die Pater in unserer Gesellschaft, die zu den Huronen geschickt werden**
>
> Die Pater und Brüder, die Gott in die Heilige Mission unter den Huronen rufen wird, sollten genau über die Prüfungen, Mühen und Gefahren nachdenken, denen sie begegnen werden, damit sie für die schweren Situationen bereit sind, die aufkommen können.
>
> Wir müssen uns den Wilden aufrichtig zuwenden und sie als durch das Blut von Gottes Sohn Erlöste und unsere Brüder betrachten, mit denen wir den Rest unseres Lebens verbringen werden.
>
> Um die Wilden nicht zu reizen, müssen wir genau darauf achten, dass sie nie auf uns warten müssen, wenn wir in die Kanus steigen.
>
> Wir müssen uns mit Zunderbüchsen oder Vergrößerungsgläsern, besser beidem, eindecken, damit wir ihnen helfen

können, tagsüber Feuer für ihre Pfeifen und abends Feuer für das Lagerfeuer anzuzünden. Mit kleinen Gefälligkeiten gewinnt man ihr Herz.

Wir müssen versuchen, ihr *sagamite* oder *salmagundi* so zu essen, wie sie es zubereiten, selbst wenn es schmutzig, halb gar oder offenbar widerlich ist. Wie viele andere Unannehmlichkeiten müssen wir dies für die Liebe Gottes aushalten, ohne zu klagen oder zu zeigen, dass wir es bemerken.

Es ist gut, anfangs alles anzunehmen, was sie uns anbieten, selbst wenn wir es nicht schaffen, alles zu essen. Wenn wir uns einmal daran gewöhnt haben, gibt es nie zu viel.

Wir müssen versuchen, im Morgengrauen zu essen, sofern wir die Mahlzeit nicht mit ins Kanu nehmen können. Denn die Tage sind lang, besonders wenn wir sie ohne Nahrung verbringen müssen. Die Barbaren essen, wenn sie auf Reisen sind, nur, wenn die Sonne aufgeht und wenn sie untergeht.

Wir müssen pünktlich in die Kanus ein- und aussteigen und unsere Kaftane hochbinden, damit sie nicht nass werden und Wasser und Sand ins Kanu tragen. Um korrekt gekleidet zu sein, müssen wir nackte Füße und Beine haben, außer wenn wir Stromschnellen überqueren und lange Strecken gehen, dann können wir Schuhe und Leggings tragen.

Wir müssen uns immer so verhalten, dass wir keine Last für einen der Wilden sind.

Es empfiehlt sich, nicht zu viele Fragen zu stellen oder unserem Wunsch nachzugeben, die Sprache zu lernen oder unnötige Kommentare während der Reise zu machen. Wir müssen unseren Mitreisenden solche Störungen ersparen, besonders, weil sie uns während ihrer Arbeit nicht viel Aufmerksamkeit schenken können. Schweigen ist unser bester Beitrag zu den Aufgaben, die erfüllt werden müssen, während wir in den Kanus sitzen.

Wir müssen die Unzulänglichkeiten der Indianer aushalten, ohne ein Wort zu sagen, ja, sogar ohne zu zeigen, dass wir sie bemerken. Wenn es notwendig sein sollte, etwas zu kritisieren, muss das zurückhaltend und demütig geschehen. Mit Worten und Gesten, die Liebe und Hilfsbereitschaft zeigen, nicht Abscheu. Wir müssen, kurz gesagt, uns frohen Mutes zeigen und auch wirklich frohen Mutes sein …

Wir dürfen nicht wählerisch sein, wenn wir mit den Wilden zusammen sind, sondern müssen den Komfort akzeptieren, den sie uns bieten, wie einen guten Platz in der Hütte. Denn selbst der größte Komfort ist noch ziemlich unbequem, und auf Formalitäten zu bestehen, verletzt die Indianer oft.

Ein anderes wichtiges Detail, das es zu beachten gilt, ist, niemanden mit unseren Hüten zu stören, wenn wir im Kanu sitzen. Benutzt lieber eine Nachtmütze. Die Wilden haben kein Gespür dafür, dass sie unpassend ist.

Weiterhin dürfen wir uns keiner Aufgabe annehmen, wenn wir nicht die Absicht haben, sie zu erfüllen. Es ist beispielsweise nicht ratsam, anzufangen zu paddeln, wenn wir nicht weiterpaddeln wollen. Das betrifft auch unseren Platz im Kanu – es gibt keine Möglichkeit zu tauschen. Wir sollten den Eingeborenen nicht unsere Kleidung leihen, wenn wir nicht willig sind, während der ganzen Reise darauf zu verzichten. Es ist leichter, von Anfang an Nein zu sagen, als darum zu bitten, sie zurückzubekommen oder später auszutauschen.

Schließlich müssen wir begreifen, dass die Wilden die Auffassung, die sie sich während der Reise über uns gebildet haben, beibehalten werden, wenn sie in ihrem Land sind. Wer sich als leicht erregbar und anstrengend gezeigt hat, wird es später wahrlich schwer haben, diesen Eindruck wieder zu ändern. Wir müssen uns zu der ganzen Nation verhalten, nicht nur zu den Männern in unserem eigenen Kanu. Heute treffen wir die einen, morgen die anderen, und neue Bekanntschaften zögern nicht, unsere Gastgeber zu fragen, was für Menschen wir sind. Ihr Talent, zu beobachten und sich sogar an den kleinsten Fehler zu erinnern, ist beinahe unglaublich.

Wenn wir zum ersten Mal mit den Wilden reisen, können wir sie noch nicht mit normalen Worten grüßen, weil wir ihre Sprache noch nicht können. Wir können ihnen aber immerhin ein fröhliches Gesicht zuwenden und damit zeigen, dass wir die Herausforderungen der Reise ohne Klage auf uns nehmen können. Das hilft uns nicht nur, uns selbst zu überwinden, sondern lässt uns auch beachtlich in der Wertschätzung und Zugewandtheit der Barbaren aufsteigen.

> Diese Lehre ist gut zu verstehen, aber schwer in die Praxis umzusetzen. Nachdem wir eine hochzivilisierte Gesellschaft verlassen haben, befinden wir uns nun mitten unter barbarischen Leuten, die nicht das geringste Interesse an unserer philosophischen und theologischen Ausbildung haben. All die tollen Eigenschaften, die uns in Frankreich bewundernswert und respektabel machen, sind hier wie vor die Säue geworfene Perlen. Oder eher vor Maultiere, die uns völlig verachten, wenn sie sehen, dass wir nicht genauso gute Packtiere sind wie sie. Wenn wir nackt daherkämen und auf unseren Rücken die Last eines Pferdes trügen, würden wir in ihren Augen weise und als große Männer angesehen werden, aber sonst nicht.
>
> Jesus Christus ist unsere wahre Größe. Er allein und sein Kreuz ist es, das wir suchen müssen, wenn wir diesen Menschen dienen. Wenn wir etwas anderes suchen, werden wir nichts anderes als körperliche und geistliche Plagen finden. Wenn wir aber Jesus Christus in seinem Kreuz gefunden haben, haben wir die Rosen unter den Dornen gefunden, das Liebliche im Bitteren, alles im Nichts.[143]

Geisterunterscheidung

Der Ausdruck »Geisterunterscheidung« stammt aus dem Text *Geistlichen Übungen* von Ignatius von Loyola. Er steht in jahrhundertealter Tradition, die auf die geistliche Führung der Wüstenväter zurückgeht. Urteilsvermögen ist der Kern der geistlichen Führung, den Ignatius so formuliert:

Regeln, um irgendwie die verschiedenen Regungen zu verspüren und zu erkennen, die in der Seele verursacht werden – die guten, um sie anzunehmen, und die bösen, um sie abzuweisen.[144]

Zwei Hervorhebungen an dieser Stelle: Zum einen der Ausdruck »um irgendwie«. Der geistlichen Führung ist jede völlige Überzeugung fremd. Wir stehen vor dem großen Mysterium, wo Gott und Mensch zusammenkommen, wo sichtbare und unsichtbare Kräfte derart aufeinanderprallen, wie wir es manchmal nur erahnen können. Hier kommt das wichtige Wort »ausreichend« wieder ins Spiel. Wir müssen ausreichend urteilen, um Christus zu folgen, nicht um alles, was passiert, analysieren zu können.

Und die andere Hervorhebung: Die Regeln sind nicht für Spekulationen gemacht, sondern damit wir einander helfen können, in eine gute Richtung zu gehen. Die Regungen wiederzuerkennen, ist entscheidend, um durch unsere eigenen Seelenstürme zu navigieren. Somit sind sie auch Werkzeug, um den Zustand einer Gemeinde lesen zu können.

Sowohl in unserem persönlichen Leben als auch in unseren Gemeinschaften ist das Ziel des Urteilsvermögens die demütige Nachfolge Christi und nicht die Stärkung des Hochmuts darüber, dass wir etwas »durchschaut« haben. Gehen wir lieber das Risiko der Nachfolge ein und begehen Fehler, als dass wir auf den Zuschauerrängen sitzen bleiben und das Leben an uns vorbeiziehen sehen.

Was den Teufel anbelangt, treffen wir, wie C. S. Lewis sagt, auf zwei gegensätzliche Versuchungen: Entweder leugnen wir seine Existenz oder wir interessieren uns zu stark für ihn. Der Fokus der Nachfolge liegt auf dem Weg, nicht auf den Abweichungen. Je deutlicher der Fokus auf dem Jesus der Evangelien liegt, desto leichter ist es, zu sehen, was mit dem Wesen des Teufels nicht stimmt. Wenn er beschrieben wird, dient das nicht dem Suchen von Problemen, sondern soll uns helfen, rechtzeitig die Warnzeichen zu erkennen, um nicht in seine Falle zu tappen.

»Die Regungen der Seele«, wie Ignatius es nennt, sind natürlich immer eine Mischung aus psychologischen und geistlichen Faktoren. Entscheidend ist, dass wir nicht alles Negative in unserem Leben dämonisieren. Viel eher geht es darum, dass wir erkennen können, was deutlich von Gottes gutem Einfluss abweicht, besonders dann, wenn der Anspruch erhoben wird, dass diese Abweichungen im Namen Gottes geschehen. Schon in der Formulierung »der Feind der menschlichen Natur«, wie Ignatius den Teufel nennt, liegt eine deutliche Beurteilung. Gott steht für das Menschliche, der Teufel für das Un-Menschliche.

Zeichen für den Feind der menschlichen Natur

- **Unwirklichkeit**: Auf persönlicher Ebene: keine Gefühle zeigen, nicht die Wahrheit über das Leben sagen, nicht wagen, frei zu sprechen. Im Verhältnis zur Umwelt: die gleiche Neigung haben, einen Riegel vorzuschieben, das politische Geschehen oder das, was kulturell passiert, nicht mit einzubeziehen. Überhaupt der typisch gnostische Fehler, alles Menschliche und Irdische auf etwas weniger Wirkliches und weniger Wichtiges zu reduzieren.
- **Zwang**: So wie Paulus an die Gemeinde in Korinth schreibt: »Ihr wisst ja, ihr habt euch früher, als ihr noch nicht zu Christus gehörtet, dazu verleiten und mitreißen lassen, stumme Götzen anzubeten« (1. Korinther 12,2). Der freie Wille wird aufs Spiel gesetzt, vor allem dadurch, dass Menschen selbst an ihrem Willen zu zweifeln beginnen oder es ihnen immer schwerer fällt, ihn zu verstehen. Das ist ein noch größeres

Problem als ein deutliches Verbot. Denken und Verhalten wird gleichgeschaltet, Dinge infrage zu stellen oder in eine andere Richtung zu gehen, wird direkt von dem wiederkehrenden Gefühl abgewimmelt, dass »das keine Option ist«.

- **Mangel**: So wie es der Schlange im Paradies gelang, den Blick des Menschen von dem Reichtum, den Gott ihm gegeben hatte, zu dem abzulenken, wozu er keinen Zugang hatte, herrscht hier eine ständige Fokussierung auf das, was fehlt und noch nicht perfekt genug ist. »Die Herrschaft der Leere«, von der Paulus spricht, deutet an, dass wir uns von dem beherrschen lassen können, was es nicht gibt, und uns dadurch an der Freude über das, was wir haben, hindern lassen (Römer 8,20). Das Ergebnis sind ständige Unzufriedenheit, Kritik und Anklage des Umfelds, dass es nicht »liefert«.
- **Übertreibung**: »Alles, was zur Übertreibung führt, kommt von den Dämonen«, sagten die Wüstenväter.[145] Sie sahen, wie die Menschen oft Wille und Hingabe mit der Unfähigkeit verwechselten, Grenzen zu setzen. Hier wird jedes Extrem als spiritueller angesehen und alle Versuche zu Moderation und Ausgleich als schlechte Kompromisse beiseitegefegt.
- **Spaltung**: Der Name *diabolos* bedeutet »der, der auseinanderwirft«. Seit dem Sündenfall sind Spaltung und Herrschaft die Strategien des Teufels. Er will den Menschen selbst spalten, dass er sich selbst fremd wird und den Faden zu dem verliert, was er eigentlich will und wie er lebt. Er will seine Beziehungen spalten, indem wir »die anderen« dämonisieren, Fraktionen bilden, Mauern bauen und uns weigern, miteinander zu reden.
- **Angst**: Sie blockiert das Denken, sodass wir falsche Urteile fällen und falsche Beschlüsse fassen. Wir konzentrieren uns auf unser eigenes Überleben, sodass wir nicht mehr auf an-

dere hören, um ihre Situation zu verstehen. Wir dämonisieren andere, indem wir überall Feinde sehen. Wir vertreiben Vertrauen und Liebe, sodass das Herz erkaltet und wir als Menschen verkümmern.

- **Stress:** »Der Stress kommt vom Teufel, weil er weiß, dass er nur wenig Zeit hat«, schrieb Ylva Eggehorn vor vielen Jahren.[146] Zugrunde liegt hier oft mangelndes Vertrauen in Gott und Menschen, das die Ungeduld über alles, was wir selbst tun müssen, noch steigert. Der kleine Zeitrahmen führt dazu, dass wir nicht wagen, langfristig zu denken. Alles muss sofort passieren.
- **Hoffnungslosigkeit:** Ohnmacht, Verzweiflung, Resignation. Die Lähmung von Lebenswillen, Kreativität und Tatkraft, die frühzeitig aufgibt, übermannt von Dunkelheit und dem übermächtigen Gefühl, dass »es keine Option ist, Widerstand zu leisten«.

Zeichen für die Gegenwart Jesu

- **Wirklichkeit:** In Jesu Gegenwart haben wir niemals Angst vor der Wahrheit, egal, ob es die Wahrheit über unser eigenes Leben ist oder Wahrheiten, denen wir in unserem Umfeld begegnen. Gott ist die Quelle jeder Wahrheit, alle Wahrheit gehört Gott. Hier haben wir die ganze menschliche Bandbreite aus Körper, Gefühlen, Vernunft und Willen in einem offenen Austausch mit Gott. Nichts, was uns Menschen ausmacht, muss ausgeklammert werden. Alles, was wir sind, hat Platz vor Jesus, wahrem Gott und wahrem Menschen.
- **Freiheit:** »Die Wahrheit wird euch frei machen«, sagt Jesus (Johannes 8,32). Paulus drückt es so aus: »Wo immer der Geist des Herrn ist, ist Freiheit« (2. Korinther 3,17). In

erster Linie die Freiheit, der oder die zu sein, zu dem oder der wir geschaffen sind, ohne den Druck, uns in eine bestimmte Rolle begeben zu müssen. Aber auch die Freiheit, aus Herzenslust das Gute zu tun. Freiheit bedeutet hier also nicht, irgendetwas zu tun. Das würde schnell zu zwanghafter Unlust führen, in der man nicht mehr frei das tut, von dem man glaubt, dass es richtig ist. Wie Augustinus sagt: »Liebe und tu, was du willst.«

- **Dankbarkeit** ist die Demut, die sich über das Kleine, Einfache und Naheliegende freuen kann. Die Dankbarkeit für das, was wir haben, anstelle der Frustration über das, was uns fehlt. Verlust betrauern zu können, ohne dass er uns daran hindert, wertzuschätzen, was wir bekommen haben. Der Jesuit Gerard Hughes pflegte zu sagen: »Du kannst niemals falsch liegen, wenn du auf die Güte Gottes schaust.«
- **Mäßigung** klingt mäßig spannend, übertrifft auf lange Sicht aber die Verrücktheiten der Übertreibung um Längen. Jesus Christus ist die Mitte von allem, wie Paulus sagt: »Er war da, noch bevor alles andere begann, und er hält die ganze Schöpfung zusammen« (Kolosser 1,17). Das Augenmerk der Nachfolge liegt auf Jesus als Person, nicht auf bestimmten extremen Ansichten, Verhaltensweisen oder geistlichen Phänomenen. Ignatius sagt, dass derjenige, der sich auf den Weg der geistlichen Führung begibt, immer »genau gegensätzlich zu dem handeln sollte, was der Feind tut«. Das bedeutet hier: »Wenn der Feind sie zarter machen will, um sie zum Extrem zu bringen, so bemühe sich die Seele, sich in der Mitte zu festigen, um in allem ruhig zu werden.«[147]
- **Einheit**: Damit ist nicht die ruhige Einheit gemeint, die sich immer schwerer von Resignation unterscheiden lässt. Auch keine aufgezwungene Gleichförmigkeit in Denken, Sprechen

und Verhalten. Diese Einheit gleicht viel eher einer reifen Ehe, in der tiefe Sicherheit im gemeinsamen Wir herrscht, die großzügig Raum für persönliche Unterschiede und Eigenarten schenkt, ohne dass es die Gemeinschaft bedroht. Im Grunde geht es um die Fähigkeit, zwischen Zentrum und Peripherie zu unterscheiden. So wie es der lutherische Theologe Rupertus Meldenius im 17. Jahrhundert ausdrückte: »Im Notwendigen Einheit, im Zweifelhaften Freiheit, in allem Nächstenliebe.«

- **Liebe**: Das Gegenteil der Angst ist im Neuen Testament nicht der Mut, sondern die Liebe. Wie der Apostel Johannes schreibt: »… weil die vollkommene Liebe alle Angst vertreibt« (1. Johannes 4,18). Mit Thomas Mertons Worten: »Die Liebe ist ohne Furcht: Weil sie alles gegeben hat, was sie hat, hat sie nichts zu verlieren.«[148] Das bedeutet aber nicht die psychologische Abwesenheit von Unruhe, Furcht oder Angst. Jesus selbst hat keine Scheu, diese Gefühle vor seinem bevorstehenden Tod am Kreuz zu äußern.[149] Es bedeutet, dass wir uns nicht von der Angst steuern oder antreiben lassen, sodass sie unsere Vernunft oder unseren Willen blockieren und uns daran hindern könnte, Christus nachzufolgen.
- **Ruhe**: Zugrunde liegt die Ruhe, die von Gott ausgeht, der auf seine Schöpfung sieht und feststellt, dass alles, was er geschaffen hatte, sehr gut war. Der Stress, ein perfektes Leben oder die perfekte Gemeinde aufzubauen, ist verschwunden. Wir können vor Gott zur Ruhe kommen, weil er uns mit Freude anschaut und weiß, was es bedeutet, mit all seinen Grenzen und Fehlern Mensch zu sein. Die Ruhe wird nicht dadurch gemindert, dass die christliche Kirche Jesus als Herrn über alle Mächte und Gegebenheiten bekennt. Denn

sie bedeutet, dass er auch Herr über die Zeit ist und nicht, wie der Teufel, von ihr gejagt wird.

- **Hoffnung**, nicht Optimismus. Es ist ein unrealistischer Traum, dass alles besser wird, und er blockiert die notwendige Kehrtwende. Die Hoffnung geht vom leeren Grab aus. Jesus musste offenen Auges unbeschreibliches Leid erfahren und ruft uns in seiner Lehre über die Zukunft der Welt zum gleichen schweren Realismus. Aber im Unterschied zu den Untergangspropheten dieser Welt spricht er zu uns mit den Schlüsseln zum Totenreich in der Hand. Deshalb sind wir, wie Desmond Tutu im langen Kampf gegen die Apartheid zu sagen pflegte: »Gefangene der Hoffnung.«

Natürlich sind diese Listen nicht vollständig. Genau wie Paulus' Beschreibungen von den Früchten des Geistes bzw. des Fleisches zeigen sie aber in eine Richtung, der wir folgen können (Galater 5,19-21). Diese Richtung wird im Psalter so formuliert: »Ich richte meine Augen stets auf den Herrn, denn er wird mich aus den Fallen befreien, die meine Feinde mir stellen« (Psalm 25,15).

ANMERKUNGEN

1 Wenn keine deutschen Quellen angegeben sind, wurden die direkten Zitate frei nach den schwedischen bzw. amerikanischen Originalquellen übersetzt. Frei nach Epheser 1,15-23.

2 Dag Hammerskjöld, Tal, Nordstedts 1962, S. 356-358.

3 Dag Hammarskjöld, Vägmärken, Bonniers 1965, S. 74. (deutsch: Zeichen am Weg, Droemer/Knaur 1965.)

4 Ebd., S. 24. (Zeichen am Weg, S. 55.)

5 Ebd., S. 69.

6 Ebd., S. 80. (Zeichen am Weg, S. 112.)

7 Dieses doppelte Kriterium findet sich auch oft bei Ignatius von Loyola. Vgl. In Freiheit dienen, S. 110-113.

8 Dietrich Bonhoeffer, Widerstand und Ergebung. Briefe und Aufzeichnungen aus der Haft, hg. von Eberhard Bethge, Gütersloher Verlagshaus 1994 (15. Aufl.), S. 194-195.

9 Vgl. In Freiheit dienen, S. 99-101.

10 Franziskus, Brief an Antonius, aus: Klaus Reblin, Franz von Assisi. Der rebellische Bruder, Vandenhoeck & Ruprecht 2006, S. 81.

11 Bullierte Regel der Franziskaner, Kapitel 10,7-10, https://www.kloster siessen.de/charisma-und-spiritualitaet/lebensordnung/bullierte-regel-des-hl-franziskus-2/, abgerufen am 06.12.2021.

12 Zitiert nach Franz von Assisi, Ausgewählte Texte, hg. von Hans Christian Meiser, Goldmann Taschenbuch 11 047, S. 78-90, http://www.philos-website.de/index_g.htm?autoren/franz-von-assisi_g.htm~main2, abgerufen am 06.12.2021.

13 Franziskus, Nicht bullierte Regel, Kapitel 23,8; https://www.kath-kirche-kaernten.at/images/downloads/nicht_bullierte_regel.pdf, abgerufen am 06.12.2021.

14 Regel des Heiligen Benedikt, Kapitel 58; https://www.stiftmelk.at/de/stift-melk-benediktusregel.html, abgerufen am 06.12.2021.

15 François Roustang SJ, Jesuit Missionaries to North America, Ignatius Press 2006, S. 54.

16 Dietrich Bonhoeffer, Nachfolge, Gütersloher Verlagshaus 2002 (3. Aufl.), S. 41-42.

17 Loyola, Letters, ausgewählt und übersetzt von William J. Young S.J., Loyola University Press 1959, S. 401.

18 Thomas Merton, New Seeds of Contemplation, New Directions 2007, S. 169-171.

19 Vgl. Gerald A. Arbuckle, Refounding the Church, Geoffrey Chapman 1993.

20 Vgl. z.B. in Matthäus 18,15-17, Römer 16,17-18 und Titus 3,10-11.

21 Merton, New Seeds of Contemplation, S. 171.

22 Vgl. Matthäus 12,43-45.
23 Ignatius von Loyola, Geistliche Übungen, Punkt 5, Übers. von Peter Knauer, Echter 1998, S. 29.
24 Vgl. Lukas 15,11-32.
25 Vgl. Psalm 35,20.
26 Thomas Merton, A Life in Letters, Lion Hudson 2009, S. 321-322.
27 Ebd., S. 327-328.
28 Michela Fontana, Matteo Ricci, A Jesuit in the Ming Court, Rowman & Littlefield 2015, S. 151.
29 Bibel 2000, Worterklärung »Mächte«.
30 Sextus Empiricus, Adv. math. VII 137-139, DK 68 B 11b; Übersetzung W. Kranz; zitiert nach: https://www.seilnacht.com/chemiker/chedem.html, abgerufen am 09.12.2021.
31 Thomas A. Blackson, Ancient Greek Philosophy, Wiley-Blackwell 2011, S. 61.
32 Ebd.
33 Blackson, S. 238.
34 Vgl. Derwas J Chitty, The Desert a City, St Vladimir Seminary Press 1966, S. 49-50, wo er über Evagrios schreibt: »Er hat den griechischen Begriff apatheia als ›Freiheit von Leiden‹ geprägt. Ein Begriff, der in der griechischen asketischen Theologie allgemein bekannt war, während er in der lateinischen Theologie nie anerkannt wurde.«
35 Blackson, S. 104.
36 Ebd., S. 111.
37 Vgl. Blackson, S. 112.
38 Blackson, S. 176.
39 Blackson, S. 207.
40 Thomas Merton, Life and Holiness, Image 2014, S. 112-113.
41 Tomas Tranströmer, För levande och döda, Bonniers 1989.
42 Johann Chapoutot, The Law of Blood, Belknap/Harvard 2018, S. 109.
43 Dagens Nyheter, 17. Februar 2019.
44 Thomas Merton, Raids on the Unspeakable, New Directions (23. Aufl.), S. 9.
45 De apostoliska fäderna, Skeab/Verbum 1979, S. 93.
46 So z. B. laut Dagens Nyheter, 11. September 2019.
47 Dagens Nyheter, 2. Oktober 2019.
48 Gunnel Vallqvist, Sökare och Siare, Bonniers 1983, S. 35-36 (eigene Übersetzung, auch folgend).
49 Siehe Gunnel Vallquist, Helgonens Svar.
50 Vallquist, Sökare och Siare, S. 36-37.
51 Albert Holtz OSB, Downtown Moods, Ave Maria Press 2000, S. 17.
52 Ebd., S. 33-34.
53 Vallquist, Sökare och Siare, S. 116.
54 »Akkulturation« ist ein anderes Wort für Inkarnation, das besonders die Jesuiten für ihre radikale Kulturanpassung verwendet haben.

55 Christianity Today, Mai 2017.
56 Geistliche Übungen, Punkt 23, S. 38-39.
57 Ebd., Punkt 18, S. 33-34.
58 Loyola, Letters, S. 268-269.
59 Frei nach Loyola, Letters, S. 365.
60 Vgl. In Freiheit dienen, S. 295-299.
61 Vgl. Antonio Riuz de Montoya SJ, The Spiritual Conquest, The Institute of Jesuit Sources 1986, S. 153.
62 Fontana, S. 110.
63 William Bangert SJ, A History of the Society of Jesus, The Institute of Jesuit Sources 1986, S. 153.
64 Ebd., S. 459.
65 Vgl. Geistliche Übungen, Punkt 1.
66 Adrian Hastings, A Concise Guide to the Documents of The Second Vatican Council, Vol 1, DLT London 1968, S. 12. (https://www.vatican.va/archive/hist_councils/ii_vatican_council/index_ge.htm)
67 The Constitutions of the Society of Jesus, The Institute of Jesuit Sources 1996, S. 161.
68 Ebd., S. 171-173.
69 Ebd., S. 240-241.
70 Tomas Tranströmer, Den halvfärdige himlen, Bonniers 1962.
71 Siehe mein Buch Samtidigt, Artos 2016, Kapitel »Bara om du vill« (»Nur wenn du willst«).
72 Contemporary Annotations, Review for Religious 1996, S. 104.
73 Vgl. 1. Petrus 4,9; 1. Korinther 14,26; 1. Johannes 4,7; Galater 6,2; Epheser 4,31.
74 Vgl. Matthäus 3,16-17; 11,27; 17,5; Johannes 5,19-30; 15,9-10; Johannes 16,13-15.
75 Vgl. Römer 12,4-8; 1. Korinther 12,12-31; Epheser 4,7-16.
76 Albert Nolan, Jesus Today, Orbis 2006, S. 15.
77 Vgl. Apostelgeschichte 2,46; Römer 16,3-5; 1. Korinther 16,19.
78 Siehe Laura Swan, The Forgotten Desert Mothers, Paulist Press 2001.
79 Vgl. den Abschnitt über Ziel und Mittel der Unterscheidung in *In Freiheit dienen 1*, S. 113-116.
80 Vgl. Römer 12,3-8; 1. Korinther 12,4-11; Epheser 4,7-16.
81 Vgl. *In Freiheit dienen*, S. 269-283.
82 Holtz, S. 173.
83 Vgl. Johannes 10,1-6.
84 Chapoutot, S. 85.
85 Ebd., S. 76.
86 Ebd., S. 122.
87 Ebd., S. 145.
88 Ebd., S. 86.
89 Ebd.

90 Ebd., S. 175.
91 Zitiert nach Tom Holland, Dominion, Little/Brown 2019, S. 246.
92 Ebd., S. 522.
93 Chapoutot, S. 185.
94 Hammarskjöld, Tal, S. 239-247.
95 Sojourners, August 2019.
96 Übersetzung: »Wenn du mich läuten hörst, erinnere dich daran, deinem Gott und König treu zu sein!«
97 Vgl. *In Freiheit dienen*, S. 77-80.
98 Holtz, S. 73-74.
99 Sökare och Siare, S. 31.
100 Letters, S. 87-88.
101 Vgl. Apostelgeschichte 11,27-30.
102 Vgl. *In Freiheit dienen*, S. 234-235.
103 Constitutions, S. 286.
104 Dagens Nyheter, 17. Dezember 2019.
105 Siehe z. B. Johannes 2,13-22; 1. Korinther 6,12-20; Epheser 2,11-22; 1. Petrus 2,4-10.
106 Vgl. Matthäus 12,43-45.
107 The Writing of St Francis, Edizioni Porziuncula 2013, S. 131.
108 Regel des Heiligen Benedikt, Kapitel 52; https://www.stiftmelk.at/de/stift-melk-benediktusregel.html, abgerufen am 27.01.2022.
109 John Cassian, Conferences, The Classics of Western Spirituality, Paulist Press 1985, S. 175.
110 Ebd., S. 175.
111 Ebd., S. 176.
112 Ebd., S. 177.
113 Ebd., S. 180.
114 Arbuckle, S. 161.
115 Ebd., S. 121-122.
116 Ebd., S. 193.
117 C.S. Lewis, The Pilgrim's Regress, Harper/Collins 2002, S. 177.
118 Frei nach Arbuckle, S. 198.
119 Arbuckle, S. 199.
120 Ebd., S. 199.
121 Charles Cumming, OCSO, Monastic Practices, Cistercian Publications 1986, S. 98.
122 Mary Oliver, American Primitive, Little Brown 1983, S. 82-83. Übersetzung des Autors: Um in dieser Welt zu leben,/musst du drei Dinge lernen;/lieben, was sterblich ist,/es eng bei dir halten/und wissen:/»Mein Leben hängt daran«/Und, wenn die Zeit gekommen ist,/loslassen,/loslassen.
123 Will Storr, Selfie, Picador 2017.
124 Arbuckle, S. 143.
125 Ebd., S. 144.

[126] Zitiert aus Arbuckle, S. 102.
[127] Dagens Nyheter, 31. Dezember 1989.
[128] Vgl. z. B. Lukas 24,13-43.
[129] Raids on the Unspeakable, S. 65-75.
[130] Ebd., S. 75.
[131] Vgl. z. B. 1. Könige 22; Jesaja 30,8-14; Jeremia 8,11; 23,9-32; 28; Hesekiel 13.
[132] Vgl. z. B. Offenbarung 2,14-15.20.
[133] Sökare och Siare, S. 49.
[134] Geistliche Übungen, Punkt 233.
[135] Staffan Ulfstrand, Fågelgrannar, Ellerströms 2015, S. 14.
[136] Vgl. Matthäus 24,12.
[137] Tal, S. 34.
[138] Ebd., S. 143-144.
[139] Ebd., S. 267-268.
[140] Ebd., S. 424.
[141] Ebd., S. 169-170.
[142] Ebd., S. 170.
[143] Zitiert in François Roustang SJ, S. 153-156.
[144] Geistliche Übungen, Punkt 313.
[145] Ökenfädernas tänkespråk, Artos 1982, S. 124.
[146] Vgl. Offenbarung 12,12.
[147] Geistliche Übungen, Punkt 350.
[148] Thomas Merton, No Man Is an Island, Harvest/Harcourt, S. 165.
[149] Vgl. Lukas 12,49-50; Johannes 12,27.

Magnus Malm
IN
FREIHEIT
DIENEN
Leiten auf den
Spuren Jesu
Edition
AufAtmen
SCM